El Juego de la Atención

Marly Kuenerz

VERGARA

Papel certificado por el Forest Stewardship Council®

MIXTO
Papel | Apoyando la
silvicultura responsable
FSC® C117695
FSC
www.fsc.org

Penguin
Random House
Grupo Editorial

Primera edición: enero de 2025
Quinta reimpresión: octubre de 2025

Printed in Spain – Impreso en España

ISBN: 978-84-10467-02-6
Depósito legal: B-19.226-2024

Compuesto en Llibresimes, S. L.

Impreso en Black Print CPI Ibérica
Sant Andreu de la Barca (Barcelona)

VE 67026

ÍNDICE

PRÓLOGO

Evidenciando científicamente lo vivido existencialmente

Tras más de treinta y cinco años de andadura, el Juego de la Atención se renueva y reescribe como método incomparable de psicoterapia transpersonal. Se trata de un camino recorrido de manera conjunta tanto por su creadora, Marly Kuenerz y sus diferentes equipos de trabajo, como por los miles de personas que lo han transitado «desde dentro», desde el interior de su intimidad psicológica, tantas veces sobrecogida por los avatares de la existencia. Pero también nos referimos a que han vivido la experiencia, paso a paso, de un método único, genuino, atravesando sus diferentes propuestas de trabajo personal y de reflexión que, finalmente, las han llevado a sentirse mejor, más saludables, más capaces, incluso más felices.

El Juego de la Atención es una propuesta de trabajo en psicoterapia grupal que ha evolucionado y se ha desarrollado una y otra vez, cada una de ellas como si fuera la primera y la única. Marly Kuenerz ha elaborado a partir de su propia experiencia y de la sabiduría que otorga el contacto estrecho y profundo con las vivencias de muchas personas, una renovación del método dirigida al contexto de la psicología del siglo XXI. El resultado queda recogido en este libro, que es una actualización y expresión de unas técnicas que permiten el acceso a las dimensiones menos evidentes de nuestra personalidad, pero tan influyentes en nuestro devenir cotidiano para poder hacer partícipe a la consciencia de ellas y así lograr una integración más completa, más saludable y constructiva de todo nuestro psiquismo.

Para alcanzar conclusiones de carácter científico acerca de la eficacia del programa, más allá de las que comunican directamente los propios usuarios, desde la Universidad de Murcia (Departamento de Personalidad, Evaluación y Tratamiento Psicológicos, Grupo de Investigación E069-05) se diseñó y llevó a efecto un proyecto de investigación de varios años de duración. Sus resultados se han ido presentando en diferentes congresos y reuniones científicas. Una inminente publicación (Corbalán, García-Peñas y Kuenerz, 2024) recopilará el conjunto de evidencias acerca del impacto del proceso terapéutico grupal denominado el «Juego de la Atención» en algunas dimensiones de la personalidad, con lo que ello implica de transformación personal de tendencia estable y consolidada. La principal dimensión afectada es la «estabilidad emocional» (el polo antagonista del «neuroticismo»), con una muy alta significación estadística (p=.000) y una elevada magnitud del tamaño del efecto (d de Cohen: 0,82). Y, asimismo, se producen cambios de menor preeminencia en los rasgos de «agradabilidad» y «responsabilidad».

El conjunto afectado por el trabajo psicoterapéutico conforma una disposición para el cambio saludable en el denominado Factor General de Personalidad (GPF), Meta Rasgo ALFA «estabilidad emocional» (Van der Linden, 2017), constituido a partir de los pesos factoriales de dichas tres dimensiones de los Big Five, los cinco grandes factores de la personalidad (McCrae y Costa, 2008; Caprara, Barbaranelli y Borgogni, 1995). Todo ello viene a ser un indicador general de aproximación a un «buen temperamento adulto» (Benito Moreno, 2017), a una mejor salud mental y a un adecuado ajuste psicológico en el plano afectivo-motivacional. Como se indica en dicho estudio, es pertinente afirmar que

> ... la participación en el «Juego de la Atención» supone una indudable mejoría, tanto en la dimensión de la Estabilidad Emocional y en la superación del Neuroticismo, como en la promoción de un mejor temperamento adulto, mediante los incrementos en el factor general de una Personalidad más saludable y mejor desarrollada, lo que conlleva, asimismo, una menor presencia de psicopatología. (Kuenerz, 2024, p. 101).

Es ampliamente aceptado que la personalidad supone una expresión global del funcionamiento psicológico (Larsen y Buss, 2008). Por ello, la existencia de cambios en determinadas dimensiones de personalidad que se muestran asociadas a unos rasgos más próximos a un buen ajuste mental puede resultar indicativo de que «una determinada práctica terapéutica va a ser capaz de favorecer una tendencia general y estable hacia la efectividad social, la prosocialidad» (Kuenerz, 2024, p. 99) o la «conducta emocionalmente inteligente» (Colom, 2018).

Adicionalmente, si se considera la posición del grupo de participantes en dicha investigación en relación con la población general, hay que indicar que en las dimensiones del Meta Rasgo BETA «plasticidad» las puntuaciones de partida se situaban en torno a la media poblacional (Pc: 40-60) y que siguen en dicho entorno tras el tratamiento. En cambio, en las dimensiones del Meta Rasgo ALFA «estabilidad» se partía de puntuaciones centiles bastante por debajo de la media, en estabilidad emocional (Pc: 30) y responsabilidad (Pc: 35), y justo en la media poblacional en afabilidad (Pc: 55), pasándose a obtener una mejora muy relevante, pues terminan por situarse resueltamente por encima de la media (Pc: 65, Pc: 50 y Pc: 70, respectivamente), colocándose así los participantes en el presente estudio, tras su seguimiento del «Juego de la Atención» en una zona de desarrollo personal decididamente mucho más saludable.

Quienes hemos sido partícipes de la experiencia personal que supuso el paso por el Juego de la Atención, máxime cuando acumulamos otras muchas vivencias en psicoterapia, tenemos consciencia de que se trata de un instrumento excepcional para concretar las mejores nociones de la psicología y del saber transpersonal, en un proyecto psicoterapéutico eficiente y constructivo para una amplia mayoría de las personas. Se trata de una experiencia definitiva, nacida de una mente lúcida y creativa como la de Marly Kuenerz, que ha logrado construir un método que llegará a ser un clásico y que hoy en día ya es un referente para muchos profesionales de la psicología clínica.

El libro que tienes entre las manos es una expresiva comunicación de lo que el «Juego de la Atención» es y propone. Si bien la participación directa en el mismo es insustituible, por la riqueza de sus vivencias, esta es la mejor aproximación al modelo teórico y de intervención que lo sustenta y a su encuadre en la psicología transpersonal.

Dr. F. Javier Corbalán
Profesor titular en la Universidad de Murcia
Departamento de Personalidad, Evaluación y Tratamientos
Psicológicos

REFERENCIAS

BENITO MORENO, S. C., *Diseño, desarrollo y evaluación del programa VERA de Educación Emocional en la etapa de Educación Primaria*, UNED, 2017.

CAPRARA, G. V., C. Barbaranelli y L. Borgogni, *BFQ Cuestionario Big Five*, Madrid, TEA Ediciones, 1995.

COLOM, R., *Manual de psicología diferencial: métodos, modelos y aplicaciones*, Madrid, Ediciones Pirámide, 2018.

CORBALÁN, J., V. García-Peñas y M. Kuenerz, «Effectiveness in Transpersonal Psychotherapy. Effects of «The Game of Attention» on the «Big Five Factors of Personality» [manuscrito presentado para su publicación], Departamento de Personalidad, Evaluación y Tratamientos Psicológicos, Universidad de Murcia, 2024.

KUENERZ, M., *El inconsciente cuántico. Descubre las leyes que rigen tu vida*, Barcelona, Vergara, 2024.

LARSEN, R. y D. Buss, *Personality Psychology: Domains of Knowledge about Human Nature*, McGraw Hill Education, 2008.

MCCRAE R. R. y P. Costa, *Inventario de personalidad Neo revisado (NEO-PIR), Inventario Neo reducido de cinco factores (NEO-FFI)*, TEA Ediciones, 2008.

VAN DER LINDEN, D., K. A. Pekaar, A. B. Bakker, J. A. Schermer, P. A. Vernon, C. S. Dunkel y K. V. Petrides, «Overlap between the General Factor of Personality and Emotional Intelligence: A Meta-Analysis», *Psychological Bulletin, 143*(1), 36-52, 2017.

INTRODUCCIÓN

Una llave maestra

Una llave maestra es aquella que abre todas las puertas. Pero ¿qué puerta quieres abrir? El ser humano suele buscar la felicidad, aunque la definición de felicidad varía de una persona a otra. Para unos es sentir sensaciones fuertes, para otros es alcanzar la paz interior, ser sabio o ser espiritual, tener la pareja ideal, o acumular poder, dinero, posición, posesiones... Todo esto son ideales cuya índole tiene todas las formas, colores y posibilidades de un caleidoscopio. ¡La atención es la llave maestra que abre estas puertas! Para comprender el enorme poder de la atención, primero habrá que aceptar que la mente posee este inmenso poder. Es muy común que nos identifiquemos exclusivamente con el cuerpo, creyendo que la mente depende del estado en que esté el cerebro: si este se deteriora, la capacidad mental se pierde.

Sabemos que nuestro cerebro, que ni conocemos bien ni dominamos, es responsable de que funcione toda esta increíble máquina, tan delicada y, al tiempo, tan resistente que es nuestro cuerpo. Aunque sepamos que de él depende nuestra vida, frecuentemente lo maltratamos y desatendemos sus necesidades más básicas, con lo que descuidamos la química que ocurre en él diariamente con cada pensamiento que tenemos. Igualmente, descuidamos la alimentación y lo sometemos a todo tipo de excesos. No le hacemos ni caso, hasta que un día nos da un susto de muerte: ¡algo deja de funcionar! Paralizados e impotentes, tomamos consciencia de que estábamos jugando con fuego.

Justamente en el cuerpo está el inconsciente, que rige toda nuestra vida emocional. El inconsciente ha ido grabando los impactos y las impresiones fuertes que hemos tenido a lo largo de la vida, que provocarán un sinfín de tendencias y talentos, así como dificultades y limitaciones. De este cóctel de impresiones brotan nuestras reacciones impulsivas y físicas, nuestros pensamientos repetitivos, nuestras tendencias y anhelos, todo ello colmado de emociones. Según sea nuestra información genética, reaccionaremos de una forma u otra al susto que nos ha dado el cuerpo.

Si el inconsciente está configurado favorablemente, vamos a pasar a cuidar del cuerpo, a colocar la atención en sanarlo, a darle el cuidado y el apoyo que se merece. Si, por el contrario, la información inconsciente es corrosiva, seguiremos con el proceso de deterioro, nos sentiremos impotentes ante el impulso de autodestrucción que se ha instalado. En este caso, veremos el cuerpo como una entidad separada y enemiga, que nos traiciona y domina. Se acentúa la separación entre la mente y el cuerpo y, con ello, la sensación de impotencia. Parece que el cuerpo tiene el poder...

Si no podemos negar que el cuerpo se rige por una pequeña central cerebral innata, que le da todas las órdenes fisiológicas y bioquímicas, tampoco podemos negar la influencia que tienen sobre esta central los contenidos inconscientes de los que brotan las emociones y los pensamientos. Ante una situación de peligro, habrá toda una serie de reacciones orgánicas, mensurables y visibles, que varían de una persona a otra.

No es igual la reacción emocional de un hombre cualquiera ante un león que la de su domador; este no tendrá pánico, no le temblarán las piernas ni sentirá un sudor frío... Aunque su cuerpo esté en estado de alerta, no se siente impotente, sabe lo que tiene que hacer. Además, su atención está entrenada, sabe concentrarse ante el animal y reconocer sus más mínimas reacciones. Su actitud mental y emocional determinará no solo sus reacciones fisiológicas, sino también su actuación.

Es, pues, innegable que el juzgarse impotente en una determinada situación o sentir que tienes recursos será lo que va a condicionar la emoción resultante y esta, a su vez, disparará la reacción fisiológica correspondiente. Según el juicio que hacemos sobre una situación aparecerán determinadas ideas que, a su vez, dispararán emociones que afectarán a nuestro cuerpo. Pero también ocurre al revés: si el cuerpo nos duele y sentimos miedo e impotencia, creamos la idea de que estamos enfermos, y esto influirá sobre nuestros actos y nuestra capacidad de curación. El círculo funciona tanto en una dirección como en otra.

Podemos fácilmente entender que un ordenador responda automáticamente al programa que tiene instalado. Sin embargo, parece que no tenemos consciencia de que nuestra mente también reacciona mecánicamente a lo que esté grabado en ella. Si un olor concreto suscita sensaciones de bienestar o de tensión, es natural que esto se deba al hecho de que aquel olor esté encadenado a una experiencia alegre o a una angustiosa que ha quedado grabada en nuestro ordenador mental.

¿Y cómo se producen estas grabaciones? Siempre a través de nuestros sentidos. De la misma forma que un olor puede evocar un tipo de sentimiento, no provocará ninguna reacción si no hay ninguna información asociada a aquel olor. Asimismo, un tono de voz, un ruido, el sabor de cierta comida o el contacto de la piel con algo, puede asociarse a una emoción concreta. Hasta un dolor físico, la tensión muscular, la angustia, el hambre o la sed pueden estar asociadas a situaciones concretas. Todo ello va a provocar estados de ánimo y reacciones fisiológicas que nos pueden parecer inexplicables, si no conocemos este registro anterior.

Cuando nuestros sentidos captan algo que recuerda un impacto anterior grabado en el psiquismo, se produce una suerte de *retroceso emocional en el tiempo* y se reviven las mismas sensaciones del pasado. Esto provoca, a menudo, comportamientos totalmente inadecuados a la realidad del momento, actitudes incomprensibles e infantiles. Así que nuestras reacciones, nuestra manera de pensar y juzgar las cosas, están íntimamente relacionadas con estas grabaciones ocurridas a lo largo de nuestra historia, que provocan reacciones mecánicas que no siempre comprendemos.

Puede ocurrir que la emoción esté reprimida o negada, de forma que podemos estar teniendo un sinfín de reacciones ¡sin que sintamos nada! Son las de acceso más difícil, porque la emoción es el puente al pasado; si no sentimos, no llegamos a la raíz, y nos parece que nuestras reacciones y sensaciones son inexplicables, como caídas del cielo. ¡Sin embargo, son justamente estas grabaciones las que más influyen en nuestra vida!

Del mismo modo, también se graban palabras o frases, a las que reaccionamos de manera desproporcionada y asombrosa. Como la lógica del adulto ha cubierto con un tupido velo la emoción de la experiencia pasada, a veces resulta difícil creer que una palabra pueda tener tal peso sobre nuestros sentimientos y decisiones. Una frase grabada al pie de la letra, de forma literal, puede condicionar todo un sistema de creencias. El mero hecho de darle atención puede transformar la forma de reaccionar ante situaciones o personas.

Todas estas grabaciones están tiñendo continuamente nuestra percepción, y esta percepción va a determinar cómo enjuiciamos las situaciones. Imaginemos, por un momento, que en lugar de ojos tuviéramos microscopios, ¡veríamos un mundo completamente distinto, tan real como el que vemos a diario! Si pudiéramos optar por tres posiciones visuales: la «normal», el microscopio o un telescopio, tendríamos información de tres realidades completamente distintas y que, sin embargo, coexisten pacíficamente todos los días. Nuestra mente tendría que flexibilizarse para elaborar al tiempo tres ángulos distintos de la misma realidad.

Nos daríamos cuenta de que el mundo que vemos ¡no es más que una pequeñísima parte de la realidad! Además, no podríamos olvidarlo, porque la percepción nos lo estaría recordando permanentemente.

Tal y como son las cosas, lo sabemos, pero lo olvidamos, pues nuestra concepción del mundo depende completamente de las características y limitaciones de nuestros aparatos sensoriales, pero esto no cambia lo que el mundo es realmente. El que desconsideremos todo aquello que no vemos y oímos no significa que deje de existir.

Este olvido hace que juzguemos todo con la misma pequeñez y limitación de nuestros órganos sensoriales. Acabamos juzgando nuestra mente desde esta misma limitación y olvidamos que ella es capaz de ver diferentes mundos, descubrir distintos ángulos, percibirlo todo, abstraerse de lo sensorial y conectar con otras realidades. La capacidad de nuestra mente es tan prodigiosa que, en vez de ponerlo en duda, podríamos aprender a aprovecharla muchísimo mejor, con lo que nuestra vida sería más rica y armoniosa.

Más allá de la memoria y el olvido

Para ilustrar el enorme poder de la mente y también la fascinante forma que tiene el cuerpo de guardar todas las vivencias a las que es expuesto, voy a mencionar dos hechos muy clarificadores. Hace ya años se publicó en Alemania el primer libro escrito por una persona con autismo. Un chico con el que nunca fue posible cruzar una sola palabra pudo, por medio de un ingenioso programa de informática, describir su espeluznante mundo interior. De unas primeras frases defectuosas pasó, poco a poco, a comunicar sus estados de ánimo y a aportar una cantidad de información inédita. Así se supo que había pasado días enteros de su infancia hojeando, página a página, los libros de la biblioteca de sus padres. Lo que no se sabía es que estaba dotado de una inconmensurable memoria fotográfica, que era capaz de retener cada una de aquellas páginas que había hojeado durante incontables horas. Todo este legado, que tocaba los temas más dispares, desde la Biblia hasta libros de biología, historia y psicología, quedó acumulado en su mente y constituyó el sustrato sobre el cual pudo, tiempo más tarde, describir todo su torturado mundo interior.

Nuestra memoria corporal es igualmente asombrosa. Hace años, en una sesión de respiración, notamos en la sala un inconfundible y fuerte olor a cloroformo. Provenía de uno de los participantes del grupo, que respiraba con los demás. Después supimos que su madre aspiró una dosis alta de cloroformo durante su nacimiento. Nos contó que recientemente el cuerpo de su madre seguía reaccionando ante el menor olor a cloroformo con ataques de vómitos y náuseas. En aquella sesión de respiración, por alguno de estos maravillosos y misteriosos mecanismos de los que dispone nuestro cuerpo, el cloroformo impregnado en las células de aquel hombre hacía nada menos que treinta y seis años ¡vino a la superficie y se liberó!

Otro caso interesante ocurrió cuando una persona, durante una sesión de respiración en la bañera, fue presa de un discurso incontenible en el que expresaba un explosivo resentimiento que llevaba años reprimido. Su cuerpo empezó a soltar residuos oscuros, de tal forma que, en unos minutos, ¡la línea del agua quedó marcada con un borde grueso y negro de impurezas!

Si ponemos nuestra atención en ello, no tenemos que alejarnos de nuestro día a día para descubrir ejemplos que demuestran, sin lugar a duda, las desconocidas capacidades de nuestro asombroso potencial mental.

En una experiencia psicológica, se invitó a cien mujeres a que se sentaran en un cine vacío. La mitad de ellas eran mujeres «felices», que tenían una personalidad estable y una vida sentimental satisfactoria, así como éxito profesional y una buena situación financiera. La otra mitad la componían mujeres con una personalidad inestable, con una vida sentimental y social conflictiva y sin éxito laboral. Se anotó dónde se había sentado cada mujer. A continuación, se invitó a cien hombres a la misma sala vacía y se anotó los sillones que escogieron. El resultado fue sorprendente: eligieron casi todos los sillones que habían ocupado las mujeres «felices», ¡mientras que los de las «infelices» quedaron vacíos! Detrás de una aparente casualidad, había la percepción de algo que está más allá de la razón.

Cuando tu atención se dispersa en la vida cotidiana, realizas una serie de actos involuntarios, aparentemente «casuales», que en realidad te quieren decir algo. Te olvidas de algo para tener que volver a un sitio concreto; te das un golpe cuando pensabas algo denso y desagradable; el café se cae sobre un texto importante... Son acciones mecánicas que, si las analizas, ¡descubrirás que están señalando un propósito!

¡Aquí entra la atención! Puedes dejarte llevar por el inconsciente eternamente, sin darte cuenta siquiera de lo que está ocurriendo, en cuyo caso el programa se repetirá, incansablemente, sin grandes variaciones. O puedes comenzar a fijar tu atención. Comprender lo que persiguen tus actos inconscientes es el primer paso para conocer tu programa mental. Luego, puedes borrar lo que no cuadra, añadir información, modificar grabaciones, ajustar detalles, con el fin de llevar tu vida hacia nuevos derroteros, más acordes a ti.

En realidad, jugamos con ventaja, pues el programa inconsciente es reactivo, mientras que tú eres capaz de analizar. Al colocar tu atención en este mundo paralelo, descubres un guion entre líneas cuyo contenido transcurre solapado, como una doble vida perfectamente coherente. Vas tomando contacto con una parte tuya oculta y poderosa, desconocida y familiar, ajena y propia, fascinante y temible, esperanzadora y extraña. A partir de ahí, tu vida ya no será la misma. Cuando hayas aprendido a dirigir tu atención, podrás intervenir y modificar el guion de tu vida.

Los antiguos yoguis ya lo sabían; entrenaban su atención como si de ello dependiera su vida. Hace milenios ya sabían que es la llave para conocer quién eres y para poner la información del inconsciente a tu favor. Dedicaban a ello el mismo tesón y la misma perseverancia que en Occidente se suele poner en el éxito social y material.

Desde siempre saben que, si dominan la atención, podrán influir en todo el funcionamiento corporal, mental y emocional; podrán exponer su cuerpo al frío y al calor, a intervenciones quirúrgicas sin sentir dolor y, además, llevar su pensamiento donde sea. Son dueños de su ordenador, y por ello, de su vida y de su cuerpo.

En Occidente conocemos la importancia de la atención para el estudio y el trabajo, pero no para el dominio de la vida interior. Esto nos lo enseñan los yoguis desde tiempo inmemorial. La atención es la llave, y con el debido entrenamiento, podemos dejar de sufrir, física o moralmente, y optar por la felicidad. Mientras no sepamos dirigir nuestra atención, no somos más que corchos flotando en el mar de las emociones.

En nuestra parte del mundo, todavía estamos discutiendo la relación mente-cuerpo. ¿Qué es primero, el huevo o la gallina? Muchos médicos tratan el cuerpo como si fuera totalmente independiente de la mente. No creen que una persona con la mente debidamente entrenada sea capaz de propiciar la sanación o ver, en el campo energético de otra persona, las enfermedades mucho antes de que se puedan detectar físicamente. Es decir, se niega aquello que todavía no se conoce, pero no por eso deja de existir. Lo que ocurre es que no se le saca provecho y una vez más se desperdicia el enorme poder de la mente.

Estos antiquísimos sabios yoguis nos dejaron otro legado muy importante: con nuestro poder mental y con el dominio de nuestra atención podemos hacer mucho, muchísimo, ¡pero no podemos hacerlo todo! Una buena parte se escapa a nuestro control, porque hay algo mucho mayor que nosotros que nos guía y dirige, un «plan mayor» que no siempre conseguimos descifrar. ¿Por qué nos toca este destino concreto y no otro? ¿Por qué me ha tocado este país, esta familia, este cuerpo, este color de ojos? ¿Por qué tuve que vivir unas determinadas «injusticias»? ¿Por qué a mí? En la aceptación de lo imponderable, en la aceptación de nuestro destino y de las vivencias concretas y particulares que hemos experimentado, está la llave de la felicidad.

1

¿QUÉ ES EL JUEGO DE LA ATENCIÓN?

¿Por qué este nombre?

La primera idea es que la vida es un juego de energías que se atraen y se repelen, creando guiones y culebrones. No es algo dramático, sino una tragicomedia que debe ser vista en perspectiva: estamos aquí un ratito y la vida es una experiencia pasajera y efímera porque nos identificamos con el cuerpo, no con la parte energética inmortal que vive en nosotros y que es, en realidad, la parte importante. Lo que vivimos en este mundo físico es un juego de experiencias y vivencias de las que aprendemos, y gozamos o sufrimos según nuestro nivel de consciencia.

La segunda idea es que la atención es todo, ya que es la base de la consciencia. Solo existe aquello en que posamos nuestra atención. Es la atención la que da vida a las cosas externas y también internas. Aquello que no atendemos y conocemos de nuestro interior es como si no existiera, pero, en realidad es lo que manda y determina nuestras añoranzas, reacciones y dolores.

A medida que vamos conociendo y ordenando el contenido interno, encontramos nuestra verdadera naturaleza y, como consecuencia, viviremos en concordancia con ella. Esto solo es posible con el entrenamiento y el correcto uso de la atención.

Como definición, el Juego de la Atención es un método completo, vivencial y muy experiencial, testado con un estudio universitario, que ofrece una revisión profunda del mundo emocional, al que ordena y equilibra según han mostrado los resultados. Propone un paradigma de vida que incluye el mundo sutil de una forma coherente y lógica al integrarlo con lo material, lo que lleva a una visión transpersonal de forma natural. La consciencia pasa a tener en cuenta nuestra transitoriedad en el mundo que perciben los sentidos y se da cuenta de la influencia beneficiosa de esta perspectiva para la vida cotidiana. Proporciona una forma de ver y vivir la vida occidental de forma distinta y trascendente.

Atención es nutrición

En un sinfín de escenarios se mueven un sinfín de personajes. En este hormiguero frenético, algunos juegan a ser jefes, otros, a «mandados»; unos son buenos, y otros, malos; unos ricos y otros pobres; está el patriarca, el mendigo, el bienhechor y el ladrón; el galán, el seductor y el seducido; el rechazado y el prepotente; la víctima y el verdugo…, un sinfín de papeles que se entremezclan y cruzan, innumerables guiones que se encuentran y desencuentran, incontables historias que se funden y materializan nuevos personajes y nuevas combinaciones, creando una maraña cuyo único guionista es la vida misma.

A cada uno de nosotros nos tocan determinados papeles, y unos nos gustan más y otros menos. Al final, llegamos a creer que somos un personaje, nos identificamos con él, y según participe en una tragedia griega o un musical americano, reímos, lloramos, nos desesperamos, sufrimos o gozamos. ¿Cómo nos enredamos en este increíble juego de la existencia?

Desde su infancia hasta su vejez, cada ser humano quiere atención: que se le vea, se le atienda, se le demuestre cariño, respeto, amor..., que se le considere y se le tenga en cuenta. La atención es la nutrición de su alma. Cree que no se basta solo, así que busca atención fuera.

Esto es bastante lógico si consideramos que ya la primera célula viva tuvo que buscar la nutrición fuera para poder sobrevivir. Luego ¡se dio cuenta de que fuera había depredadores! Así que necesitó formar grupos, unirse a otros, para ser menos vulnerable ante el peligro. Desde siempre la atención fue entrenada a fijarse fuera y no dentro.

Ahora, ¡la tarea es fijarse también dentro! Como dicen los yoguis: un ojo mira hacia dentro, y el otro, hacia fuera. Ni perderse ahí fuera, disgregándose, ni aquí dentro, aislándose.

Esta búsqueda de atención del ser humano comienza con papá y mamá, luego los hermanos, los compañeros y amigos, después con la pareja, los hijos y la vida social. Algo interminable, siempre atento a los demás, sintiéndose bien cuando logra la atención que desea, angustiado cuando fracasa. Como un vampiro, la nutrición le viene de los demás.

Para conseguirlo, el ser humano usa todos los medios de que dispone. Si no logra que le vean, prueba a poner en práctica nuevos comportamientos, actitudes y formas de ser... utiliza absolutamente todos los «juegos» que conoce para lograr el objetivo.

Es capaz de esforzarse hasta el límite para agradar y, si no lo logra, va a buscar atención a cualquier precio, siendo el niño problema, el incapaz, el tonto, el deprimido, el agresivo, poniéndose enfermo... Todo vale, pues de ello depende la sensación de ser reconocido, de ser amado, de estar vivo.

Así que nuestro niño va probando, ¡hasta que encuentra el «juego» que tiene éxito! En este momento ocurre algo fantástico: ya no está a merced de las circunstancias, ¡ahora tiene recursos! Nunca más tendrá que soportar la impotencia de que no le vean ni consideren. De ahora en adelante tiene en sus manos un arma fundamental: sabe cómo ser el centro de las atenciones.

A veces lo consigue respondiendo a las expectativas ajenas, siendo el niño bueno y obediente, aunque ya no pueda seguir su propia naturaleza; otras veces, será a base de recibir regañinas, castigos o golpes. ¡Pero ya puede sacar de sus casillas a papá y a mamá cuando le viene en gana! Puede hasta castigarlos si no le dan el amor y el respeto que necesita... ya tiene el poder en sus manos. Naturalmente, esta actitud no la va a cambiar fácilmente. Aun a costa de sí mismo, aprendió muy bien la lección.

También puede ser un juego aplaudido y aceptado socialmente: el primero de la clase, el gracioso, el inteligente, el responsable, el confiable, la guapa, la seductora, la dulce. Tendrá la atención que necesita, sabe qué hacer para ser atendido y alabado, pero todo ello a costa de su espontaneidad, a costa de sí mismo, pues ya es una actitud que le ha atrapado y le tiene prisionero.

El tiro sale por la culata

Lógicamente, el niño se agarra con uñas y dientes a esta actitud, a este comportamiento que le hace poderoso. Este papel se fija. Pasa a formar parte nuclear de su personalidad y todo lo demás se va construyendo alrededor de aquello que tuvo éxito, lo que consiguió el objetivo último de ser visto y oído. Este «juego» ya sale solo, visceralmente, como un disco rayado.

Hay, además, otra consecuencia importante. Como es natural, toda la atención del niño está dirigida hacia fuera, observa a sus padres, de quienes depende para todo lo que necesita, incluso su supervivencia. Esto refuerza el hábito de colocar continuamente la atención en el otro.

Mientras sea así, nada puede cambiar. El camino de vuelta consiste en hacerlo al revés: poco a poco, paso a paso, día a día, volver la atención hacia dentro, tal y como fue en un principio. El recién nacido solo sabe de sí mismo.

El tiempo va pasando, y lo que comenzó como una forma de hacerse notar se transforma poco a poco en una forma compulsiva de ser. Se puso tanta energía en aquel comportamiento ¡que ahora parece tener vida propia! Aquella actitud comienza a dominar al niño, al adolescente y luego al adulto, de un modo tan potente ¡que parece que ya no tiene control sobre ello! Está identificado con el rol, quiere comportarse de otra manera y no puede. Le parece que, si abandona aquella forma de ser, ¡se vuelve de nuevo impotente, vulnerable, en manos de los demás! Así que sigue con su personaje como si de ello dependiera su vida, totalmente olvidado de que la situación cambió, de que ya no es un niño sin recursos, de que el tiempo pasó y, como adulto, tiene un abanico de posibilidades que no tenía antes.

En este momento, la persona decide que «Yo soy así», léase exitoso, deprimido, dependiente, rebelde, víctima, enfermo, loco, incapaz, distraído, vencedor o perdedor, el personaje que sea. Da lo mismo que sea un personaje problemático o admirado. El que vive para los otros, aquel que tiene que ser siempre simpático, animado y alegre. Es lo que se espera de él.

La máscara ya se ha pegado a la piel, la sonrisa ya es obligatoria, ha perdido su frescura y su belleza. Ahora, identificado con el papel, nuestro amigo cree ser así y todo se tiñe de este juicio sobre sí mismo. Esta identificación cada vez se fijará más y creará inconscientemente situaciones en las que se convence de que verdaderamente «soy así».

En un momento de su vida, se encuentra identificado con un repertorio de personajes con los que se mueve y se relaciona con el mundo. Cada personaje tiene una función, que aporta o ha aportado un beneficio, aunque quizá su propósito inicial se haya olvidado. Es como repetir la función una y otra vez, ya ni se acuerda de por qué es siempre tan responsable, tan iracundo o tan marginado. Ya no recuerda que fue una máscara que usó una vez para conseguir un fin, puede que ni siquiera llegara a darse cuenta…

Un día, siente algo raro en el pecho, como que algo falta, un hueco, un vacío angustioso, la sensación de la nada. Una pregunta se queda suspendida en el aire, como un grito desesperado: «Quién soy yo?». ¡Y nuestro amigo no comprende lo que pasó!

Este juego de búsqueda de atención acaba creando un programa mental, a través del cual nos identificamos con lo que *no* somos, con un papel, una máscara, un personaje determinado. Olvidamos lo que somos realmente, lo que hemos sentido y sido antes de que nos separásemos de nuestros instintos, de nuestros impulsos y de nuestra naturaleza verdadera. Antes de ver nuestra imagen en el espejo y oír una voz que dice: «Este eres tú…». En este momento, el niño no comprende nada: «¿Quién soy yo, el que siento dentro de mí, vibrando, pulsando, o esta imagen que veo en el espejo?». Ahí es cuando se producen la división, la duda, la confusión entre el dentro y el fuera.

La imagen comienza a ser más importante que el Ser que vibra dentro de nosotros. La imagen ya tiene vida propia, nos domina y por ella sacrificamos nuestros más añorados ideales. Identificamos la imagen con el poder, la ponemos en un pedestal porque creemos que nos protege y que sin ella estamos perdidos. Pasamos a vivir para ella y no para nuestros verdaderos sentimientos.

Parece que, si soltamos la imagen, el mundo se viene abajo, nos quedamos como un pajarito recién salido del huevo en medio del fragor de una batalla. Hemos vendido nuestra autenticidad a cambio de un poder malentendido.

Ejercicio 1. ¿A qué estoy jugando yo?

Ahora interesa pararse un poco y tratar de descubrir cuál es mi juego. No siempre es fácil identificar el propio juego. Es algo que se hace de forma tan automática, tan inconsciente, que a menudo se nos escapa. ¿Cómo consigues que se fijen en ti? ¿En qué te crees especial y diferente? ¿Qué actitud tienes que te parece automática e inalterable?

Observa la lista que aparece a continuación y trata de descubrir cómo haces para conseguir la atención de los demás:

- ¿Eres una víctima, te lamentas y quejas de todas las injusticias que has tenido que sufrir, todas las enfermedades, abandonos, esfuerzos, ingratitudes, irracionalidades y maldades de los demás, cargando la melancolía y el punzante dolor del que ha sido maltratado?

- ¿Eres aquel que siempre tiene las soluciones, conoce las salidas, sabe lo que deben hacer todos, cómo resolverlo todo, tiene las respuestas a todas las dudas, es el salvador del mundo?

- ¿Eres el gracioso, el que divierte, distrae, cuenta los chistes, anima y eleva los ánimos de todos, distribuye energía y buen humor a los cuatro vientos?

- ¿Eres aquel que siempre encuentra el punto débil, el fallo, la parte incompleta e inadecuada de todo, siempre en busca de una perfección inalcanzable?

- ¿Eres el que siempre busca pelea, fricción, lucha, confrontación, que está indignado con el mundo y con la vida, exigiendo y avasallando a pesar tuyo?

- ¿Eres el incompetente, el tonto, el que no consigue hacer las cosas ni obtener resultados, el que no es lo suficientemente inteligente, informado, culto, capaz o habilidoso, el eterno derrotado?

- ¿Eres el eficiente, el práctico, el que se preocupa por todos, piensa por todos, provee a todos, cuida de todos?

- ¿Eres el distraído, siempre en las nubes, que vives en tu propio mundo, ausente en tus devaneos y sueños?

- ¿Eres el altruista, siempre preocupado y tratando de ayudar a los demás, que sientes en tus carnes las injusticias, las guerras, los dolores del mundo?

- ¿Eres el responsable, que carga un peso en la espalda, que se echa sobre los hombros todos los problemas y crees que, si tú no te ocupas, el mundo se viene abajo?
- ¿Eres el eterno huidizo, que te escabulles de las situaciones que representen compromiso, enfrentar problemas o personas, responsabilidad o disciplina?

Entonces ¿qué haces para conseguir que te presten atención, te miren, te admiren o te repudien, hablen de ti, bien o mal? No se trata de que te parezca bueno o malo, lo que buscamos es lo compulsivo, automático, cristalizado y mecánico.

El compañero de viaje

Si estás encerrado dentro del cubículo de tu personaje principal, el Ser verdadero que vive en ti va a querer expandirse, explotar, alcanzar su libertad… Ha llegado el momento de usar la llave —la atención—, meterla en el cerrojo y hacer el recorrido al revés, abrir.

Has estado de viaje con un desconocido: tú mismo. Ahora es el momento de intimar con este desconocido, fijarte en él, observar sus movimientos, sus deseos, sus recursos, sus inesperados prontos, sus necesidades, ideales, ilusiones, sus maldades… Como el domador con el león, no hay más remedio que adivinarle, conocer el significado de sus más pequeños movimientos, observar cuándo le brilla la mirada, en qué coloca su energía vital, qué cosas le sobrecogen y entristecen.

De la misma forma que al domador no se le ocurre culpar al león de sus instintos, tampoco podrás enjuiciar al compañero de viaje ni echarle en cara sus oscuridades ocultas, pues sabes que son simple fruto de su historia. Para poder comprenderle, tendrás que acompañarle a través de sus experiencias, conocer su infancia, la casa donde creció, los padres que tuvo, saludar a su familia, saber lo que exigieron de él, lo que era verdaderamente importante para ellos.

También deberás saber qué significó para tu amigo su adolescencia, cómo se acercó a la sexualidad, cómo se lanzó al ruedo de la vida, qué toros le tocó lidiar y qué cornadas se llevó en el aprendizaje. Tendrás que saber qué exige de sí mismo, qué añora y desea, qué rechaza y repudia. Es un largo viaje, pero tienes tiempo, es un viaje que dura toda la vida, así que no te agobies.

Seguro que le irás cogiendo cariño, comprendiendo, perdonando, amando, y que terminaréis como los amigos más entrañables. Pero para que esto ocurra deberás tener mucha paciencia, desenredar muchos entuertos y malentendidos, convencer a tu amigo de su poder como adulto, de su enorme capacidad como ser humano, de su belleza, de su pureza, de su inocencia.

Deberás acompañarle también a sus rincones más lúgubres, aceptar sus instintos más salvajes y morbosos sin un solo gesto de reproche, aceptar su sadismo y su masoquismo con el corazón lleno de agradecimiento por confiar tanto en ti como para mostrarte sus miserias.

Tendrás que ganar su confianza poco a poco, día a día, aunque a veces no consigas dejar de sufrir y gozar con él; pero siempre a su lado, apoyándole, abierto a todo, a bajar a las alcantarillas y encontrarte con las ratas o subir a las montañas y encontrarte con los ángeles.

Más allá del juicio, más allá del bien y del mal. Más allá del juego del poder donde se fijó la imagen y el personaje. Vivir con él los momentos en que pensaba que se iba morir y también aquellos en que se culpó de todos los males del mundo. Vivir también sus grandes ilusiones, conocer la meta última de su vida, que quizá ni sea la verdadera…

Juntos podéis descubrir que más allá del guion que os tocó en el gran teatro de la vida hay otra dimensión, donde rigen otras leyes, donde lo que hay es una gran búsqueda de equilibrio. Una búsqueda que no juzga lo que es bueno ni lo que es malo, sino que, como en un sistema de vasos comunicantes, el agua vaya donde le lleve la fuerza de la gravedad, sin que importe si inunda una región o si acaba con la sequía de una tierra que clama piedad.

En este ámbito, podréis entender muchas cosas y aceptar otras más. Y comprendiendo, podéis parar de luchar contra lo imponderable, lo inevitable, contra el destino. Puedes descubrir que lo que te parecía algo terrible en realidad está haciendo que el agua de los vasos comunicantes se coloque en su justo lugar. Esta otra dimensión no sabe de tus pequeños y mezquinos sufrimientos, solo sabe de equilibrio.

Este libro te invita a este viaje. Te invita a recorrer contigo mismo toda tu historia, a encontrar las grandes grabaciones que te tienen prisionero de tus propias creencias y juicios. A usar la llave que es tu atención para abrir puertas y, así, transitar este camino hacia ti mismo.

Aunque al principio los hábitos aprendidos te lleven a lo viejo y cristalizado, poco a poco aprendes a poner la atención en tu callado compañero de viaje: tu verdadera naturaleza olvidada. Y las puertas irán abriéndose, aparecerán nuevos horizontes y soluciones nunca pensadas, como un gran holograma que cambia de aspecto cuando cambias de posición.

Propuesta de trabajo

El método del Juego de la Atención está dividido en módulos que corresponden a las fases del ser humano en su evolución natural. Cada etapa utiliza distintos mecanismos psicológicos y enfatiza determinados aspectos de la vida. Es como pasar un peine para desenredar los nudos que se han ido quedando en las sucesivas fases de la vida, una incursión en el mundo de la psique que puedes acompañar, paso a paso, a través de estas páginas.

Como si se tratase de construir una casa, comenzamos por la base, por los cimientos: la infancia. En esta primera fase, vamos a entender por qué eres como eres, qué eventos han configurado tu mundo emocional y tu sistema de ideas. Sabrás qué hacer con las grabaciones psíquicas que te hacen reaccionar de forma infantil y compulsiva, las que te hacen tropezar siempre en la misma piedra, sin conseguir comportarte como quieres.

La meta es manejar alternativas. Es imposible comprenderse sin hacer antes una incursión profunda en el momento en que el sistema nervioso se está formando y registra todo lo que es intenso y vital, sin importar si es de signo positivo o negativo.

Una vez hecha la base, levantaremos las paredes, colocaremos las ventanas y puertas de la casa, es decir, recorreremos la adolescencia, la pareja, la sexualidad, el trabajo. Entraremos a fondo en la calidad y la función de la energía femenina y de la masculina, que son, en general, mal comprendidas y usadas. Son energías maravillosas y complementarias, que juntas te llevan al Ser, mientras que separadas provocan una eterna lucha de poder sin ganadores, que acaba en un enfrentamiento entre los dos sexos. Vamos a reconocer la calidad de cada una de las dos energías y cómo usarlas adecuadamente, a investigar por qué construimos patrones que separan y destruyen, y nos alejan de la completitud que tanto añoramos.

En la siguiente fase, colocaremos el tejado de la casa para protegernos del exceso de luz, del agua, del viento, del calor y del frío que vienen de fuera. Conoceremos en profundidad lo que es la proyección y su importancia para nuestro desarrollo, así como la consciencia que nos aporta. Vamos a mirar de frente y a desmitificar la culpa, que nos impide sentir placer y hace que nos castiguemos, además de destapar el enorme espacio luminoso que surge cuando la atravesamos. Tomaremos consciencia de los mundos que nos rodean, tanto el material como el sutil, que está siempre presente, aunque no lo veamos. Analizaremos el reino de la energía inteligente, que crea una gran red energética que nos envuelve y conecta con todos.

Todo para conseguir, finalmente, entrar y salir de casa. Ser capaz de participar en el gran teatro de la existencia, disfrutar de su enorme riqueza, variedad y magia; también, poder recogerse en casa, en sí mismo, cuando sea necesario. Poder estar dentro de sí y fuera también, sin perderse ni en uno ni en otro, un ojo mirando lo que pasa fuera y el otro observando lo que pasa dentro. Aprendiendo a disfrutar del «culebrón» que te ha tocado y descubrir que está inserto en un Plan Mayor, que parece tener como objetivo una mayor consciencia para la humanidad.

Una vez descubiertos nuestros patrones y rasgos, que hemos armonizado nuestro femenino y masculino, que hemos reconocido la proyección y desmitificado la culpa, ya toca tomar decisiones certeras. Entonces caemos en la cuenta de que nuestro libre albedrío debe ser usado en concordancia con las leyes universales para intensificar todo aquello que está en armonía con ellas.

Tomamos consciencia de que, si no las tenemos en cuenta, podemos desviarnos del camino y hasta entrar en un proceso autodestructivo. Vemos que nuestro poder de decisión solo tiene una alternativa: aceptar y seguir el proceso de la vida, o remar en contra de ella, lo que produce un gran desgaste y ningún resultado. Usar el enorme poder que tiene la decisión a nuestro favor y no en contra del fluir de la vida es uno de los grandes aprendizajes que recogemos en este viaje interior.

Por fin, llegamos a los ancestros. La enorme fuerza del linaje ancestral se refleja en nuestro cuerpo y también en nuestros anhelos, rechazos y juicios, realmente en todo nuestro sistema de creencias. Una enorme multitud de personas y sus encuentros «casuales» propiciaron la creación del cuerpo que te ha tocado en esta encarnación. Una cantidad incontable de culebrones de ancestros, muchos de los que no conoces ni siquiera el nombre, han configurado parte del programa mental que hoy dirige tu vida.

Este árbol genealógico, constituido por encuentros y desencuentros de tantos individuos, expresa el alma de la familia de la que formas parte, influyendo en ella y siendo influido por ella. Aquí, ponemos la intención en sanar el alma familiar, clarificar sus malentendidos, armonizar sus conflictos y sanar separaciones y cortes, tratar de honrar cada uno de sus miembros y darles el lugar que merecen en el sistema familiar. Todo ello para que el alma del grupo al que perteneces se armonice y florezca.

Para finalizar, cerramos con una mirada al inconsciente colectivo, al que pertenece esta alma familiar, y colocamos la atención en el recorrido arquetípico que tenemos que transitar todos los seres humanos en el mundo físico. Es como un enorme paraguas que nos cubre a todos, influyéndote de una forma de la que no siempre eres consciente.

Físicamente, cada célula es individual, pero pertenece a un órgano, este a un sistema que a su vez pertenece a un cuerpo. Igualmente, tú como individuo perteneces a un clan familiar, este a una raza o cultura determinada y todo ello forma el gran cuerpo de la humanidad.

A medida que vayamos avanzando, tendrás la oportunidad de aplicar la teoría a tu caso personal. Acompañando los diferentes temas, encontrarás ejercicios con los cuales podrás recorrer el camino hacia tu interior, por tu propio pie y con el ritmo que escojas. Los apartados están señalados, en una tipografía diferente, como en el Ejercicio 1, para que puedas localizarlos con facilidad; o bien saltarlos, si te interesa solamente la parte teórica. No obstante, no puedo dejar de animarte a que hagas los ejercicios. Casi sin que te des cuenta, pueden ocurrir cosas dentro de ti que te hagan levantarte por la mañana con alegría y ganas de vivir.

Está claro que una lectura no tiene la intensidad de una vivencia presencial, como sentir una gota de agua que resbala por la piel, el olor de la tierra mojada, la emoción de un roce deseado... Sin embargo, puedes empezar a abrirte y poner la atención en tus emociones y sensaciones, aunque sea solo una ranura por la cual echar un vistazo y animarte a abrir la puerta un poquito más.

Se trata de entrar de lleno en la vida, que únicamente se despliega en todo su esplendor cuando aceptas tanto su magia como sus miserias. Si esto se logra, este libro habrá alcanzado su objetivo.

Ejercicio 2. Ejercicios introductorios

Ya que la atención es algo tan sumamente importante, comienza, si lo deseas, a explorar sus posibilidades y a entrenarla. Son ejercicios sencillos que puedes encajar sin esfuerzo en tu vida cotidiana. Su finalidad última es que seas capaz de hacer este camino de vuelta a ti mismo, a colocar la atención en tu interior, tus sentimientos, tus sensaciones físicas, tus pensamientos mecánicos y repetitivos, y también en la voz interior que habla cuando le das espacio y la escuchas. Para ello, tu atención tendrá que estar dentro, concentrada, pues habitualmente esta voz no grita. Suele sonar como un murmullo, suave y delicado. Como un riachuelo que corre...

Ejercicio 1 - Hay un ejercicio clásico que puede servirte de base. No solo te ayudará a la concentración, sino también te servirá de medida, pues podrás cuantificar tus logros. Siéntate cómodamente delante de un reloj grande, un despertador o un reloj de pared que tenga segundero. Procura relajar el cuerpo, usa para ello la técnica a la que estés acostumbrado.

Si no tienes el hábito de relajarte, sigue las instrucciones siguientes. Cierra los ojos y empieza concentrándote en tu respiración, que dejas correr por todo el cuerpo, como un viento fresco que limpia el polvo y abre puertas y ventanas. Cada vez más despacio y más consciente de las sensaciones de tu cuerpo. Luego, relaja la cabeza (cuero cabelludo, frente, ojos, párpados, mejillas, boca, mandíbula, lengua, orejas). Después sueltas la nuca (imagínate los nervios que se cruzan ahí, flácidos, blandos, caídos), el cuello, los hombros. Relaja el tórax, baja por la columna, imaginando todos los nervios y ganglios nerviosos relajados, flácidos, tranquilos, entregados. Sigues soltando el pecho, el estómago, el bajo vientre, las nalgas y los órganos sexuales. Respira lentamente y siente como un aire fresco, abriendo, relajando y soltando. Finalmente, relajas los muslos, las rodillas, las piernas, los tobillos y los pies.

A continuación, inspira profundamente para llenar bien los pulmones. Al exhalar, trata de que salga todo el aire, hasta el final. En la siguiente exhalación, vas a dejar que la silla o el sillón cargue con todo el peso de tu cuerpo. Literalmente, deja que la silla te sostenga el cuerpo, dejando la musculatura libre y relajada. Al exhalar, trata de soltar todo, de que la silla se haga cargo de todo, de tu cuerpo y también de tus preocupaciones y cargas.

Cuando sientas todo tu cuerpo relajado y suelto, pon la atención en el segundero del reloj. Siguiendo su recorrido alrededor de la esfera, mantén tu mente en blanco. Si vienen pensamientos, déjalos pasar, sin poner atención a su contenido. Como nubes que pasan y se van. Mira cuánto tiempo eres capaz de quedarte atento al segundero sin que te lleven tus pensamientos. Tienes así una medida cuantificable de tu capacidad de concentración.

Este ejercicio lo puedes hacer diariamente y constatar así tus progresos.

Ejercicio 2 - Coloca un objeto delante de ti. Relájate como en el ejercicio 1 y comienza a observar este objeto. Te sorprenderá cuántos detalles tiene, cuántos tonos distintos, cuántos matices imperceptibles puedes descubrir. Repite este ejercicio algunos días seguidos, y luego, cuando lo tengas muy asimilado, cuando lo sientas familiar, comienza a percibir el objeto desde dentro: ¿Cuál sería la sensación de SER este objeto? ¿Cuáles son las sensaciones que te vienen?

¿Cómo te sientes siendo esto? Puedes conocer su esencia oculta e identificarte con ella. Si lo logras, habrás dado un paso sólido en dirigir tu atención. Si no, simplemente sigue, sin sentirte frustrado y sin prisas. Acontecerá cuando menos lo esperes.

Ejercicio 3 - Cuando salgas de casa a hacer tu vida cotidiana, escoge un objeto concreto donde colocar tu atención en este día. Puede ser una cosa, un color, una parte del cuerpo, carteles, algo sonoro como voces o música. Proponte estar atento a ello durante todo el día. Puedes escoger, por ejemplo, fijarte en los relojes que use la gente. O en mujeres embarazadas. O en toda la ropa de color rojo. O en las orejas y sus distintas formas y tamaños. O en los timbres de voz. O en las formas de las cejas. O en las expresiones sonrientes o ceñudas que veas por la calle. O en lo que dicen los letreros. En collares, pendientes o zapatos. En cuánta gente se toca o lo que llevan en las manos. Pero escoge un solo objetivo por día. Puede ser un día interesante, en el que descubras muchas cosas en las que nunca te habías fijado. Te darás cuenta de muchas similitudes e incongruencias que coexisten pacíficamente. Poco a poco, podrás mantener y cambiar el objeto de tu atención, y aumentar así la concentración y flexibilizarla de una forma lúdica y fácil.

2

PURIFICACIÓN DE LA INFANCIA Y LA ADOLESCENCIA

2.1. CÓMO SE PROGRAMA LA MENTE

Dos mundos en busca de equilibrio

De la misma forma que el microscopio y nuestra visión común perciben dos mundos distintos que funcionan simultáneamente, a nuestra mente le pasa algo similar. Estamos dotados de dos hemisferios cerebrales completamente distintos que tienen funciones opuestas. Uno nos sirve para mil usos prácticos, analiza y sintetiza, conoce y funciona con leyes que son familiares; con él pagamos el autobús y organizamos el día. El otro funciona con un lenguaje «extranjero», distinto, un lenguaje simbólico, artístico, creativo, tiene una percepción finísima y conecta con un universo sutil. Es como si tuviéramos que aprender otro idioma para poder comunicarnos con él, pues en nuestro idioma normal no nos entendemos. No solo utiliza otro tipo de lenguaje, sino que, además, tiene otro tipo de referencias.

Si funcionan por separado dan un resultado limitado; juntos, son capaces de tener un poder superlativo. Juntos pueden hacer que consciente e inconsciente trabajen juntos. Con nuestra mente analítica consciente sabemos que estamos sentados en un sillón, dentro de una habitación, sabemos que hoy es tal día, de tal mes y de tal año. También sabemos la hora que es, mirando el móvil o la posición del sol.

Pero nuestro inconsciente no conoce este tipo de cosas, sus registros son atemporales. No conoce ni el tiempo ni el espacio. Por un lado, es universal, por otro es como un ordenador, en el que, una vez grabado un programa, este no se altera ni con el paso de los años ni con un traslado geográfico al otro lado del mundo. No sabe lo que pasa fuera, únicamente sabe de sí mismo. Si no registra información nueva, sigue al pie de la letra la información que tiene almacenada y parece funcionar de manera mecánica.

Pero, igual que un ordenador, tiene también formas de autorregulación. Si el espacio está saturado, se niega a recibir más datos. Si la corriente eléctrica es inadecuada, dispone de un regulador para no quemarse. A medida que se programa, aprende a protegerse de excesos que no puede soportar y crea para ello mecanismos para defenderse de golpes, errores y exposición a ambientes nocivos.

Además, está siempre en busca de su equilibrio interno. El agua quiere colocarse según la ley de la gravedad: en una botella boca abajo basta que se quite el corcho para que se vaya. Cuando se produce un exceso, nuestra mente funciona como la nube demasiado cargada que descarga lluvia o electricidad. Cuando le falta energía, es como la planta sedienta, que chupa ávidamente cada gota de agua que recibe. Para este extraño ente, tanto el exceso como la falta son estados de inaguantable desequilibrio y, para remediarlo, automáticamente saltan sus resortes buscando con avidez recuperar la armonía.

Es como el hombre que se está muriendo de sed: está completamente concentrado en buscar agua y no ve ni entiende nada más. De la misma forma que la nube no va en busca de tierra seca para soltar su exceso de agua, nuestro inconsciente tampoco hace juicios de valor: la energía se dirige compulsivamente en búsqueda del equilibrio ¡sin considerar si aquello es «bueno» o «malo»! No es nuestra parte racional, sino nuestra parte visceral, que busca equilibrarse energéticamente, pues de lo demás no entiende.

Cada vez que nos recriminamos por nuestros impulsos, estamos recriminando al sediento por tener sed, o al niño por crecer, es decir, censuramos la ley natural de las cosas. Un asesino busca en el asesinato el equilibrio de alguna compulsión; el alcohólico igual, el violador de menores también, lo mismo que el glotón que no consigue parar de comer o el anoréxico que no puede aceptar la comida, o el cleptómano, el hipocondriaco o el fóbico de cualquier clase…

Si el río se desborda, puedes lamentar que se haya llevado tus cosechas, pero no se te ocurre reprenderle. ¡No te paras a insultar al río y decirle que es malo y despreciable! Sabes que, si hay más agua de la que cabe en el cauce, se desbordará. Sin embargo, nos recriminamos y despreciamos por nuestra búsqueda de equilibrio ¡simplemente porque no sabemos que de esto se trata!

Las repeticiones

Del inconsciente brotan tus impulsos y emociones. Es un ente hiperactivo, de enorme capacidad dinámica, que responde siempre de acuerdo con la información que tiene registrada, tanto para defenderse como para equilibrarse. Tiene, además, una característica importantísima que hay que tener en cuenta, pues nos permite comprender su funcionamiento: ¡lo que está grabado tiende irremediablemente a repetirse! No importa que sea una sensación de placer o de desagrado, de alegría o de tristeza, de amor o de odio…, si se ha grabado y no se ha neutralizado, va a reproducirse. Y cuanto más intensa sea la impresión, más fuerte será la tendencia a la repetición.

Una grabación es básicamente un impacto emocional fuerte que se ha quedado impreso en el psiquismo, relacionado con determinados estímulos externos o internos. Este impacto queda grabado con todos sus detalles, y cuando el inconsciente reconoce alguno de estos estímulos, recrea las sensaciones y emociones de antaño. En resumen, la persona vuelve a sentir las mismas sensaciones que tuvo en la grabación inicial. Si es algo que ocurrió de niño, sufre, por tanto, una regresión a la infancia. Como las emociones son muy fuertes, apagan lo racional y se va a sentir como era entonces, sin recursos, desamparado... Si revive una grabación de adolescente, experimentará los mismos miedos o la rebeldía típica de aquella edad.

Por ejemplo, si el bienestar es cortado bruscamente en un momento de mucha relajación, este acontecimiento quedará grabado en el inconsciente. A partir de este hecho, siempre que esta persona trate de estar relajada, la grabación inconsciente hará que se encuentre en tensión, a la espera de algo desagradable. Incluso puede ocurrir que inconscientemente busque una forma de cortar el bienestar para quitarse esta tensión, a través de preocupaciones o cualquier otro método. Con el hábito, acabará siendo un individuo tenso.

Si una persona ha sido abandonada de pequeña, por la razón que sea, habrá un fuerte impulso que la hará recrear de forma inconsciente situaciones que le permitan revivir la sensación de abandono, aunque represente sufrimiento; igualmente puede haber una fuerte tendencia a abandonar.

De la misma manera, si en un momento de gran alegría o de mucha rabia (como siempre, funciona en ambas direcciones) le ocurre algo cortante, pasará a controlar sus impulsos, conteniendo su alegría o su rabia de antemano. La expresión de las emociones va a ser problemática. Si fue un niño mimado, también tenderá a recrear situaciones para que lo mimen. Como un disco rayado, que reproduce una y otra vez la misma música, el inconsciente proporciona los impulsos para que la historia se repita. Y es natural que así sea, pues ¡es una referencia estructural en el programa del ordenador mental!

Esto no significa que las cosas se queden así. Mucho se puede hacer para remediar la situación, pero recriminarse o recriminar al otro por sus impulsos es una gran pérdida de tiempo. Nada va a cambiar, a menos que encontremos las grabaciones que provocan estas reacciones e integremos información nueva al programa mental. Para ello necesitamos aprender el lenguaje del inconsciente y tratarlo con mucha paciencia y cariño.

La exigencia de que las cosas sean distintas de lo que son solo dificulta el cambio. El primer paso es comprender la función oculta del comportamiento que rechazamos y que, al final, muy probablemente acabará siendo una forma extraña de buscar equilibrio. El mero hecho de tener esto en cuenta ya hace que lo veas de otra manera. Ahora bien, si por debajo siempre existe esta eterna búsqueda de equilibrio, ¿qué función puede tener dicha tendencia a la repetición? Parece absurdo que en un sistema dinámico exista una tendencia sin sentido, máxime cuando es tan compulsiva.

Evidentemente, cuando algo se graba de una forma inarmónica, el programa tratará de obstaculizar la libre circulación de la energía vital. Como si tuvieras una piedra en el zapato, que te impide caminar con el desahogo y con la potencia de la que eres capaz. Luego parece lógico que el sistema trate de desembarazarse de esta información.

Para poder transformar estas fijaciones, el primer paso es darse cuenta de que existen, ¡poner tu atención en ellas! Así que el recurso que ha encontrado este sistema dinámico para librarse de esta molestia ¡es volver a mostrártela una y otra vez! Si no te das cuenta de que tienes la piedra en el zapato, seguirá allí haciéndote daño. Se toma consciencia de que una máquina está estropeada cuando el defecto se repite y decides arreglarla.

No hay que olvidarse de que la misma dificultad que tenemos

para entender al inconsciente es también la que tiene él para hacerse comprender por nosotros. Necesita de nosotros para equilibrarse, de la misma forma que nosotros necesitamos de él si queremos ser personas completas, lo que equivale a decir sanas. Cuando hablo de «nosotros», se sobrentiende que hablo de nuestra parte racional y analítica, con la que funcionamos en nuestro día a día. La parte conocida.

Ejercicio 3: Las repeticiones

---

a) Merece la pena que pares aquí un momento y trates de recordar las repeticiones que ocurren en tu vida, aquellas situaciones que parecen perseguirte; de las que no consigues librarte. Es el primer indicio de que existe debajo una grabación.

b) También interesa que observes qué comportamientos tuyos no consigues modificar, aquellos momentos en que decides dejar de actuar de una determinada manera, pero, cuando se vuelve a presentar la situación, repites lo que no quieres. Aquí, también, hay una grabación que conviene traer a la superficie. Haz una lista de estas actitudes y situaciones repetitivas.

Juntos en el mismo barco

De la misma forma que un hemisferio cerebral necesita del otro, una parte de la mente necesita de la otra, porque las dos están irremediablemente interrelacionadas, por su propia constitución. Una sin la otra se queda limitada, perdida, sin rumbo. Cuando una apoya a la otra es cuando podemos sentir el enorme poder de la mente. Son inseparables, como el barco y el mar. El barco es el consciente, y el océano, el inconsciente. ¡Podemos navegar conscientemente por el océano inconsciente!

El inconsciente personal está siempre dispuesto a recibir nueva información, siempre que sea en su propio idioma y en coherencia con sus leyes. Si quieres forzarlo a algo que a ti te parece lógico, solo acepta esta imposición si es coherente con su marco de referencia. Si no, ¡se disparan todos sus mecanismos de protección!

En realidad, así es como solemos andar por la vida: con nuestro inconsciente agazapado detrás de sus escudos, aunque esto no signifique que deje de actuar, aunque no nos demos cuenta. En realidad, cuanto más escondido está, más influye en nuestra vida, pues al no entender lo que pasa, nos quedamos perdidos e impotentes en manos del «enemigo», cuando el inconsciente, en realidad, es un gran amigo y su misión es protegernos para mantener la vida.

En lugar de tratar de comprender lo que pasa, a menudo nos alejamos y negamos nuestros sentimientos porque son desagradables, pero aunque estén anestesiados, ¡no significa que no existan! Después aparecen los problemas físicos y mentales, que son resultado de dolores inconscientes negados. Muchas veces, una explicación psicológica perfectamente razonable no se acepta ni se comprende por no poder acceder a la emoción.

Como las referencias del inconsciente son otras, sus ámbitos también son otros: con él puedes experimentar un enorme número de capacidades inexplicables para nuestra mente conocida y lógica. De esta parte inconsciente brotan las intuiciones y percepciones enigmáticas, y también desde ahí se contacta con las dimensiones que están más allá de lo que perciben nuestros limitados sentidos, con una realidad mayor.

Aquí también mora nuestra parte más alienada, visceral e indomable, que sigue reaccionando a su manera, a pesar nuestro. Ahí permanecen grabadas nuestras vivencias que, a su vez, son las referencias que regulan nuestra energía vital y nuestra salud, siendo el cuerpo un fiel reflejo de todo ello.

Las vivencias se graban al tiempo en la mente y en el cuerpo; a fin de cuentas, viven todas las experiencias conjuntamente, como un solo ser. Si un bebé se cae de la cuna y se da un golpe en el brazo derecho, esta parte del cuerpo registra el dolor físico y también el moral: el susto, el miedo, la desprotección, la impotencia. De tal forma que, décadas después, cuando esta persona se siente desprotegida, impotente o con miedo ante una situación, podrá sentir un «inexplicable» dolor en el brazo derecho o tenderá a darse golpes en el mismo punto, repitiendo lo que se grabó en su primera infancia. Hay un circuito que relaciona el miedo y el brazo, y que se accionará siempre que las circunstancias hagan aflorar aquel recuerdo.

Así que nuestro cuerpo es una gran ayuda para localizar las grabaciones, pues las padece de forma directa y puntual. Nuestros dolores corporales se relacionan también con las zonas donde nos sentimos más endebles y vulnerables. Si sufrimos con la comunicación, la zona de la boca y la garganta son firmes candidatas a verse afectadas por alguna dolencia. En caso de dificultades fisiológicas, emocionales o morales relacionadas con la sexualidad, las zonas genitales y la base de la columna pueden presentar patologías, ser propensas a infecciones e inexplicables dolores. Si «digerimos» mal nuestra rabia y somos incapaces de elaborar los resentimientos, seremos propensos a tener problemas en los órganos digestivos...

Ejercicio 4: El cuerpo

En este punto también puedes parar un momento y recordar si tienes algún dolor corporal que aparece de vez en cuando, no se sabe por qué. También interesa saber qué partes u órganos del cuerpo suelen enfermar o parecen más debilitados.

Las grabaciones intensas

La infancia es una etapa de la vida que tiene una influencia decisiva en la configuración de nuestros circuitos neuronales y, por ello, pesa poderosamente en la futura vida afectiva y emocional, así como en la salud. Y es natural que sea así, pues es cuando nuestro sistema nervioso está en formación, cuando nuestros escudos protectores todavía no se han configurado, cuando nuestro inconsciente está aflorado y expuesto.

Todo lo que se graba en la infancia va a quedar incrustado en lo más profundo de las células nerviosas, por ello, tendrá un papel estelar en la futura vida emocional de la persona. Si haces un corte en el tronco de un arbolito, cuando crezca y se transforme en un árbol adulto, mostrará una enorme marca, una cicatriz desproporcionada. ¡Algo parecido pasa con nosotros!

Se habla mucho de la importancia de la primera infancia, y el adulto desconocedor de estos temas suele mostrar su escepticismo: «¿Cómo puede influir tanto lo que te pasa de niño?». Sin embargo, no es difícil de entender.

Hay que tener en cuenta que es en la gestación cuando el sistema nervioso se forma, en una profunda simbiosis con la madre. Tan profunda ha sido esta relación que el bebé, al nacer, tarda en darse cuenta de que la madre es otra persona distinta.

En el vientre materno comienzan las primeras grabaciones, ya que no sería lógico que el estado de ánimo y las vivencias de la madre no influyeran sobre la criatura que se está desarrollando dentro de ella. También las circunstancias del nacimiento han de tenerse en cuenta, ya que hay teorías psicológicas completas basadas en las sensaciones y dificultades de nacimiento.

Si lo vemos como una película virgen, y nuestras defensas, como las lentes que tamizan la luz que le llega o impiden su paso, es fácil comprender que en los primeros años la película se encuentre muy propensa a recibir impactos. Con el paso de los años, se forman las lentes defensivas que van a dificultar futuras impresiones.

De ahí que, para comprender muchas de nuestras reacciones, tengamos que remontarnos a un pasado remoto: a nuestra infancia. Es difícil comprender profundamente a un ser humano sin conocer su infancia, las circunstancias a las que estuvo expuesto en su momento más vulnerable y la forma en que se grabó su programación inconsciente.

Esto no significa que las grabaciones no sigan dándose en la vida adulta. En realidad, ocurren toda la vida, en aquellas circunstancias en que los escudos protectores caen temporalmente y el estímulo sobrepasa un determinado umbral de intensidad. Esto sucede cuando el adulto es sorprendido por un hecho que le afecta fuertemente, ante un imprevisto, ante una operación, un accidente, una traición no esperada, una imagen chocante a nivel emocional.

En este momento, el susto hace que las defensas normales desaparezcan y el hecho se grabe, con lo que se crea un nuevo referente. También se produce con mayor facilidad cuando la persona se halla en un estado de semiinconsciencia, medio despierta y medio dormida.

El adulto asimismo forma grabaciones nuevas cuando se trata de algo realmente importante para su equilibrio emocional y su supervivencia, por ejemplo, una amenaza o una necesidad acuciante, o cuando su seguridad emocional o física corre peligro. Aquí la cosa cambia de figura porque una carga emocional fuerte traspasa el umbral de protección y el hecho se graba. Cuando la situación representa pérdida o muerte, la intensidad es de tal calibre que esta información pasará a ser la piedra angular de todo el sistema de protección.

Estas son grabaciones que merecen especial atención. Si en algún momento hubo la sensación de peligro de muerte, todo el sistema se colocará en un estado de máxima tensión. Cuando detectan algo que recuerde este hecho, todos los órganos que informan sobre la situación externa harán saltar la alarma. Como si caminaras por una floresta llena de serpientes; toda la atención se centra en el suelo para detectar todo lo que pueda servir de escondite o sea un movimiento sospechoso, en total estado de alerta. Toda la estructura reaccionará prioritariamente a estos indicadores y todo lo demás perderá importancia.

Supongamos que un niño esté a punto de perder a uno de sus padres por enfermedad. Esta impresión, grabada con la fuerza del pánico en su inconsciente, hará que el tema enfermedad-salud tenga una intensidad especial en su sistema de creencias y que llegue a provocar reacciones emocionales desorbitadas. En el momento en que el tema enfermedad-salud se ha quedado sobrecargado energéticamente, aparece un desequilibrio que tendrá que ser compensado de alguna forma. Por tanto, el mismo sobreesfuerzo para protegerse hará que esta persona ponga su atención en todo lo que sea el cuerpo y sus necesidades, que la enfermedad sea una preocupación constante y que se dedique de forma compulsiva a proteger su salud. O que dedique su vida a la sanación, ya sea buscando conocimientos médicos o escogiendo una profesión sanitaria.

Imitación u oposición

También se da el caso de llevar la sobrecarga al otro extremo. Si a un niño le daban palizas que le producían un pánico enorme, este mismo pánico puede hacer que evite cualquier confrontación física, lo que no impide que infrinja palizas morales a sí mismo o a los demás. Puede ocurrir también que, por mucho que se proponga hacerlo distinto con sus hijos, «se le vaya la mano» y no pueda evitar reproducir la grabación que tiene en su inconsciente, marcada con la intensidad que generan las situaciones de peligro.

Si pudiéramos darnos cuenta de la fuerza que ejercen sobre nuestras acciones estas grabaciones, comprenderíamos un sinfín de comportamientos irracionales. El hijo del padre alcohólico podrá repetir el comportamiento paterno en el mismo contexto (alcohol) o en otro similar (drogas), así como también caer en el extremo opuesto: pasar toda su vida sin probar ni una gota de alcohol ni ser capaz de soportar, ver u oler la bebida, aparte de criticar fanáticamente cualquier tipo de adicción. Lo que entró energéticamente tiene que salir de alguna forma, si no, el desequilibrio se haría insoportable. En cualquier caso, su relación con el alcohol difícilmente será normal.

Si un niño tuvo que soportar discusiones o gritos de sus padres y esto se ha quedado fuertemente grabado en su inconsciente, tenderá a reaccionar de forma similar provocando constantes discusiones, o, por el contrario, cederá automáticamente ante cualquier situación que pueda terminar en discusión para evitar así tener que escuchar los gritos que tanto repudió en su infancia. De un modo o de otro, hay un comportamiento rígido y mucha dificultad para actuar de una forma adecuada y tranquila.

Debajo de los fanatismos de cualquier índole y de cualquier tendencia, invariablemente se encuentran grabaciones infantiles que explican esa radicalidad. El desequilibrio se expresa en actitudes compulsivas que suelen escaparse al control de la persona. Da lo mismo que se trate de una repetición o de una oposición. Esta corresponde con un intento de rebelión en contra de la grabación inconsciente, lo que conlleva un gran desgaste energético, así como algún desliz ocasional, cuando la actitud repudiada aparece, a pesar del esfuerzo.

Es como si estuvieras luchando eternamente contra un enemigo oculto que se abalanza sobre ti al primer descuido, como si estuvieras estirando una goma todo el tiempo, pero al menor despiste su presión te arrastra. Un caso típico es el del hijo que se avergüenza de la casa desordenada de su infancia y, como consecuencia, de adulto tiene su propia casa hecha un primor, pero es incapaz de ordenar aquel cajoncito, que se resiste...

Así que el programa que contiene nuestro ordenador mental se va formando desde la primera infancia, siempre que la intensidad emocional sea suficientemente intensa como para dejar una impronta en nuestra mente atemporal. A partir de ahí, la grabación será el punto de referencia de una tendencia a un determinado comportamiento.

Si una persona ha vivido una infancia muy triste e infeliz, tendrá dificultad para adaptarse a una vida placentera, y es muy probable que, inconscientemente, cree situaciones para causar problemas y dificultades. También al revés, si estuvo sobreprotegido y tuvo una infancia feliz, no sabrá cómo actuar ante las dificultades y adversidades, pues su ordenador no reconoce la situación ni sabe qué hacer con ella.

Como un programa de ordenador que tiene los datos para reconocer el color verde y el azul, pero que no sabe nada del color rojo y no lo identifica, también nuestra mente rechaza aquello sobre lo que no tiene referencias. Sin un programa nuevo, el ordenador seguirá repitiendo con fidelidad sus antiguas órdenes, rechazando todo aquello que no le es familiar. Solo añadiendo nuevos puntos de vista y otras referencias al programa podremos esperar comportamientos adecuados.

Ejercicio 5. Reacciones incontroladas

Te invito a hacer un listado de todo aquello que te hace reaccionar, que te saca de tus casillas. Apunta las cosas pequeñas o grandes que te hacen perder los papeles.

2. 2. LAS ETAPAS DEL CRECIMIENTO Y SUS MECANISMOS

La esencia del niño sano

Hay dos hechos muy importantes para la comprensión del adulto y del niño. Cuando se observa detenidamente a un recién nacido, uno puede sentir la enorme vulnerabilidad de ese pequeño ser, su fragilidad e indefensión, su asombro de estar en este mundo desconocido en el que su único punto de referencia es el pecho y el calor maternos. En realidad, este primer estado del ser humano no se ha perdido, aunque hayamos crecido: la indefensión es reconocible a cualquier edad.

La otra es toda la parafernalia defensiva que hemos montado para protegernos de esta indefensión, que en un adulto se traduce en una sensación de separación. En verdad, un bebé no conoce la separación. En su percepción, su madre y él son lo mismo, el mundo y él son lo mismo. Si tiene hambre, no comprende por qué no está disponible ese pecho nutriente que es suyo; no se ha dado cuenta todavía de que su madre tiene otro cuerpo. Va a ir aprendiendo esta idea de separación poco a poco.

Cuando todos se ríen, el niño también lo hace, pues simplemente entra en la energía que hay. Cuando algo se mueve, cree que lo ha provocado él, ya que, en su consciencia, *solamente él existe...* Le cuesta darse cuenta de que el mundo en que ha nacido es un mundo en el que cada cuerpo y cada objeto está separado del otro. ¡Es evidente que ha venido de un estado de unidad!

Poco a poco va apareciendo la idea de separación y soledad. Si el niño no se siente bien atendido, no se sentirá incluido ni querido y va a vivir con un pie atrás. De ahí que haya tanta identificación con el niño herido. Pero su verdadera naturaleza no es esta, su estado natural es espontáneo, alegre, vital, vive su inocencia y pureza, además de tener una preciosa capacidad de asombro ante la vida.

El niño sano, por ley natural, ve el mundo como un lugar seguro, es feliz al moverse y vivir, se siente amado y protegido. Pide explicaciones sobre la vida y atiende las indicaciones, incorporándolas a su bagaje. Tiene la confianza y la libertad de expresar su disconformidad y sus impulsos rabiosos, dándoles la misma importancia que a sus expresiones de alegría. Es una experiencia formidable ver a un ser vivir en el aquí y el ahora de una forma tan plena. Es la manifestación misma de la energía vital fluyendo sin barreras, ¡el estado natural del que nos hemos separado!

Si el adulto fuera capaz de incluir en su vida diaria el frescor y la espontaneidad del niño, su capacidad de asombro y su inocencia, estaría más cerca de su esencia, en lugar de alimentar diariamente los caprichos del ego. El adulto que integra en la vida diaria a su niño sano es una persona completa porque no anula sus impulsos, sino que, usando la experiencia de vida que tiene, busca un contexto adecuado para satisfacer sus necesidades vitales.

Si tuviéramos la información necesaria para que la humanidad pudiera preservar estos estados sublimes que encarnan los niños pequeños, el mundo del adulto podría ser muy distinto de lo que es ahora. Conseguirlo es cada día más necesario, en esta etapa en que las bases de la convivencia parecen estar descomponiéndose y la humanidad está pasando por una gran transformación. Quedarnos apegados a ideas y formas de vida caducas e inadecuadas al tiempo actual no permite que usemos nuestro libre albedrío para potenciar la energía vital, sino que la bloqueamos.

Ejercicio 6. La esencia

¿Recuerdas, lector, haber sentido este estado de indefensión y también de vitalidad? ¿Esta conmovedora inocencia y pureza que está en tu interior? Representan la vía de acceso a nuestra esencia y al corazón. Tenlo en mente y date cuenta de que puede ser experimentada igualmente en la vida del adulto.

La fase de credulidad

No podemos olvidar las etapas naturales del crecimiento. No pretendo hacer aquí un estudio detallado de las fases del desarrollo, sino describir el crecimiento físico y psíquico como una ola del mar, que tiene su expansión energética propia, de la que nadie se puede escapar. No se puede evitar que después de la primavera venga el verano, ni que al otoño le suceda el invierno. Simplemente ocurre, tanto en la naturaleza como en nosotros.

Nadie puede escaparse de la secuencia que sigue el crecimiento humano. Las lagunas que se quedaron sin llenarse durante el camino demandan ávidamente ser vividas, aunque parezca que ya no es hora. En este juego energético el tiempo no cuenta, así que es común ver a una persona madura actuando como un adolescente o como un niño, por la falta de un eslabón en su proceso de madurez.

En su primera etapa, el niño tiene que aprenderlo todo del desconocido mundo de fuera, pues de él dependen sus necesidades básicas. Su principal estrategia de aprendizaje es la imitación. De ahí que toda su atención esté dirigida a las dos personas de las que depende su vida, tanto física como anímicamente: sus padres o los que les sustituyen. Observa cada gesto, cada actitud y cada expresión, que imita, prueba y acaba haciendo suya. Las palabras que pronuncian estos dos «dioses» del niño entran directamente en su psiquismo; las ideas y valoraciones que oye de ellos se incrustan poderosamente en su mente. Aquello a lo que sus padres dan mayor importancia conlleva una carga energética superior y, por esto, se graba con mayor intensidad en su mente.

A esto hay que añadir algo fundamental: en esta fase, ¡el niño se lo cree todo! Su imaginación es tan poderosa que no siempre distingue entre su mundo de fantasía y la realidad, ya que tiene poco tiempo de convivencia con esta realidad limitada que vivimos a través de nuestros sentidos. Por lo que, si decimos a un niño que las vacas vuelan, se lo cree. Si le decimos que hay un país donde solo hay golosinas y helados, se lo cree. ¡No hay límites para su imaginación en esta fase de la credulidad!

Llevamos impregnadas en nuestras células nerviosas toda aquella información que era importante para nuestros padres, ya que iba acompañada de una gran intensidad energética a la que el niño es extraordinariamente sensible. No hay que olvidar que es un ser que ni tiene aún los escudos protectores del adulto ni elabora las cosas intelectualmente, sino que dispone de unas antenas perceptivas que todo lo captan. Captan lo que tiene vibración. De ahí que conozcan muy bien cuándo el otro está energéticamente presente o cuándo hay un cuerpo sin nadie dentro.

Por esto, saben cuándo el adulto está triste o alegre sin que medien palabras. Captan lo que vibra en el aire, como los animales. Si en su casa había gran vibración cuando se hablaba de dinero, éxitos, religión, trabajo, salud, placer o sacrificio, esto se grabará profundamente en su sistema nervioso y será un punto de partida para toda su elaboración posterior.

¡No dejemos de recordar que los niños se creen todo, aun siendo desconfiados! Cuando la intensidad energética es fuerte, se abre una profunda vía de contacto con el inconsciente, donde esta creencia queda establecida como una verdad y será una de las bases de todo el sistema de creencias. Resultado: las normas, los prejuicios, las intolerancias, los partidismos y las reglas de su casa de infancia quedan profundamente impregnados en el niño.

Hay que considerar, además, que muchas de estas normas van más allá de los padres: son reglas que datan de los abuelos o de la cultura, muy alejadas en el tiempo, que nunca fueron actualizadas y adaptadas a la era del ordenador y de la inteligencia artificial. Con ideas medievales y caducas dentro de sí, este pequeño ser, seguramente, va a tener muchos obstáculos para vivir la etapa que le ha tocado de una forma armónica y plena.

A fin de cuentas, nunca se dio antes una época con tantos estímulos y tanta información para la humanidad; es un bombardeo constante para el que el niño de hoy tiene que estar preparado y entrenado. Supone un desarrollo de las facultades psíquicas y psicológicas que correspondería a superdotados.

Si el contraste entre lo que escucha fuera y las normas que tiene dentro es muy fuerte, tendrá, en el futuro, un conflicto interno con su consiguiente desgaste. Esto explica el estrés y las depresiones tan comunes en el momento actual. El cambio de referencias que está ocurriendo a nivel mundial activa en el adulto un conflicto con las normas grabadas durante su infancia, cuando el sistema social y familiar reposaba sobre fundamentos muy distintos de los de hoy en día.

Ejercicio 7. Creencias y normas

Ahora puedes hacer una lista de tus creencias y normas, aquellas que crees intocables, pero también las que te parecen ilógicas, pero sabes que están influyendo en ti. No pares hasta terminarlo. Luego mira su origen, si las has oído de la boca de tus padres o de alguien importante en tu infancia. Ahora sabes que no son tuyas.

La independencia

Esto no significa que al niño no haya que darle referencias y límites; muy al contrario, lo necesita y lo pide. Si tira agua al beber y su mamá le riñe, volverá a hacerlo y estará esperando que se repita la reprimenda. Pide que haya coherencia. Si no la hay, su mirada quedará perdida y verás el interrogante que pasa por su cabecita: «¿Se puede o no se puede tirar el agua?». La parte emocional del niño necesita puntos de apoyo para sentir seguridad, y esto solo ocurre cuando no hay órdenes contradictorias que le llegan de las figuras de autoridad.

Aunque las normas no sean contradictorias, pero sí inadecuadas o incoherentes, el niño tendrá inseguridad y dificultad para adaptarse a los imprevistos de la vida y tratará de mantener su seguridad emocional defendiendo las normas que aprendió. Por ejemplo, si un adulto cree realmente que debe educar a sus hijos dejándoles rozarse con la vida y exponerse a sus propias decisiones, pero en su niñez le enseñaron que los padres deciden y los hijos obedecen, esta persona tendrá un gran conflicto. Si sigue su propia opinión, las palabras de sus padres resonarán en su cabeza; si sigue la educación a la vieja usanza, sentirá que está faltando a sus propias convicciones.

En el transcurrir de la infancia, se dan varias etapas donde el niño muestra impulsos de independencia. A los dos o tres años ocurre la famosa «etapa de la negación». En este momento, el niño quiere hacerlo todo solo y toma decisiones propias; es cuando se niega a comer, a dormir, a bañarse, a obedecer... Quiere ayudar a mamá en la cocina, quiere seguir a papá como si fuera mayor, quiere aventurarse en el mundo. Naturalmente, esto les resulta bastante incómodo a los mayores. En la cocina, se le caen las cosas, la madre pierde el tiempo, se atrasa. A papá le escribe en papeles que no son para hacer garabatos, no tiene paciencia para explicarle una y otra vez lo que pregunta.

Los padres acaban irritándose con los «no» a todo lo que es la marcha normal del día. Conclusión: el niño recibe como respuesta a su primera intentona de independencia una colección de regañinas, impaciencias, reproches: «eres malo», «eres desobediente», «no sabes», «no eres capaz», «así no es»...

Al sentirse regañado, en la pequeña mente se graba profundamente la idea de que «la independencia es peligrosa». Por no conocer la importancia de esta etapa ni tener la información adecuada, los adultos pierden la oportunidad de crear en el niño la seguridad que facilitará la futura capacidad de decidir y atreverse a emprender cosas nuevas.

En resumen, lo importante es recordar que dentro de nosotros están grabadas a fuego las normas de nuestra infancia, simplemente debido a la extrema apertura y sensibilidad con que el niño recibe todo lo que viene de sus dioses, los padres.

Ejercicio 8. La independencia

¿Cómo te llevas con la independencia? ¿Te cuesta tomar decisiones y hacer las cosas sin apoyarte en los demás? ¿Tienes que pedir aprobación o consentimiento para hacer cosas nuevas? Puedes averiguarlo ahora mismo: repasa la lista de tus creencias y comprueba si has podido independizarte de las normas de tu infancia.

La fase de rebeldía

A continuación viene la adolescencia. Aquí, se da la vuelta a la tortilla: todo ocurre al revés. Si antes el niño se lo creía todo, ahora el adolescente se opone a todo. Es un momento de gran desafío, pues se trata de salir de la niñez y aventurarse solo por el mundo. Hasta entonces, a cambio de obediencia se recibía protección y las necesidades estaban cubiertas, sin tener que tomar decisiones ni correr riesgos. Ahora, según haya vivido las primeras tentativas de independencia, la entrada en el mundo de los adultos representará una amenaza o, al menos, será retadora. Es, por tanto, un momento delicado. Por ley natural, como el niño introyectó dentro de sí las normas de la familia, ahora es el momento de analizar y contrastar todo lo que antes se había tragado de forma pasiva. En este momento, la rebelión es sana y necesaria para poder llegar a la madurez.

Además, es un momento en que el adolescente necesita fuerza para enfrentarse al misterioso mundo de los adultos. Necesita encontrar su lugar dentro del grupo y, además, explorar la sexualidad, buscar pareja y compararse con los demás. Son muchos frentes de batalla, así que lucha con lo que tiene más cercano: las normas que ha integrado dentro de sí. Dado que salieron de la boca de los padres, estos son los objetos perfectos de oposición, de enfrentamiento. Luchando con ellos parece que puede enfrentarse a sus propios condicionamientos de la niñez, a su dependencia y a su miedo.

Quizá ni desea oír la música tan alta, pero, como es una forma de protesta, bajarla sería volver a ceder, como de niño. Y esto no se lo puede permitir. Es el momento de autoafirmación y necesita contrastar todo lo que integró. Tiene que entrenar los «músculos» para la batalla de ahí fuera y, a fin de cuentas, ¿en quién confía más? En sus padres. Así que la lucha es con ellos.

Ya no los ve como dioses; al contrario, los dioses cayeron del altar y juzga sus defectos de forma exagerada. Aun así, tiene la confianza suficiente como para «entrenarse» con ellos y sabe, en su fuero interno, que es querido y que será siempre perdonado. Así que, justamente ahí, en el escenario de su niñez, es donde preparará su entrada en el mundo de los adultos.

Otra vez, es un momento incómodo para los mayores. Pueden no saber lo que está ocurriendo por debajo de las apariencias, pero sienten la incomodidad de un enfrentamiento que no corresponde a su momento de vida. Así que es muy común que, en este momento tan crucial, el adolescente sea malinterpretado y que los padres usen vías de castigo y de imposición (para mantener el orden) que dificulten todavía más la papeleta del adolescente. Se nota más que nunca la distancia que hay entre las generaciones.

Además, el adolescente es un catalizador poderoso para traer a la superficie veladas carencias y escondidas dificultades de los padres, ya que ven reflejados en él sus propios miedos e inseguridades, así como esperanzas perdidas y dolidas frustraciones. Todo aquello que no han podido arreglar dentro de sí mismos es reflejado por este ser querido que se encuentra luchando entre dos etapas sin poder soltar la primera ni poder entrar en la segunda de lleno, tal y como nos pasa a todos tantas veces.

En muchas ocasiones, su propia problemática emocional provoca actitudes radicales y autoritarias en los mayores, haciéndoles insensibles a lo que está viviendo el adolescente. No siempre hay consciencia de que es muy importante que el adolescente gane esta batalla consigo mismo: es de vital importancia que logre superar su miedo y consiga integrarse en el mundo de «fuera» para encontrar su propia naturaleza. Debe sentir su fuerza y su poder personal para vivir su propia revolución y salir vencedor. Solo así podrá, finalmente, aprender a decidir por sí mismo. Si no lo logra, llevará la rebelión al futuro, cuando no toca, o la trasladará a un contexto más alejado: al gobierno, a la religión o a la política.

Puede seguir su vida remando a contracorriente eternamente, con todo el desgaste y el conflicto que provoca llevar su rebeldía de forma compulsiva y automática. El adulto que se queda preso en esta etapa suele ser muy autodestructivo, pues hace un sobreesfuerzo que suele pagar muy caro, ya que terminará desgastándose. Hay que considerar la diferencia entre un rebelde y un revolucionario. El primero lucha en contra de algo; el segundo propone algo nuevo, una idea nueva y una forma distinta.

Vivir mal esta etapa, evitarla o reprimirla hará que una parte de la persona se quede pillada en la etapa anterior, infantil, con un criterio titubeante, dejándose influenciar notablemente por los demás, acabando por ser un ser humano dependiente, sin peso específico.

Por el contrario, si coge gusto a la lucha de poder, a la fricción y a la pelea, puede desarrollar una adicción a provocar continuos roces, incapaz de sentirse vivo si no está en permanente tensión, luchando y reafirmándose. Puede no ser capaz de disfrutar y entrar en un círculo autodestructivo de lucha interminable, en el que acabe consumiéndose como una cerilla.

Ejercicio 9. Imitación/Rebelión

Reflexiona sobre cuál es tu actitud, en qué áreas de la vida te has quedado en actitud de rebelión. Mira, también, dónde parece que no se acaba la lucha. Por fin, vuelve a la lista de creencias y comprueba si tienes una pelea interna con algunas de ellas. ¿Dirías que eres una persona que se ha quedado más apegada a la primera fase, la de imitación (el niño bueno, correcto, el responsable), o de rebelión (el marginado, rebelde e indomable)?

La síntesis, paso a paso

Para llegar a la tercera etapa, a la madurez, no es posible dejar de pasar por las dos anteriores. Al creer en algo primero y luego contrastarlo, la persona llegará a tener un criterio propio, asentado en la experiencia. Sabe cuándo es de noche y cuándo es de día, y nadie le hará titubear. Cada vez que tenga dudas respecto a algo, sabrá cómo llegar a una conclusión, un suelo seguro sobre el que seguir construyendo su personalidad. Este proceso le hará sentir seguridad y confianza en sí mismo, y le ayudará a actuar de forma madura y responsable en aquellas áreas en las que pudo combinar los dos aspectos: la imitación y la rebelión; la credulidad y la duda; el sí y el no.

Hay un pequeño detalle que, sin embargo, es importante tener en cuenta. ¡Este proceso de maduración se da poco a poco y paso a paso! Podemos haber madurado en un área, en otra encontrarnos en la fase infantil y en otra ser adolescente.

Muy a menudo rebotamos de la primera a la segunda fase y de la segunda a la primera, como pelotas de ping-pong, sin conseguir llegar a la síntesis. De la tesis a la antítesis, de la infancia a la adolescencia, para luego volver a creer en lo aprendido, y luego rebelarse contra ello para después volver a ser obediente...

Mientras una persona no consiga llegar a la síntesis, única y adecuada solo para ella y nadie más, no podrá eludir el enorme desgaste que representa estar rebotando de un lado al otro. Sin embargo, no podrá asimilarlo todo de una vez, porque cada tema necesita ser atendido y luego elaborado, dentro de su ritmo personal y de acuerdo con sus circunstancias propias y únicas.

Que una persona aparente tener una actitud madura en la vida no es suficiente para suponer que en su vida íntima emocional consiga resolver las cosas con el mismo «desparpajo». Puede comportarse de forma muy infantil cuando se trata de su lado emocional. O, por el contrario, puede tener una vida íntima placentera y armónica y, sin embargo, no conseguir resolver su situación con el trabajo y el dinero. O ser el gran sabio y erudito, que vive alejado de todos. O el simpático y querido, que no cuida de sí mismo. El gran estudiante, alejado de su cuerpo...

Poco a poco y paso a paso, no hay más remedio que ir caminando. Cada uno a su tiempo y a su ritmo. Para que una persona madure y tenga un desarrollo equilibrado es importante que sepa compensar vacíos. Si en casa le enseñaron a estudiar y a trabajar, pero su faceta artística y espiritual quedó desierta, habrá que poner atención en estas áreas para que sea un ser humano completo y pleno. Si, en cambio, lo importante era la faceta mística o artística, y había dificultades con lo material, tendrá que aprender a manejar el trabajo y el dinero.

A veces, esto ocurre de forma natural. Es muy común, cuando los padres pasan por muchas dificultades económicas, que los hijos pongan mucho empeño en esta área de la vida y lleguen a manejarse muy bien en el campo material. La ley de la compensación suele trabajar por sí misma. Pero esto no excluye el hecho de que aprender nuevas habilidades es algo valiosísimo para el hombre maduro, que puede llevarse maravillosas sorpresas cuando se adentra en áreas que creía cerradas para él.

Además, hacer cosas nuevas tiene un gran poder terapéutico, pues se vitalizan zonas cerebrales que antes estaban en letargo. Está comprobado científicamente que más que el deterioro que pueda provocar la edad o la falta de salud, probar actividades novedosas crea conexiones neuronales nuevas y, por lo tanto, rejuvenece toda la actividad cerebral.

Ejercicio 10. Nuevas áreas

Es un buen momento, lector, para proponerte empezar alguna actividad completamente nueva, abrir un nuevo cajón en tu ordenador mental. Aquello que has pensado tantas veces y nunca has hecho; ahora es el momento. ¡Te lo vas a agradecer!

2.3. LAS GRABACIONES DEL PSIQUISMO

La vulnerabilidad del ser humano

Como hemos visto, los impactos más intensos y vibrantes se graban en nuestro inconsciente y condicionan nuestra percepción de la realidad. Da igual de qué índole sean, placenteras o desagradables, ambas quedan archivadas y ambas van a influir en la percepción y en la reacción que tendremos ante los estímulos externos.

Insensibles al paso del tiempo, estas grabaciones permanecerán inalteradas, a menos que integremos información nueva y complementaria, que transforme su significado. De hecho, más que desaparecer (a fin de cuentas, es nuestra vida), ganan un sentido distinto.

Es natural que estas grabaciones ocurran sobre todo durante la infancia, por los aspectos que ya hemos mencionado antes: la vulnerabilidad y la falta de defensas. En realidad, una depende de la otra, pues a medida que vamos dejando de ser crédulos, a medida que vamos descubriendo formas de protegernos, nos sentimos cada vez menos vulnerables. Es como si fuéramos poniendo escudos que nos protegen de las mil formas en las que nos sentimos agredidos por el mundo.

Si ahora mismo apareciera un león por la puerta, nos llevaríamos un susto enorme. Pero si esto ocurriera todos los días, acabaríamos descubriendo cómo defendernos y cómo evitarlo hasta que, por fin, sepamos manejar la situación. Algo así ocurre en la vida con todo aquello que nos parece peligroso, doloroso o desagradable. En realidad, se trata de un aprendizaje útil y necesario y que acompaña a la maduración del sistema nervioso.

En la infancia, la ausencia de estas estrategias de protección hace que nos encontremos a merced de todos los «leones» que aparecen por la puerta. Al no tener mecanismos de defensa, la película virgen de la mente se encuentra expuesta casi continuamente, como una cámara fotográfica con el diafragma abierto. Los momentos de peligro, dolor y rabia, así como de amor, protección y ayuda de los adultos, quedarán grabados a fuego en la mente del niño y conformarán su particular y único sistema de señales.

Una zapatilla representa algo muy distinto para quien se llevó zapatillazos en el trasero mientras oía regañinas que para quien llevaba las zapatillas al padre cuando llegaba a casa y luego se sentaba en su regazo. La zapatilla será, ahora, un símbolo que evoca en esta persona un estado de ánimo acorde a sus vivencias. Cuando un becerro es marcado a fuego, esta marca crece junto con él y se hace claramente visible.

En el adulto, las estrategias defensivas evitan nuevas grabaciones. Lo más común es que se revivan las anteriores interminablemente con otros escenarios y actores, pero el guion sigue inalterado. Ya no se trata de mamá ni de papá, ni de los hermanos, ni de los primos, ni de los amigos del colegio, ni de los profesores, tíos, abuelos, sino de otros adultos que ocupan el papel de los personajes de la infancia.

Una simple palabra puede disparar en una persona alegría, dolor o ira, un gesto inocuo puede ser recibido como un rechazo doloroso o como una acogida amorosa. Un tono de voz, un brillo especial de los ojos, una forma de reír o de expresarse, un exceso o una falta de atención hacen reaparecer grabaciones infantiles y sus emociones incontenibles...

¿Por qué esta persona me cae bien y a aquella otra no la soporto? Simplemente, porque suscitan antiguas memorias dolorosas o placenteras. Así de sencillo y de poco originales somos.

Ya mencioné que en la adultez también se pueden crear nuevas grabaciones. Cuando la mente analítica y protectora se desbarata y las defensas caen, dejan expuesta la película virgen inicial, que podrá grabar hechos nuevos. Cuando un imprevisto o un susto deja a la persona «descolocada», la mente se queda desprotegida y expuesta a un nuevo registro. En momentos de mucho miedo, la mente actúa como si fuéramos niños.

Las noticias dramáticas, momentos de alta peligrosidad para la vida, accidentes, enfermedades o anestesias previas a intervenciones quirúrgicas son momentos propicios para nuevas grabaciones. Pero, gracias a esto, ¡también todo lo grabado es susceptible de ser transformado!

Después de un golpe físico también estamos especialmente susceptibles a que los sentidos registren parte o todo el entorno.

Una persona me preguntó, una vez, por qué sentía tanto miedo a los metales. Un dramático accidente de coche, donde su vista se fijó en metales rotos y retorcidos, era el origen de esta fobia. Por esto, un asalto en la calle, un accidente de coche o una angina de pecho pueden alterar profundamente la forma de vida de una persona.

En una ocasión hubo que practicar una operación quirúrgica de urgencia a una alumna. Mientras la anestesiaban en el quirófano, uno de los médicos exclamó: «Se nos muere». Años después esta misma persona fue sometida a una intervención sin importancia. Nada más entrar en el quirófano, se reactivó aquella grabación y sufrió un ataque de pánico, gritando desesperada: «¡Me voy a morir!». ¡Tuvieron que aplazar la intervención!

Hay que tener en cuenta dos aspectos importantes de estas grabaciones. El primero es que las grabaciones no se guardan por partes, sino como una totalidad, como un todo. El segundo, que entran a través de los sentidos. Esto significa que un estímulo captado a través de cualquiera de los sentidos (vista, oído, tacto, olores) puede traer a la superficie una escena completa, con todos sus ingredientes y sensaciones.

Imaginemos, por ejemplo, que una persona, que está mascando chicle, tropieza y se cae junto a un rosal de rosas amarillas y se tuerce el tobillo. Al caer, roza la mano contra las piedrecitas del camino y, al mismo tiempo, escucha el grito asustado de alguien que presencia la caída. Todas estas informaciones se grabarán en un solo conjunto, una imagen dotada de color, sonido, olor, sensaciones corporales y táctiles. Esta memoria puede reaparecer con todos sus componentes fisiológicos y emocionales en un momento en que esta persona, inadvertidamente, toque las piedrecitas de un camino. O si oye un grito similar al que escuchó al caerse, puede volver a sentir dolor en el tobillo. Igualmente, el olor a rosas puede suscitar la sensación desagradable de inquietud o miedo que vivió en la caída. O bien, puede que no consiga entender por qué no le agrada el color amarillo ni por qué se siente mal al mascar chicle. ¡Mientras no localice la grabación original, todas estas sensaciones parecerán inexplicables!

Igualmente, las sensaciones corporales pueden quedarse teñidas emocionalmente. Si un bebé tiene hambre y, por la razón que sea, ha de esperar ratos largos y dolorosos para comer, la sensación de hambre se quedará grabada juntamente con la de frustración. En el futuro, su relación con la comida difícilmente será equilibrada. Puede que rechace la comida o, por el contrario, le dé una importancia desorbitada. Tanto la anorexia como la bulimia ocultan profundas grabaciones asociadas a la nutrición.

De la misma forma, las sensaciones corporales suscitadas por las caricias, los abrazos y el regazo de los adultos, así como los baños, masajes, cremas, pañales y la relación con el pis y la caca, pueden quedar acompañadas por sensaciones placenteras o de angustia, según sean las circunstancias vividas.

Si una persona registró que la falta de contacto corporal significa desprotección, no podrá transformar su sentimiento de inseguridad mientras su cuerpo no integre la sensación del contacto y de calor corporal. Es como un hueco que, si no se llena, seguirá pidiendo como una enorme boca abierta, insaciable. Por esto, un toque, abrazo o regazo en el momento propicio pueden hacer milagros.

Una persona que sufre una regresión (sentirse embargada por una emoción infantil de antaño) y que encuentra un regazo protector, si llega a integrar esta sensación reconfortante, puede sustituir el anterior sentimiento de desprotección.

Igual importancia puede tener también una historia de amor, amistad, cariño y respeto que proporcione suficiente seguridad emocional como para dejar las defensas a un lado. Es una ocasión espléndida para que el cuerpo registre nuevos contactos corporales y momentos de bienestar nunca antes vividos, que pasarán a ser una información nueva, mental y físicamente.

Una muestra de amistad, una mano para apoyarse en un momento de abandono y desesperación, un gesto amable no esperado, pueden ser también nuevas referencias para el inconsciente. Esta nueva referencia también nos capacita para ejecutar el mismo gesto, dar el mismo apoyo y el mismo amor, ¡pues ahora sabemos cómo! ¡Muchas veces pedimos a nuestras parejas, padres, hermanos o amigos formas de demostrar amor que no existen en su repertorio! Es como pedir que, de repente, hablen chino, cuando no saben.

El registro corporal

Solemos olvidar que nuestro cuerpo todo lo registra. El cuerpo tiene memoria, la célula tiene memoria. Incluso mejor memoria que la mental. El registro corporal no hace ningún análisis, es una memoria exacta de hechos exactos, sin comparaciones, sin intervenciones intelectuales ni deseos ocultos, sin distorsiones de ningún tipo. Todo lo registra tal cual.

Hay que darse cuenta de la inmensa importancia que tiene el cuerpo como depositario de las grabaciones y de nuestra memoria inconsciente. Mientras no se altere la sensación corporal, no podemos erradicar del todo la grabación ni la información que contiene. El cuerpo tiene tal capacidad de registro que en él se encuentran «archivadas» todas las caricias y roces, así como los golpes que ha recibido.

La interacción cuerpo-mente es tan estrecha que, mientras no cambien los puntos de referencia físicos, el ordenador mental difícilmente podrá incorporar actitudes nuevas y llevarlas a la práctica. La forma de contacto con los demás queda registrada en el cuerpo, y, mientras no se registre una nueva, nos cuesta salir de los viejos esquemas. Es bastante común encontrar que un registro físico sea la piedra angular del psiquismo de una persona.

También es posible que, según la información disponible en el inconsciente, un hecho de proporciones aparentemente espectaculares pueda ser vivido como algo trivial. Parecía imposible que una chica pudiera sobrevivir cuando un camión la atropelló y la arrastró varios metros; sin embargo, ella recuerda el hecho con cariño, dada la atención que recibió después del accidente. Debido a la espectacularidad del acontecimiento, pasaron a llamarla la Milagrosa. Este apodo acabó suscitando en ella una potencia psíquica sin igual, porque la niña ¡se lo creyó!

Por el contrario, un acontecimiento aparentemente banal puede ser vivido como algo desgarrador, como en el caso de una alumna a quien llevaban a la fuerza a ponerse inyecciones, creando una fobia a agujas y pinchazos que duró años. Todo va a depender de qué manera se combine la información.

Durante toda su infancia, una chica recibió de su padre incontables golpes en la cabeza. La relación de ambos era muy intensa, y esta fue la forma de comunicación que se estableció entre ellos.

Consideremos que la figura de la madre representa todo aquello que es interno, emocional; a fin de cuentas, nos hemos formado dentro de su vientre. El padre viene luego, representa el mundo, es el que nos enseña sus leyes y cómo funciona. Por esto, para ella el mundo (el padre) era algo peligroso, era de donde procedían los golpes. Sin embargo, los golpes eran el «lenguaje» de contacto que tenía registrado. Como consecuencia, procuraba protegerse del mundo y evitaba el contacto físico con las personas de forma compulsiva, pero no podía evitar darse golpes, hasta el punto de romperse huesos y llegar a tener serios problemas para sentarse en algunas posturas.

En un trabajo terapéutico tuvo ocasión de registrar, físicamente, el contacto con el calor del regazo femenino y fue capaz, a partir de entonces, de sentir amor por su madre. ¡Ya tenía el registro! Este registro físico no ocurrió con relación a la figura masculina, aunque hubo modificaciones en la relación con el padre que se hicieron notar de una forma muy curiosa: en repetidas ocasiones, el padre rozó y golpeó con su coche el de su hija. ¡Como si, en su extraña forma de contacto, hubiesen sustituido el cuerpo por el coche! Era la manera que conocían y todavía no sabían prescindir de ella, ni tampoco sabían cómo conectar de otra forma. Dígase, de paso, que con este coche la hija hace todos sus viajes, alejándose del padre. ¡No es de extrañar que el padre, aun sin consciencia de ello, tratara de eliminarlo repetidas veces! Al tiempo, era patente una enorme voluntad de acercamiento, pues también en estos días, ella casualmente tropezó de forma violenta (dándose un nuevo golpe), y ¡cayó en brazos del padre! ¡Los golpes eran su forma de contacto!

Así que los registros corporales tienen una importancia fundamental, ya que serán los puntos de referencia para viejas y nuevas actitudes, así como formas de ser y de sentir. El cambio psíquico que no venga acompañado de un registro corporal difícilmente permanecerá... En cambio, un nuevo registro corporal de la índole que sea producirá automáticamente transformaciones en sentimientos y actitudes. Como vemos, hay que considerar esta estrechísima conexión cuerpo-mente cada vez que deseemos alterar una grabación del pasado.

Muchas veces has cambiado tu idea sobre la antigua sensación de soledad. Cuando piensas en estar sola ya te vienen emociones diferentes, llegas a ver el lado positivo de estar sola. Aunque lo veas de otra manera, en el momento en que te falla tu pareja o la amiga con quien quedaste, vuelves a sentir aquella vieja punzada en el corazón.

El cuerpo es el nivel más denso y, hasta que el patrón no ha desaparecido por completo, sigue mostrando la vieja reacción. En este momento sabes que todavía queda algo para trabajar, algo más debe ser hecho para cerrar el tema de verdad. El cuerpo es un termómetro perfecto.

Ejercicio 11. Registros corporales

Es el momento, lector, de recordar caídas y golpes importantes de la infancia, así como accidentes, operaciones quirúrgicas o enfermedades graves que hayas tenido, también de adulto. Ahí puede estar el origen de muchos miedos irracionales, mareos, náuseas, jaquecas, desmayos o dolores corporales que aparecen sin causa aparente. Estos dolores se curan con mucho cariño y atención hacia esta parte del cuerpo. Aunque no conozcas el origen de estas reacciones fisiológicas de inmediato, puedes estar seguro de que corresponden a registros del pasado que, una vez descubiertos y trabajados, harán que se alteren las conexiones neuronales y, por tanto, las reacciones. En el apartado «Autodiagnóstico» se describe cómo hacerlo.

Estrategias de vida

Si todo esto es importante en cuanto a nuestras emociones y sensaciones, ¡es de igual importancia para nuestras creencias! Las conclusiones que sacamos de las escenas importantes que hemos vivido serán nuestras estrategias básicas en el futuro. Si escapé del peligro de una determinada forma, esta estrategia precisa reaparecerá cuando me encuentre ante una amenaza. Por esto es tan difícil reaccionar de una forma nueva cuando se detecta un peligro emocional.

Si una persona fue castigada cuando expresó su rabia en la infancia o se le regañó cuando tuvo un gesto de alegría espontáneo que fue considerado inadecuado, la conclusión será que ¡ser espontáneo es peligroso! La estrategia para evitar castigos y recriminaciones conlleva refrenar los impulsos; el resultado será una persona controlada, que vive en continua lucha con su espontaneidad. Estas son viejas estrategias que nos sirvieron antaño y que ahora nos hacen perder energía.

La edad de una persona no tiene influencia cuando se trata de grabaciones. Da igual que sea un joven de veinte años o un anciano de ochenta, si la grabación no fue alterada con información adicional, seguirá suscitando la misma respuesta. El tiempo no altera las grabaciones, lo que las cambia son experiencias que cambien el sentido que le damos.

Al no considerar esta realidad, se pide cordura a los mayores. Pero la verdad es que, si una persona ha vivido la vida de forma inconsciente, perdida en sus reacciones emocionales, es muy probable que, al debilitarse con la edad avanzada, sus grabaciones tiendan a dominarle más que antes. El anciano que pierde sus facultades mentales por la edad puede llegar a comportarse como un niño, clamando incluso por mamá y papá.

Por otro lado, su vida más dilatada puede haberle dado la oportunidad de alterar sus registros, aun sin darse cuenta. Es la intensidad emocional lo que altera las grabaciones. Grandes satisfacciones y alegrías pueden influir de forma notable en las grabaciones, neutralizando las circunstancias vividas anteriormente de forma adversa. La vida, que es la gran maestra, nos brinda una y otra vez oportunidades para positivar viejas reacciones y crear puntos de vista nuevos.

El hecho de que las vivencias queden registradas como un todo hace que, cuando se modifican, alteran también la percepción de otras áreas. Como en el ejemplo dado anteriormente, si desaparece el dolor en el tobillo, también desaparece el malestar y el vértigo de la caída. La nueva vivencia debe tener una intensidad igual o mayor que la del registro original, debe alcanzar el umbral necesario; en caso contrario, la grabación original seguirá activa. Por ejemplo, si la misma persona vive una intensa escena de amor junto a un rosal amarillo, esta nueva información puede cambiar la reacción a este color.

Una grabación negativa, que involucra sentimientos de rabia, resentimiento, celos, envidia, es posible transformarla con un alto grado de amor y bienestar, siempre que se alcance la intensidad energética necesaria.

Igualmente, si alguien se ha quedado estancado en la añoranza de un ser querido que ya no está, de un trabajo que ha perdido o de un momento de felicidad, el buen uso de la energía puede ser una forma de alterar este registro.

Un sonoro «no» interno, dado con toda potencia y convicción, puede hacer milagros. De hecho, hay muchos momentos en que este «no» puede ser imprescindible para una emoción desbordada. De la misma forma que a un niño hay que ponerle límites, también puedes hacerlo con tus emociones disparadas. Un alcohólico no se cura bebiendo… puede parar de beber con un rotundo «no» en el momento propicio.

Es muy importante no olvidarse de que las reacciones desorbitadas de los demás y de uno mismo se deben a grabaciones y que la situación actual es una mera repetición. Esto ya constituye una gran ayuda para no dejarse llevar por la riada emocional y poder ver la situación desde fuera. Quiero ilustrarlo con un caso.

Vino a verme una persona que de pequeña había sido llamada «subnormal», pues su extrema sensibilidad la dejaba bloqueada con gran facilidad. Aunque se trata de una persona muy inteligente, esta grabación hacía que, aun cuando lograba buenos resultados, tenía permanentemente la sensación de hacer las cosas mal. Llegó muy rabiosa, pues una subalterna suya le había dado una «clase magistral» sobre la forma de solucionar un asunto. Ni siquiera censuró su forma de llevar el tema y, además, seguramente ni se enteró del disgusto que le había causado. La palabra «subnormal», pronunciada veinte años antes y grabada profundamente en su mente, la hacía enormemente susceptible a cualquier situación que pudiera parecer un menosprecio.

Aun consciente de lo que le pasaba, el sentimiento era tan fuerte que no consiguió salir sola del atolladero. Las experiencias que causaron mucha humillación y vergüenza pueden persistir con enorme fuerza muchos años después. Era el momento para recurrir al sonoro «no» para parar el flujo de su propio sentimiento.

Ejercicio 12. Archivo de grabaciones

Escribe con el mayor detalle posible las escenas más intensas de tu infancia, primero las dolorosas, de celos y rabia, de resentimiento. Describe la situación, las personas, lo que dijeron e hicieron, y los contactos corporales, las palabras que se usaron, los golpes, si los hubo. Describe sensaciones y la emoción que sentiste.

Luego, haz lo mismo con las escenas de cariño, de amor, de protección y de compañerismo de tu infancia. Momentos en que tuviste un contacto amoroso con tus padres (o personas significativas de tu infancia). Describe, igualmente, todos los detalles y sensaciones. Procura recordar momentos en el regazo de ellos o momentos de contacto físico importantes. Recuerda cómo demostraban su amor.

2.4. LO QUE GUARDA EL INCONSCIENTE

La peor escena

Como hemos visto, nuestro instinto de supervivencia hace que guardemos aquello que ha sido útil para subsistir y evitar castigo y dolor. Y cuanto mayor sea el apuro, más fuerte será el registro. Todo aquello que representa algo vital para el niño tendrá una mayor intensidad, en especial los momentos en que hubo peligro, abandono o se sintió olvidado y desprotegido ante el mundo de fuera.

La amenaza de uno de los padres de irse de casa o el famoso

«Me vas a matar», pueden tener consecuencias desastrosas para la seguridad emocional del niño. Si todo esto es comprensible, todavía son más fuertes las escenas en que se sintió miedo de morir. Los niños que han recibido palizas de adultos que perdían el control no podrán evitar basar todas sus estrategias en el tipo de defensa que les funcionó en aquel entonces. Una enfermedad grave o la muerte prematura de alguno de los padres o familiares allegados provocará que use compulsivamente la forma de defenderse del dolor que usó en aquella ocasión.

Aun quien tenga la suerte de no pasar por este tipo de experiencias, siempre habrá dado una importancia especial a algún acontecimiento: la peor escena de la infancia, la que más miedo le dio, la que más le hizo sufrir, la que más odio generó. Es allí donde más energía se quedó retenida, por su intensa vibración emocional y también por la sensación de impotencia. La estrategia con la que resolvió el niño la situación (si la resolvió…) se quedará como una referencia de base.

Será lo más difícil de transformar, pues esta persona se agarrará con uñas y dientes a su particular forma de salvación. Puede tener la sensación de que se va a morir si deja de usar esta forma de defenderse. Como la parte de la mente que almacena este tipo de códigos no considera el tiempo, estas estrategias suelen quedarse cristalizadas y se repiten *ad infinitum*. Todo esto no sería tan grave ¡si la intensidad de la grabación no produjera su constante repetición! Dicho de otra forma: ¡lo que más detesto es lo que más hago! Sin poderlo remediar creamos, una y otra vez, lo que más odiamos.

Si la peor escena de una persona fue, por ejemplo, un momento de humillación, pasará a ser una piedra fundamental en su programa mental y toda la información futura se basará en esta referencia. Es como un sistema de ordenador, todo pasa por el programa instalado. Dado que lo que está grabado con más intensidad pasa a ser la principal referencia del inconsciente, justamente va a ser la piedra angular de todo su funcionamiento. Además, tenderá a la repetición, como hemos visto.

La consecuencia es que esta persona va a provocar, inconscientemente, momentos donde la humillan. Sin darse cuenta, va a crear situaciones para repetir el sentimiento, aunque sea doloroso. Va a comportarse de manera que puedan reírse de ella, aunque no se dé cuenta de que su actitud inadecuada ocasiona la humillación que tanto teme.

La peor escena, sin embargo, tiene otra característica. Suele estar asociada con un «don especial» del que la ha sufrido. Imaginemos que un chico ha vivido la ruina de la familia y la consiguiente depresión de su padre. Vive las consecuencias económicas y tiene que asistir al sufrimiento profundo de la familia. Como ha experimentado el hecho en línea directa, va a crear una sensibilidad especial ante este tipo de situaciones. Esto le hará entender de una manera especial a todos los que pasen por esto y será capaz dar consuelo desde un lugar muy auténtico y verdadero. Igualmente, pondrá tal atención en ello que, probablemente, desarrolle una sensibilidad especial para los negocios y la economía.

Muchas veces los grandes dones están relacionados con experiencias duras y dolorosas. Quien ha perdido un ser querido puede desarrollar una sensibilidad especial para lo transpersonal y espiritual. Las familias inarmónicas pueden tener miembros que son excelentes padres, se dedican con devoción a los hijos y la familia, con una especial sensibilidad para armonizar y mantener la unidad.

Ejercicio 13. La peor escena

Considera cuál ha sido para ti la peor escena que has vivido, la más odiada de tu infancia. Anótala y busca las connotaciones que tiene; si la analizas fríamente, es muy probable que no tardes en darte cuenta de que la sigues reproduciendo, de alguna manera, en tu vida cotidiana. Quizá en otro contexto, disfrazada de otros matices, pero, en el fondo, de la misma manera. También puedes considerar todo lo que te enseñó, la capacidad que has creado a través de esta dificultad. Mira en qué manera te es útil; puede que esté en el meollo de aquello que es lo más importante para ti.

Pureza e inocencia

Un niño soñador vivía en su propio mundo. Lo peor que le pasó había ocurrido en el colegio. En una prueba, no se le había pasado por la cabeza que un texto que había escrito iba a ser calificado por el profesor. Así que escribió lo que se le ocurrió. Unos días después, el profesor leyó su escrito delante de los alumnos de la clase, que se rieron a carcajadas. Mientras el profesor exponía letra por letra toda su inocencia al escarnio de la clase, el miedo al ridículo caló en lo más profundo de su ser. A partir de este momento, jamás volvió a exponerse. Su principal característica, sin embargo, siguió siendo el despiste, con el que reproducía, una y otra vez, la risa de los demás. Tenía muchísima información teórica, pero nunca se expresaba, no fuera a ser que se repitiera la humillación. Pasó a ser un espectador de la vida, llevando escondidas sus emociones.

Otro niño se enamoró perdidamente de una compañera de clase. La risa de sus padres, cuando se enteraron, le produjo tal conmoción que, a partir de entonces, fabricó una fobia que le impedía el contacto con los demás. Vivía alejado del mundo, pero prefería el dolor que esto le producía al riesgo de volver a pasar por aquella humillación. Como si el tiempo se hubiese congelado a partir de aquellas risas...

Estas dos personas no pasaron por experiencias de vida o muerte, pero estas escenas se grabaron tan vivamente porque representaron la «muerte» de su confianza, la pérdida de su inocencia, nuestra parte más sensible y pura, tan olvidada y poco respetada. Sentir la pureza es nuestra salvación; perderla produce el punzante y desgarrador dolor del que se aleja de su alma.

Ejercicio 14. Humillaciones

Siente, por un momento, cuál fue el momento más humillante de tu vida, aquel en el que tu inocencia no fue respetada, y qué hiciste con ello.

Vida o muerte

En cambio, un alumno aún recuerda el pánico que sentía de niño al oír cómo explotaban las bombas cerca de su casa durante la guerra civil española. Esta experiencia fue tan fuerte para él que, en la adolescencia, comenzó a manipular explosivos en el jardín de su casa. Aun sin tener consciencia de ello, era una forma de hacerse con el poder: ¡ser dueño y señor de aquello que le producía terror! Como era de esperar, llegó a tener problemas legales, que terminaron con una traumática experiencia en la cárcel. La intensidad de la vivencia fue la causa de su necesidad imperiosa de revivir la experiencia.

La forma en que las escenas que entrañan peligro para la vida conforman las estrategias defensivas de las personas queda muy patente en otro caso. A esta mujer, inteligente y sensible, le costaba muchísimo hacerse notar, comunicarse y expresarse. La llamaban la Invisible. Llamaba la atención su postura estática y el que estuviera siempre callada. Aun después de un profundo trabajo terapéutico, lo entendía todo, pero no conseguía ni quería modificar su inmovilismo. Al tratar de comprender su forma de ser, encontramos dos grabaciones que explican perfectamente por qué le costaba tanto moverse y hablar.

De bebé, su madre recuerda haberla encontrado en la cuna, amoratada y acalorada de tanto llorar. Se había quedado dormida, exhausta. Además, a los cinco años se cayó en un río y, al tratar de bracear, patalear y gritar para pedir ayuda, vio que se ahogaba. Recuerda perfectamente el terror del agua entrándole por la boca. Finalmente, descubrió que quedándose quieta flotaba. Así consiguió salvarse.

Veamos la información que se grabó en su ordenador mental. En la primera escena: «Llorar, llamar y berrear no conduce a nada». En la segunda, el dato se refuerza, añadiéndole la enorme intensidad que produce la sensación de ahogo: «Llamar y forcejear significa morirse. Estar quieta, callada e inmóvil ¡es igual a salvarse!». No es de extrañar que no pudiera cambiar su inmovilismo y hablar le costara tanto.

Ya hemos visto cómo los choques emocionales afectan a los adultos, así que podemos fácilmente imaginar lo que significan para los niños. ¡No solamente están las emociones poderosamente ancladas en el cuerpo, sino que también se elabora, consciente o inconscientemente, la creencia «salvadora» de que estar quieta es estar segura! Lo que, en ciertas circunstancias puede incluso ser cierto, pero, como todo lo cristalizado, acaba transformándose en una prisión asfixiante.

Así se forman los núcleos autodestructivos, que fueron útiles para defenderse de peligros del pasado. Como el inconsciente no tiene la noción del tiempo cronológico, sigue en aquel momento, usando la misma estrategia como una forma de defensa. Descubrir estas estrategias inconscientes ya provoca modificaciones en la conducta.

Comprender por qué actuamos de una forma ya es medio camino andado para actuar de otra manera. Máxime si nos damos cuenta de que estas formas extremas para defenderse ¡siguen disponibles! Es muy distinto refugiarse en un búnker durante un bombardeo que seguir ahí muchos años después de que acabe la guerra. El hecho de no escondernos perennemente en un búnker no significa que no podamos volver a usarlo cuando la situación así lo requiera. Esta forma de protección sigue disponible y esta mujer podrá volver a estar inmóvil e invisible cuando lo requieran las circunstancias, sin tener que quedarse así eternamente.

Ejercicio 15. Estrategias de vida o muerte

Si has tenido algún momento en que te enfrentaste a un peligro de muerte, es el momento de analizar cómo la estrategia que usaste está influyendo hoy en tu vida. También puede ser de forma indirecta: que les haya ocurrido a tus padres o a alguien muy querido. Hay «células espejo» que hacen que vivas internamente, de forma casi imperceptible pero real, aquello que imaginas o ves ahí fuera.

Sustitutos de la vitalidad

Aquí se da otro malentendido muy generalizado. Como se trata de la grabación más fuerte, esta vibración energética se confunde con vitalidad. Es como si la persona sintiera que la vida es monótona y aburrida si no provoca que se rían de ella de vez en cuando. ¡Parece que solo entonces se siente viva, aunque sea sufriendo! Otros se sienten vivos al sentir miedo. Al no sentir su propia vitalidad, llenan el vacío con las vibraciones que conocen; si son dolorosas no importa, energía es energía.

En nuestra sociedad, la adicción a la adrenalina es algo muy común. El occidental busca emociones fuertes y llega a exponerse a peligros reales, con tal de que la vida no sea aburrida. Puede llegar a meterse en drogas, manejos prohibidos por la ley, beneficios de fuentes dudosas, operaciones y negocios de mucho riesgo, traficar y manejar materiales dañinos.

El bienestar occidental puede provocar una monotonía que requiera cosas excitantes para sentir que se está viviendo. El resultado es un desgaste enorme, como si estuviera sonando la alarma de incendio sin cesar. Lógicamente, la energía vital se gasta en algo para lo que no fue concebida, pues su cometido es energizar el sistema de defensa del organismo.

Consideremos que, cuanto mayor sea el subidón, más fuerte va a ser la caída que vendrá a continuación. Si el sistema humano busca equilibrio para sobrevivir y subsistir, estos picos necesariamente van a compensarse con su opuesto. Cuanto más alto subes, más bajo caes…

Justamente la intensidad energética es la que hace que una estrategia parezca un salvavidas. Como provoca una sensación vital, cuesta darse cuenta de que no es algo natural y congénito. Solemos estar totalmente ciegos ante esta confusión, y es común encontrar personas con muchos años de dedicación al autoconocimiento, que todavía están en manos de este juego autodestructivo.

Al haber sido importante, esta estrategia almacena en su núcleo una enorme cantidad de energía que no se puede hacer desaparecer. Es como una ola del mar a la cual no se puede detener, pues acabaría rompiendo lo que se le pusiese por delante. Sin embargo, sí se la puede desviar como se desvía un río, llevándola por otro cauce.

Precisamente dentro de estos núcleos tenemos un enorme potencial que, bien dirigido, puede darnos un gran impulso vital. Con un entramado de ideas nuevo, que genere otra forma de ver la vida y una nueva referencia corporal, esta energía pasará a ser una gran aliada en el camino.

A esto hay que añadir que esta estrategia, en realidad, es nuestra amiga, pues trata de resguardar una forma de actuación que antaño funcionó y fue muy práctica, pues nos salvó en un momento importante. Tanto es así que nuestro inconsciente sigue manteniéndola contra viento y marea, convencido de que así nos protege. No se da cuenta de que se ha transformado en una forma de tortura y represión, por ser, ahora, totalmente inadecuada. Por esto, jugamos con ventaja: podemos informar al inconsciente de que el tiempo ha pasado, de que ya no somos niños indefensos, impotentes y pequeñitos, sino que ahora tenemos recursos. En definitiva, que ahora podemos optar por algo más saludable.

La solución es buscar la emoción en pequeñas cosas. No necesitar grandes chutes para sentirse vivo. Darse cuenta de la enorme sensibilidad y satisfacción que pueden evocar pequeñas cosas cotidianas, lo que provocará un gozoso bienestar, sin tener que subir al Everest para sentirse vivo. Cosas como ver un atardecer, escuchar una melodía que llegue a tu corazón, ver la belleza y el aroma de una flor, mirar a los ojos de un niño y ver su inocencia, sentir la lealtad de un perro, la delicadeza de un pétalo, el abrazo de un amigo querido, una mirada que emociona… Muchas pequeñas cosas que te hacen vibrar sin tener que correr a 200 kilómetros por hora. En realidad, vivir es esto.

Ejercicio 16. El último reducto

Es importante que puedas contemplar si algo parecido pasa contigo. Observa si puedes sentirte feliz con pequeñas cosas, si necesitas grandes emociones para sentirte bien. Mira de qué pequeñas cosas puedes disfrutar y comienza a poner tu atención en ellas.

2.5. CÓMO SE MODELA EL COMPORTAMIENTO

Los modelos naturales

Un bebé viene de un mundo calentito, mullido, donde las luces y los ruidos le llegan tamizados, donde el trabajo es crear su propio organismo y esto ocupa toda su energía vital. No tiene ni idea del mundo que le espera y tampoco sabe cómo funcionan las cosas ahí. Llega completamente indefenso y dependiente del clan familiar para poder sobrevivir.

Revivimos esa sensación de indefensión cuando algo o alguien nos falla y a menudo lo repetimos en nuestras relaciones sentimentales, pues estas primeras sensaciones conviven con nosotros a lo largo de la vida.

De hecho, el ego es una creación nuestra, que pretende compensar esta indefensión natural con la que llegamos. El ego procura remediar esta impotencia, exigiéndose estar enterado de todo, tener respuestas para todo, ser el mejor, esforzarse interminablemente y dar lecciones a la vida. No es más que una compensación para esta llegada desvalida y desprotegida.

Así que el niño, al no saber nada de este mundo, se fija en todo, para poder aprender. Como no entiende la lógica de los adultos, no para de hacer preguntas para saber manejarse en este nuevo escenario.

Como ya fue dicho, introyecta las actitudes y opiniones de los adultos, que serán sus futuras guías, y luego tendrá que investigar si estas formas corresponden o no a su naturaleza, hasta que finalmente opte por sí mismo. Aunque los padres y cuidadores son los modelos naturales, también abuelos, tíos, primos, padrastros y madrastras, tatas y profesores, pueden tener mayor o menor peso en esta personalidad en formación.

Lo significativo es que las actitudes de todas estas personas, gusten o no, constituirán un muestrario de ejemplos para seguir en el futuro. La familia es la escuela de vida inicial de una persona y naturalmente, le influirán las prioridades, los prejuicios y todo aquello con lo que vibra el clan.

El psiquismo guarda tanto los actos hechos como los que se han dejado de hacer, creándose en el proceso muchos malentendidos debido a la visión unilateral del niño, que no consigue ver el conjunto, al estar solamente pendiente de sus propias necesidades.

Cuando estás neutralizando una grabación, hay que tener en cuenta los matices que fueron absorbidos de esas grandes figuras de referencia para poder desenredar ideas erróneas del pasado, a menudo resultado de juicios inmaduros o unilaterales.

Aquí hay que tener en cuenta algo fundamental: la persona introyectó un modelo ocurrido en un momento específico. ¿Qué quiere decir esto? Si el padre o la madre fueron autoritarios e injustos en un determinado momento, esta imagen de ellos entra en el psiquismo y se queda ahí fijada. Al recordarlo, sigues sintiendo el autoritarismo o la injusticia, como si todo ello estuviera ocurriendo ahora. Es como si los padres de aquel momento estuviesen presentes en el aquí y ahora, porque para el inconsciente todo es presente, ya que no conoce ni pasado ni futuro.

Pero, en realidad, estás trabajando con una memoria tuya, no con las personas reales. Es una memoria de tu propio psiquismo, o sea, estás trabajando con tu propia mente, no con tus padres. Solo es una memoria guardada por la mente. Tus padres probablemente ya no estarían bien representados hoy día por aquella imagen. Ahora mismo, pueden ser personas completamente distintas; incluso puede que ya hayan fallecido. Pero tú sigues fijado en esta imagen, que simboliza para ti el autoritarismo de una persona externa. En realidad, estás trabajando con un símbolo, no con tus padres. Un símbolo fijado en tu inconsciente, que está influyendo hasta hoy en tu manera de vivir.

Esto es de suma importancia, porque el rasgo de autoritarismo recibe mucha energía tuya al haber una asociación emocional. Por este mismo motivo, probablemente te vas a encontrar en la vida con jefes autoritarios, o te vas a juntar con parejas autoritarias, y, en resumen, los autoritarios van a ser irremediablemente atraídos a tu vida. La energía emocional asociada a este rasgo provoca que funcione como un imán en la vida cotidiana. Así funciona el juego de las energías.

También ocurre que las personas, al recordar esta imagen de sus padres, están convencidas de que las actitudes y opiniones que tienen son inamovibles, que no hay forma de que cambien de actitud, ni de manera de ser, ni que razonen de otra manera. En realidad, no se trata de nadie externo, sino de un modelo que has introyectado y que representa una parte de ti. A quien le toca cambiar de actitud y dejar de lado el radicalismo eres tú mismo.

Ahora tienes la potestad de quitar este rasgo de testarudez, autoritarismo o injusticia de tu repertorio mental. ¡Mira qué diferente enfoque! Verlo de esta manera abre un abanico de posibilidades y de riqueza interior para ti. Al cambiar aquello en lo que pones tu atención y, por lo tanto, al modificar tu enfoque, vas a atraer a tu vida otro tipo de cosas. Mientras la emoción siga asociada a un rasgo determinado, este rasgo irremediablemente va a ser atraído a tu vida.

Todos son modelos

Hay otro detalle que tiene una enorme importancia. Cuando recordamos una grabación que se ha quedado fijada en nuestra mente, solemos poner nuestra atención en la persona principal. Voy a personalizar para que se entienda mejor. Imaginemos una escena hipotética en que tu padre está enfadado, muestra una actitud exagerada, te riñe fuertemente o hasta te pega. También está presente tu madre, pero tiene un papel pasivo, no interviene.

Cuando lo recuerdas, toda tu atención se va al padre que está provocando el conflicto, revives las emociones de entonces y, en realidad, estás deseando que tu padre fuera de otra manera.

En una situación como esta, grabada en tu inconsciente, el resultado natural es que este tipo de escenas se repita en tu vida, con el jefe, con un amigo, con un camarero, con tu pareja, porque es un modelo que se ha fijado en tu mente. En algunos momentos, vas a actuar como el hijo, encogido y temeroso. Pero en otras, vas a ser como el padre, perderás los papeles y exhibirás una reacción exagerada. Aunque no quieras, te sale así, porque esta situación concreta está configurada en tu psiquismo y las grabaciones funcionan así.

El padre, en esta escena, pasa a ser tu modelo. Por lo tanto, tienes dentro de ti tanto el modelo del niño encogido y amedrentado como el del padre airado y descontrolado. No se introyecta solo lo que te ha pasado a ti, sino también el comportamiento ajeno (en este caso, del padre).

Este es un tema muy importante, porque posiblemente ni te des cuenta de que estás actuando como tu padre. ¿Por qué? Porque el psiquismo guarda todos los modelos, todas las formas de actuar y de ser, aprendidas en cada experiencia.

La madre también estuvo presente y tuvo una actitud pasiva, sin intervenir. Esta tercera persona pasa a ser un modelo, igualmente. Con lo que también vas a adquirir comportamientos pasivos en las situaciones intensas, porque la madre va a ser también un modelo de actuación, añadido al niño encogido y al padre invasor. De ahí que cada acontecimiento emocionalmente importante puede añadir nuevos modelos de comportamiento que enseñan cómo actuar en la vida.

Imaginemos ahora que grabaste en la memoria una escena del colegio con un profesor y todos los colegas de clase. Veamos un momento hipotético en que te llama el profesor a la pizarra y te bloqueas, tu mente se queda en blanco. El profesor hace un comentario despectivo y los compañeros se ríen de ti. La consecuencia natural es que luego tengas recelo de salir en público o que tengas gran susceptibilidad ante cualquier comentario despectivo y que, además, fácilmente creas que se están riendo de ti.

Lo interesante del modelaje es que, a veces, también te saldrán de dentro comentarios despectivos, como hizo el profesor. Además, probablemente vas a reírte de las personas que pasan por dificultades, como hicieron los colegas. ¿Por qué? Porque has introyectado todos los modelos. Cada una de estas actitudes está referenciada dentro de ti y puede que salgan de forma espontánea, muchas veces sin que te des ni cuenta.

Al tratar una grabación de este tipo, habrá que neutralizar no solamente la actitud del profesor, sino también el comportamiento del resto de los alumnos, pues todas estas actitudes pasan a estar en el repertorio de la persona que ha vivido esta circunstancia. Luego es fundamental recordar que todas las circunstancias que se han impresionado y grabado en el psiquismo de una persona van a ser modelos de comportamiento, no solamente de la figura principal, sino también de las secundarias.

2.6. AUTODIAGNÓSTICO

Quimeras en la retina

Para poder aplicar todo lo dicho a uno mismo, primero habrá que tener el deseo de personalizar y mirar hacia dentro. Y para poder hacerlo de forma científica, clara y neutra, es muy importante no dejarse arrastrar por la emoción. Solo podemos mirar la mente y su forma de funcionamiento cuando dejamos de exigirnos, de juzgarnos y mucho menos de culparnos de las consecuencias de nuestras acciones.

Muchos de nuestros comportamientos son fruto de grabaciones que, como hemos visto, funcionan de forma automática, independientemente de la edad, el sexo o el grado de inteligencia. No somos responsables por ellas, pues se dan a pesar de nosotros; pero sí somos responsables de lo que hacemos con ellas, una vez conocida su existencia. Buscarlas, comprenderlas y alterarlas, sí es nuestra responsabilidad, personal e intransferible. Y esto, solamente es posible hacerlo desde un adulto equilibrado que analiza con neutralidad y materializa sus intenciones.

El pasado está presente hoy e influye en todo lo que pensamos, sentimos y decidimos. Son como «percepciones fantasma» de ayer que se nos cuelan en la realidad de hoy, alterando nuestra forma de ver y vivir el mundo. Es como un río caudaloso y rugiente, impresionante y lleno de corrientes, que impregna de tal modo la retina que, al estar delante de un río calmado y tranquilo, no nos permite ver otra cosa que el frenético y violento movimiento del agua, de la primera impresión. Como cuando usamos gafas durante horas y, al quitarlas, seguimos sintiendo su peso en el punto concreto de la nariz donde se apoyaban.

Así andamos por la vida, con dificultad para ver la realidad tal y como es. Si lo que impresionó nuestra retina es un mundo pacífico, así vemos la vida. Si retuvimos imágenes de un mundo peligroso y violento, así lo percibiremos. Si vimos un teatro hueco, repleto de engaños y segundas intenciones, así veremos a las personas hoy en día.

Nada es bueno ni malo por anticipado, pues si vemos el mundo de forma inocente, como un lugar sin peligros ni engaños, tampoco estaremos viendo el mundo real. En este caso, las «percepciones fantasma» nos impedirán aprender a defendernos. En cambio, si vemos un mundo donde solamente hay leones, andaremos por ahí llenos de escudos y defensas aun cuando estemos rodeados de inofensivos corderos. Escudos imaginarios para peligros imaginarios…

Aquí es importante considerar que solemos ser radicales y ver siempre dos extremos en todo: algo bueno o malo, blanco o negro, vida o muerte. Si, debido a una vivencia que tuvimos, hemos sobrecargado uno de los dos extremos con una emoción, sea placentera o desagradable, ya no vemos la realidad tal y como es. Seremos rígidos en un sentido o en el otro, simplemente porque nuestro inconsciente quedó apegado a una forma de visión, lo que nos hizo incapaces de tomar una actitud adulta, flexible y coherente.

De lo que se trata, pues, es de ver un león cuando es un león y un cordero cuando es un cordero.

Ejercicio 17. Manos a la obra

Una forma sencilla de traer todo esto hacia uno mismo es hacer una lista de rasgos y actitudes compulsivas que te perturban y que deseas transformar. Trata de ver, con mayor profundidad, de quién aprendiste estas características, considerando sobre todo a tus padres.

Los rasgos de comportamiento

No olvidemos que el niño aprende por imitación y toma la referencia de alguien. Recuerda que también puedes estar en rebelión con estos rasgos o actitudes que, por ello, son tan compulsivos. Por ejemplo, si papá gritaba y exigía mucho, por oposición puedes haber decidido hablar siempre bajito y te resulta muy difícil hacerte oír y respetar. Lo que no impedirá que te alteres cada vez que no consigas escapar de discusiones y gritos. O bien, si lo has imitado, no consigas dejar de gritar.

Si mamá manipulaba haciéndose la víctima, puedes haberlo odiado tanto que decidiste no jugar jamás este juego. Por rebeldía, te has hecho un fanático defensor de la justicia y de la verdad, aunque esto te haga tomar actitudes suicidas. Cada vez que te encuentras con alguien que manipula claramente, se te revuelven las tripas. O, si has seguido su ejemplo, te será difícil salir de este papel, haciéndote la víctima, quejándote y manipulando con todo ello.

Mientras no tomes consciencia del origen de tus rasgos y actitudes, tu padre, tu madre y tú no estaréis diferenciados. Como un cóctel, en el que no sabes dónde comienza y dónde acaba cada uno. Una vez que hayas podido localizar el origen de tus actitudes indeseadas, podrás darte cuenta de que son maneras adoptadas de otros y que, de la misma manera que las aprendiste, puedes también desaprenderlas. Esto no significa que aquel rasgo o actitud salga de tu repertorio, sino que, al aumentar el abanico de posibles respuestas ante una situación, podrás escoger la más apropiada, en lugar de responder siempre de la misma forma compulsiva.

Es muy importante que no juzgues un comportamiento o un rasgo como positivo o negativo. Muchas veces, algo que consideras positivo acaba siendo lo que no te permite evolucionar. Por ejemplo, si un niño fue sobreprotegido, esto puede haberle impedido experimentar la fricción con la vida, lo que se traduce, hoy, en falta de seguridad en las propias habilidades y miedo al mundo. La sobreprotección conlleva siempre un mensaje: «Tú solo no eres capaz».

Si una chica experimentó un momento intenso de amor y de complicidad con su padre, porque era la «niña de sus ojos», puede haberse quedado emocionalmente atascada, al idealizar este padre, lo que la incapacita, en el futuro, para reemplazar al padre por un hombre de carne y hueso. Nadie podrá llegar a la suela del zapato del padre idealizado, pues estará buscando revivir algo irreal. Así, las cosas «buenas» pueden contener, en sí mismas, muchas trampas…

Por el contrario, puedes guardar un gran resentimiento hacia tu padre por su exceso de rigidez y frialdad, lo que produjo un sentimiento de abandono y rechazo que todavía persiste. Pero, gracias a ello, habrás desarrollado una serie de habilidades y habrás aprendido a resolver las cosas sin depender de nadie. O bien, te recogiste en ti mismo y desarrollaste una capacidad de introspección que ahora te permite conocerte.

Si mamá prefería a otro hermano, esta rivalidad puede haberte hecho llegar a obtener logros que, de no ser por ello, no hubiesen tenido sentido. Cada actitud tiene un efecto que se puede mirar desde muchos ángulos. Seguro que eres capaz de encontrar una ganancia en los hechos más dolorosos de tu infancia, que algo muy importante te han enseñado.

Ejercicio 18. Cómo neutralizar una grabación

Una forma práctica de conocerse es localizar las grabaciones que subyacen en las reacciones no deseadas de hoy en día. ¡No olvidemos que reemplazamos a las personas de nuestra infancia por las personas con las que convivimos en el trabajo, en casa, socialmente y hasta en la calle! También hemos visto que, cuanto más intenso fue el registro, más fuerte será la tendencia a la repetición. Por ello, cuando «te pilles» reaccionando de forma excesiva y descontrolada en cierto tipo de situaciones, este será el momento propicio para buscar y transformar la grabación que subyace y produce aquel sentimiento, actitud o comportamiento cristalizado. Te propongo realizar tres pasos.

a) La emoción es el puente al pasado. Simplemente permite que el sentimiento se te instale en el pecho, aunque sea desagradable. No lo evites; que crezca y te embargue. Cuando sientas que la emoción te domina, haz una simple pregunta: «¿Cuándo sentí esto por primera vez?». Aunque no sea literalmente la primera vez, la emoción te llevará a una escena del pasado en la que sentiste exactamente lo mismo. Aparecerá el recuerdo y podrás recordar un gran número de detalles. Lo que pasaba, lo que se dijo, quién estaba, dónde ocurría. Apúntalo en un papel de la manera más literal que puedas. Verás que allí es donde está el verdadero dolor; que lo que está pasando ahora simplemente rozó una herida que nunca se había cerrado. Basta una brisa para que duela una herida abierta. Te darás cuenta de que las personas de hoy están reemplazando a los personajes de esta escena de infancia. Puede ser que sus verdaderas razones e intenciones no tengan mucho o nada que ver con tu percepción, pues en realidad estás reviviendo algo tuyo que ocurrió en un pasado lejano. El mero hecho de encontrar la escena y descubrir cómo se está inmiscuyendo en el aquí y en el ahora puede ya influir en tu percepción de la realidad actual.

b) Si te sigue embargando una emoción muy intensa, difícilmente podrás cambiar tu punto de vista. Es importante ahora liberar tu cuerpo de lo que estás sintiendo. El movimiento corporal y la expresión de sentimientos produce, a nivel bioquímico, diferentes neurotransmisores que transforman las emociones. Con todo ello, posiblemente experimentarás una expansión de consciencia que puede transformar el registro neuronal grabado durante la escena infantil. Llegó la hora de expresar la emoción. Si tienes dolor, llora. Si tienes rabia, grita y expresa lo que te está ahogando. Si tienes ganas de pegar, hazlo, con un cojín grande. Pero sabiendo que estás soltando el dolor, el resentimiento, la rabia, la frustración en aquella escena del pasado, no en la de ahora. Tampoco contra una persona de hoy. Si no lo haces con la mente enfocada y con toda la atención puesta en la escena del pasado, será un mero ejercicio físico y nada ocurrirá a nivel psíquico. Para ello, busca un lugar seguro y adecuado, y pon energía en la expresión y en el movimiento. Puedes también correr, nadar, caminar rápido, usar cualquier deporte individual, para colocar la atención en lo que quieras transformar y, así, utilizar el movimiento corporal en tu beneficio. Cuando sientas que estás tranquilo y lúcido, sigue al paso c).

c) A continuación cierra los ojos y visualiza al niño que vivió esta escena; recuerda que ahora es un símbolo, un símbolo que tu inconsciente reconoce perfectamente. Este niño encarna la emoción que viviste en aquellos momentos. Habla con él como si fuera un niño de verdad. Tráele de vuelta, del pasado a la realidad. Que se dé cuenta de que ahora puede contar contigo, el adulto, para resolver la situación. Explícale que el tiempo ha pasado, que tú eres él en otra época de la vida. También dile que los personajes son otros y que ya no es impotente ante ellos, pues ahora cuenta contigo, el adulto. Recalca que cuenta contigo. Es desde tu parte adulta desde donde le puedes dar todo aquello que no recibió en la infancia y que necesita todavía. Ya sea protección, cariño, respeto, caricias, amor o explicaciones, dáselo generosamente, tal y como harías con un niño real al que quieres y que estuviese en la misma situación. Si no tienes el hábito de tratar con niños, hazlo como lo harías con un adulto, y verás que lo entiende perfectamente.

A veces, lo que el niño necesita no es cariño, sino firmeza. Si es caprichoso y exigente tendrás que pararle los pies con serenidad y firmeza, no ceder ante sus juegos. No siempre es fácil, pues los niños saben mucho, conocen muy bien nuestras debilidades. Justamente ahí donde falla el adulto es donde el niño lo pone a prueba. No va a probarlo donde no hay brechas, sino allí donde se siente inseguro y titubea. No te queda más remedio que conquistar a tu niño y, además, sin que te pierda el respeto. No te impongas, razona. No le culpabilices ni recrimines, pues se va a escapar. Actuará como cualquier niño normal y real, y solo podrás contar con él si no caes en sus juegos y si asumes tu papel y tu responsabilidad como adulto. No siempre es fácil. Es mucho más fácil dar cariño y amor a un niño desesperado. Pero tu parte rebelde e indomable te pondrá a prueba, resaltará todas tus debilidades e inseguridades, dándote una oportunidad única e inigualable para madurar. ¡Buena suerte!

Para dolores psicosomáticos (sin causa fisiológica conocida), te aconsejo buscar, por el mismo procedimiento, la grabación correspondiente, además de cuidar de esta parte del cuerpo con mucho cariño. ¡Es impresionante cómo una parte del cuerpo, que antes era rechazada u olvidada, puede reaccionar con un poco de atención! Sería muy importante practicar los tres pasos descritos con las escenas que has ido anotando a lo largo del capítulo: la peor escena, la de mayor humillación y peligros de muerte (si hubo), así como buscar las estrategias aprendidas en estas vivencias. El archivo de grabaciones es tu historia en cuadritos. Un material de transformación y de autoconocimiento importantísimo para que seas, poco a poco, un ser más tranquilo, firme y amoroso.

También es importante descubrir cuál es tu forma de llamar la atención y buscar otras maneras de hacerlo, distintas, nuevas, que representen un desafío. Hacer algo que no hiciste jamás, de forma consciente: decir lo que nunca te atreviste, callar si llamas la atención hablando, aguantar la angustia que te provoca determinada situación y pasar por ella... Otra experiencia importante consiste en pasar un día entero sin buscar ningún tipo de atención, viendo y observando lo que pasa contigo cuando no recibes energía de nadie. ¡Puedes llevarte una sorpresa! Procura salir del cómodo sitio donde estás colocado y aventurarte a nuevas maneras de vivir y actuar. ¡Seguro que no saldrás defraudado!

3

EN BUSCA DE LA PAREJA INTERNA

3.1. LA LUCHA DE PODER

El milagro de existir

Hay cosas muy sencillas que aclaran mucho. Suelen ser tan obvias que no se toman en cuenta. Dado el complejo carácter de la mente, se suele buscar algo retorcido para comprender que dos y dos son cuatro. Usamos esta increíble herramienta que es la mente para crear mundos y submundos en los que nos perdemos. En lugar de mirar la naturaleza y los animales, las plantas y el clima, las estrellas y el mar, nos perdemos en laberintos mentales para luego gastar años de nuestra vida buscando el hilo de Ariadna que nos muestre la salida del laberinto.

¡En realidad es un milagro el hecho de que existamos! Cada uno de nosotros somos el resultado de un número infinito de incontables coincidencias y encuentros que se pierden en la noche de los tiempos... No solo hace falta que un determinado espermatozoide, entre millares, se haya encontrado con un determinado óvulo, entre muchos, en un momento propicio y concreto, sino, también, que de toda la gente que hay en el mundo, justamente se conocieran nuestros padres en un lugar y un tiempo concretos. No solamente conocerse, sino, además, atraerse, juntarse, ¡llegar a tener una relación! Y antes de ellos, nuestro abuelo y nuestra abuela, ¡por ambos lados! Y antes, nuestros bisabuelos y tatarabuelos…

En fin, somos un milagro y deberíamos simplemente asombrarnos de existir, todas las mañanas. Los «ingredientes» de los que estamos compuestos vendrán determinados por todas estas combinaciones que han ocurrido para que podamos estar aquí. Este fenómeno asombroso e imponderable, nosotros, ¿es producto del azar u obedecerá a leyes que todavía desconocemos? ¿Hay un propósito en todo este loco cúmulo de encuentros, o se trata del caos? ¿Habrá un orden al que no tenemos acceso, de momento?

Una de estas cosas sencillas es la presencia de triángulos. Para que exista movimiento en el mundo en el que nos encontramos, hacen falta tres elementos. De un hombre y una mujer, nace una nueva vida: es la base del movimiento. De un polo negativo y uno positivo viene la luz, que emana de cada una de nuestras células.

Tesis, antítesis y síntesis. De la amalgama de dos posiciones aparentemente incompatibles nace la alternativa. De la fusión de la energía masculina y de la femenina aparece nuestra esencia, nuestro Ser. En realidad, no hay forma de prescindir de los tres elementos, encontramos este trío dondequiera que miremos.

Las alianzas y la posesividad

Hay que tener en cuenta que la atención nutre. Todos los seres humanos quieren atención y son capaces de cualquier cosa para conseguirla. En la pareja, el deseo es ser lo más importante para el otro, ocupar el primer lugar en su lista de preferencias. De ahí deriva la posesividad, que está en la raíz de muchos males, ya que posesividad y amor son dos cosas distintas.

El amor es siempre libre y da libertad. Si realmente amas a alguien, quieres que se desarrolle como persona, que use todo el potencial que tiene, que sea feliz. No importa si necesariamente tienes que estar a su lado o no.

Con los hijos es más fácil amar, ya que por ley natural sabes que han de seguir su propio camino. En cambio, en la relación de pareja la libertad fácilmente cede su lugar a la posesividad, cuando uno da por hecho que el otro tiene que estar para ti. Uno olvida fácilmente que la intimidad requiere un trabajo constante y diario de reconexión para evitar que se transforme en un simple hábito o se diluya en una monotonía.

En psicología, el triángulo edípico fue muy bien descrito y explicado, aunque estudios de antropología han comprobado que no se da en culturas con una estructura social distinta. Pero en la nuestra sí. Es cuando aprendemos la primera lección de la lucha por el poder entre los sexos. Donde aprendemos el juego de las alianzas y los rechazos, cuando dos se unen y dejan un elemento fuera, excluido.

Ya ocurre en el colegio, con la mejor amiga o el mejor amigo, dos que se unen y se protegen del tercer elemento, que son todos los demás. A veces es una amistad para toda la vida, otras veces hay ruptura y exclusión.

En realidad, todo comienza en la infancia: observamos, desde pequeñitos, cómo se relacionan nuestros dioses, mamá y papá. Aprendemos cómo se aman y apoyan y, también, cómo luchan entre sí y se boicotean, cómo consiguen lo que quieren el uno del otro. Esta forma de relacionarse es la primera información que tiene el niño de lo que es ser una mujer, de lo que es ser un hombre. Es la primera referencia de cómo se relacionan los dos géneros.

Todavía muy pequeños comparamos nuestros genitales con los del sexo opuesto y nos fijamos en las diferencias físicas entre papá y mamá. Vemos que tienen roles distintos y observamos lo que se espera de cada uno de ellos, por el mero hecho de ser un hombre o una mujer. La influencia cultural y familiar pasa a tener un papel importante en cómo debemos ser y cómo relacionarnos. Hay muchas formas posibles, pero se fija el modelo que había en casa.

Además, como los necesitamos a ambos, desde el comienzo tratamos de acercarnos a cada uno de ellos y buscamos su atención, su cariño y su amor. Jugamos al personaje que le gusta a mamá y también al que le gusta a papá, nos amoldamos y forzamos nuestra naturaleza con tal de conseguir su atención. Puede ocurrir que la alianza con uno pueda excluir al otro. Cuando esto ocurre, nos resentimos con el «aliado» por habernos separado del progenitor «excluido».

A veces sentimos el triángulo integrado: que mamá, papá y yo estamos juntos, unidos los tres. Esto se da en algunas ocasiones y lo recordamos toda la vida, pero más a menudo son juegos de a dos. Si me acerco a mamá, papá se queda fuera, celoso. Si me acerco a papá, mamá se siente fuera, resentida. Las alianzas están concebidas en parejas, en dúos. Pero somos tres, o más, si hay hermanos, entonces las dinámicas se complican.

Este triángulo no queda restringido a los padres. Lo llevamos a todas las áreas: entre hermanos, amigos, en el trabajo, en el ocio, en el mundo. Existen infinitos triángulos, en que un vértice puede quedar excluido de la alianza de dos. Una figura partida, incompleta. El dolor de esta figura partida se hace más consciente cuando nos toca vivir el triángulo en nuestra relación amorosa.

Cuando nos enamoramos, la vibración energética es mayor y, por lo tanto, todo se hace más evidente. No hace falta siquiera que haya una tercera persona; el trabajo, un deporte, una afición, los amigos, la vida social, el mundo representa el tercer elemento. Queremos toda la atención y nos resentimos cuando la atención se desvía hacia algo o alguien. La alianza neurótica no suele admitir el tercer vértice.

La forma de alianza de nuestros padres también queda grabada en el ordenador mental, de modo que vamos a buscar por el mundo la pareja con quien recrearla, alguien que tenga el juego complementario. Como todo esto ocurre a nivel energético e inconsciente, es seguro que aparecerá la pareja cuya energía se acople perfectamente. Tanto si te aliaste con mamá en contra del autoritarismo de papá, como si papá y tu estabais aliados juzgando a mamá inferior, encontrarás a alguien para seguir el mismo juego. Una alianza que tiene éxito se fija, pues genera poder: el otro es *nuestro*. Veremos ahora la trampa que esto puede significar.

Ejercicio 19. Mis alianzas

Te sugiero un pequeño ejercicio para descubrir tus alianzas. Imagina que estás en un momento de complicidad, de cariño, de intimidad y de amor con tu padre. Imagínatelo con detalle. No sigas hasta no sentirlo. En este momento, entra mamá. Observa qué ocurre, si tú y tu padre cortáis la energía que había y cómo. Luego, haz lo mismo al revés. Estás con mamá y entra papá. Mira qué ocurre.

Esto te ayudará a descubrir qué tipo de alianzas y de prohibiciones inconscientes habéis establecido. Mira si estas alianzas influyen, hoy, en tu vida de pareja y en la relación con tus hijos, si los tienes. Las alianzas pueden estar reflejándose también en la relación con las personas del sexo opuesto y del tuyo propio. Es el origen de muchos prejuicios y sentimientos de inferioridad o superioridad.

El huevo de Colón

El «huevo de Colón» es un pequeño y sencillo esquema que describe prácticamente todos los juegos energéticos que ocurren entre los seres humanos. Para comprenderlo, hay que aceptar que la interacción entre dos seres humanos es básicamente un intercambio energético.

Imaginemos visualmente un campo que está dividido en dos partes iguales. Como es lógico, a cada jugador le corresponde su mitad, como en un juego de tenis. Cuando se da una interacción entre dos personas de forma equilibrada y respetuosa, cada una ocupa su campo energéticamente, estando presente, sin invadir el campo del otro ni tampoco ser invadido. Los dos están en igualdad, ninguno es más que el otro, ninguno es menos que el otro. Cada uno hace lo que tiene que hacer sin coartar ni disminuir al otro. Desde un punto de vista energético, cada uno permanece dentro de sí, sin dejar de estar en contacto con el otro. Aquí puede surgir el amor de verdad, la energía de ambos puede fundirse creando un estado unificado del campo energético, que se percibe como una expansión, un bienestar sublime, físico y anímico. Hay sitio para ambos, que se sienten energéticamente nutridos. Es cuando te percibes lleno de energía, vivo, alegre, feliz y capacitado para compartir de verdad, ser verdaderamente cómplice del otro.

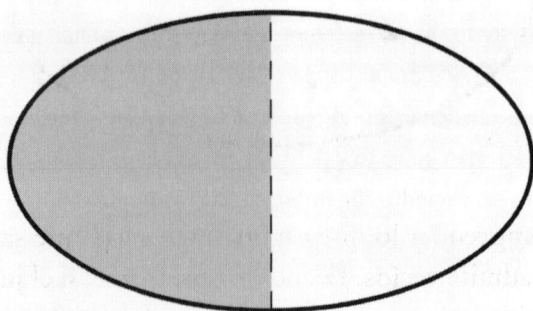

Lamentablemente, este intercambio energético muchas veces queda viciado y se transforma en una lucha por el poder, que suele ser muy evidente y aparece con frecuencia en las relaciones sentimentales. Cuando compites por el poder con el otro en palabra o acción, quieres vencer en la pugna.

Esto significa que una persona se está imponiendo a la otra, nutriéndose energéticamente de la otra. Como no hemos aprendido a recoger esta energía de la naturaleza, de los alimentos, del sol, de la belleza, en una palabra, del mundo que lo tiene en abundancia, acabamos haciendo lo que hemos aprendido y visto desde siempre: cogemos la energía de otro individuo. ¡Los vampiros necesitan del otro para poder vivir un día más!

Cuando dos personas luchan por el poder, la imagen visual será otra. Uno de los jugadores entrará en el campo del otro y ocupará más espacio del debido; el otro jugador se encogerá en una esquina de su campo. El que está encogido es, aparentemente, la víctima del invasor. Veamos lo que ocurre energéticamente.

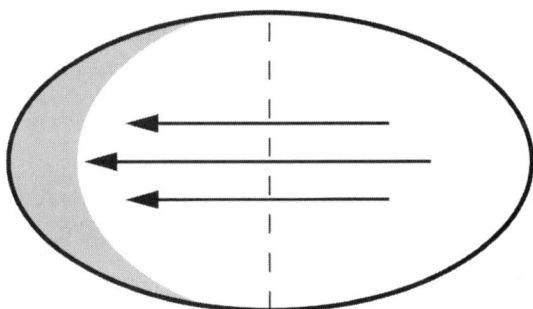

Para comprender lo que está pasando, hay que saber que la energía no admite vacíos. Dicho de otra forma, si el jugador que se ha encogido no ocupa su campo energético del todo, el vacío que deja estará atrayendo (como un imán) la energía del otro, pues ¡el vacío quiere llenarse! Entonces, desde el punto de vista energético, el individuo que no ocupe su campo energético ¡estará llamando al otro para que lo invada!

Esta afirmación tiene una enorme importancia. Significa que la responsabilidad no es solamente del invasor, ¡sino también del invadido! Esto es, si no te responsabilizas por el espacio que te corresponde, ¡estás llamando a los demás para que te invadan y te falten al respeto!

Si te encoges, fatalmente aparecerá la persona que cumpla la necesidad energética de llenar el vacío que has dejado, y esta invasión puede sentirse como una agresión. Esta forma de ver las cosas significa nada menos que, en este caso, la víctima es tan responsable como el verdugo.

En el juego sadomasoquista del poder, el masoquista es tan responsable de la situación como el sádico, pues lo está permitiendo y atrayendo. Es la historia interminable: el que se encoge, que se hace de pobrecito, está llamando sobre sí la rabia del que tiene que ocupar su espacio, pues el invasor está tan molesto como el invadido, ya que también ha perdido su equilibrio y su bienestar.

Además, el encogido, al hacerse la víctima, hace que el invasor se sienta culpable, lo que aumenta su ira. Como resultado, el otro se encoge todavía más y culpabiliza más. Más desequilibrio, más ira; más encogimiento, más destrucción y dolor.

Esta lucha de poder puede seguir indefinidamente y causar, pues, graves consecuencias en la vida de las personas. Daños irreparables a menudo. Puede ocurrir que la propia tendencia al equilibrio haga que el encogido, acorralado y herido, al cabo del tiempo y cuando surge la ocasión, salte enloquecido sobre el agresor y el juego cambie de dirección.

Lo que estoy exponiendo de forma clara no siempre es así de evidente. Lo más común son juegos sutiles y zancadillas encubiertas, no por ello menos dolorosos ni destructivos. En esta lucha por el poder ninguno quiere salir derrotado y, para evitarlo, se usan los más encubiertos subterfugios y golpes bajos, muchas veces inconscientemente. La cosa es quedar por encima. Parece una cuestión de supervivencia, como si, al dejarte dominar, desaparecieras.

Esto no pasa, necesariamente, porque se trate de una persona mala o porque haya mala intención y se quiera acabar con el otro, sino porque existe un hábito insano de dependencia, de nutrirse energéticamente de la atención del otro. ¡De hecho, esto se da entre personas que se quieren o se han querido mucho! Ambos están cargados de razones y la situación es vivida con mucho dolor, de forma muy dramática.

Ejercicio 20. Mi posición en el «huevo de Colón»

Es el momento de que veas en qué lugar del huevo sueles estar. Si eres el invasor o el invadido. Felizmente, sin duda habrá momentos de equilibrio también. Asumir tu posición en el huevo puede darte gran claridad en cuanto a los juegos de poder que a veces jugamos sin consciencia, en el trabajo, con el jefe, con los compañeros, con los amigos y, sobre todo, con la pareja y las personas más íntimas. En realidad, ocurre en cualquier contexto.

La dependencia

El mecanismo del «huevo de Colón» opera siempre que, en una relación entre personas sin tener en cuenta el sexo y la condición que sea exista una dependencia afectiva, laboral, económica o de cualquier otra índole. También cuando uno se considere inferior o superior al otro. ¡Imaginemos lo que puede pasar entre jefes y subalternos! Peor todavía cuando se trata de una relación íntima.

Dependencia es sinónimo de resentimiento. En el momento en que alguien depende de otro, esta persona se está infravalorando, no está respetando su capacidad ni su creatividad y, al final, se queda resentida. Se ha colocado en manos de las incongruencias y los caprichos del otro, reviviendo así la impotencia de la infancia.

En realidad, acaba siendo un resentimiento consigo mismo, pues, intuitivamente, todos sabemos que disponemos de un enorme poder personal. El miedo que tenemos de nuestra fuerza interna hace que optemos por someternos a la autoridad del otro.

En las parejas, que gravitan alrededor de la familia, la intimidad y el acto físico de hacer el amor, se suele caer fácilmente en una dependencia afectiva. La propia naturaleza se ha encargado de nutrir energéticamente esta área, con el fin de que se perpetúe la especie. A fin de cuentas, es la energía sexual la que crea vida de forma visible y física. ¡Es donde se hace evidente que somos cocreadores con Dios!

Así que los dos sexos cuya función es crear vida son los que han sufrido el mayor impacto del juego de poder que impera entre los humanos, el juego energético de sentirse vivo a costa del otro. En el bonito y vibrante juego del amor, de la seducción y de la conquista, que aparece bajo prácticamente todas las manifestaciones de la vida, está agazapado este gran peligro. La eterna lucha entre los sexos que, en lugar de complementarse y enriquecerse, compiten y se degradan mutuamente.

Si la cosa ya es complicada entre dos, se enreda más cuando aparece un tercer elemento, tanto si es un hijo como cuando la atención del otro se dirige a otras personas o actividades. En este momento duele perder la atención total del otro. En el caso de los hijos, ambos «contendientes» tratan de garantizar que el hijo forme parte de su «equipo», intentan ganar un adepto a su causa, a veces en contra del otro.

En el fondo, todo son sustitutos al amor, del que podemos llegar a sentirnos tan alejados. Cuando brota la energía amorosa no hay rivalidad, ni separación, ni alianzas, y se consigue lo que más añora el ser humano: compartir, unir, sentir plenitud y unidad. Volver a la unidad de la que vinimos cuando no sabíamos que el mundo era un lugar de aparente separación...

Ejercicio 21. Dependencias

¿De qué personas o situaciones te sientes dependiente? Averigua si, por debajo de las apariencias, no encuentras una buena dosis de resentimiento. Observa con detenimiento cómo funciona el «huevo» con tu pareja. Tenlo presente de aquí en adelante. Si no tienes pareja, siente cuál es el miedo que te impide tenerla. Y coloca este miedo dentro del mecanismo del «huevo»; observa, también, cuál fue su origen, dónde aprendiste que una relación no ha de ser placentera.

Flechas hacia el futuro

De la fusión de dos seres aparece un tercero, que es la síntesis de sus progenitores y, por esto mismo, una forma de vida cualitativamente distinta y más adelantada. Es una combinación más sofisticada, matemáticamente es una fórmula humana con más posibilidades, porque suma todo lo que aporta cada una de las dos ramas. Puedes hacer una tarta de bizcocho, pero si tienes más ingredientes, la puedes hacer de chocolate, o de chocolate y nueces...

El equívoco del ser humano es confundir lo que se debe enseñar a un niño a nivel práctico y educacional, al querer confinarle en un espacio destinado a la generación anterior, imponiéndole normas, convicciones y formas de vida inadecuadas para la etapa siguiente. Cada generación ha de encontrar su propio espacio y organización. Cuanto más libre sea para cumplir su cometido, más fácil le resultará encajar en el tiempo que le ha tocado vivir.

No obstante, las grabaciones, la lucha por el poder y las actitudes se interiorizan cuando el niño está, todavía, en una situación de dependencia. Por esto, cuando se hace adulto, le cuesta salir de esta dinámica y darse cuenta de que el poder ha cambiado de lado. Se olvida de que ahora los padres son más débiles, pues su vida ya dio de sí lo que tenía que dar, que les quedan pocos sueños e ilusiones. Sigue esperando de ellos cosas que no tienen ni pueden dar. En una palabra, que ahora ya puede dejar «ganar» a los padres como quien deja ganar a un niño al parchís.

Hemos lanzado unas preguntas al aire: ¿hay o no hay un sentido por detrás de los millones de coincidencias que permiten que exista el milagro de lo que somos? ¿Será casual que hayamos nacido de estos padres, en este país, en este momento histórico, o habrá una razón por detrás de todo ello? Si los padres son la tesis y la antítesis, nosotros somos la síntesis de sus limitaciones, pero también de sus aciertos, su potencial, sus inquietudes y sus ilusiones.

Sintetizamos, además, todo aquello que viene de atrás, de generaciones y más generaciones, hasta el comienzo de los tiempos. Cada uno de nosotros representa una forma nueva de vida, una combinación más sofisticada y atrevida a la que necesitamos honrar y valorar: ¡somos la vanguardia, si miramos hacia atrás! Y nuestros hijos y nietos, más todavía. Como dice Khalil Gibran, somos la flecha que sale disparada hacia el infinito desde el arco, que es la generación anterior. Por este mero hecho, estamos más adelantados que nuestros padres, pues hemos llevado a la humanidad un pasito más hacia delante, y nuestros descendientes se acercarán otro paso más al futuro que irremediablemente vendrá. La humanidad no tendrá más remedio que decidirse a buscar y alcanzar un estado de consciencia más evolucionado, si quiere ser capaz de manejar su verdadero poder.

La manera de hacer esta evolución, indiscutiblemente, tendrá que pasar por una clarificación de malentendidos y un arreglo de entuertos. Habrá que comprender que, por debajo de las mayores barbaridades, hay siempre una búsqueda de amor. Debajo del odio y de la maldad hay siempre un malentendido: la indignación por una injusticia, el sentimiento de ser usado, humillado, herido, desconsiderado, engañado, traicionado por alguien.

No podía ser de otro modo. Imaginemos millones de ordenadores, todos con programas distintos, tratando de entenderse. Mientras no tengamos una forma de pensar que unifique el programa de todos los ordenadores, no podremos comunicarnos con claridad. De modo que ¡son normales las malas interpretaciones, los malentendidos y las distorsiones! Mientras no conozcamos todos cómo funciona la mente, seguiremos sin poder entendernos, ni a nosotros mismos ni a los demás, luchando por un poder mal entendido, sin hacernos cargo del nuestro propio.

También existe un malentendido con lo que llaman Dios. El motivo de nuestra profunda insatisfacción, por debajo de todas las disculpas que nos damos, suele estar en la no aceptación del propio destino, de tener que estar aquí, en este mundo físico, dentro de este cuerpo, sin otro remedio que aceptar las limitaciones de la materia. Es como el recuerdo de comer un pastel delicioso que nos quitaron antes de que pudiéramos saciarnos.

En las personas hay una especie de añoranza del alma, lejana, profunda, un punzante recuerdo de algo que nunca vivimos aquí, como si conociéramos algo distinto que anhelamos sin saber bien qué es. Un «quererse ir», un «querer volar», una morriña de algo cálido, indefinido y pleno. Un recuerdo de algo mayor… ¿Qué estoy haciendo aquí?

3.2. EL VERDADERO PAPEL DE LO FEMENINO Y LO MASCULINO

El brazo rechazado

Convengamos que dentro de cada uno de nosotros hay dos tipos de energía opuestas, aparentemente incompatibles. Corresponden a los dos hemisferios cerebrales que mencionábamos antes: dos partes que necesitan una de la otra, pero que hablan lenguas distintas porque tienen distintas funciones. Una parte es activa, objetiva, extravertida, analítica, práctica, rápida, directa, lógica. Es la parte que sabe manejar el mundo porque sabe actuar con efectividad. La otra es pasiva, perceptiva, subjetiva, introvertida, etérea, intuitiva, lenta, sin límites ni referencias, suave, ilógica. Esta percibe el mundo sutil. Lo femenino está perdido en este mundo. No conoce el tiempo ni el espacio, necesita de la parte analítica para manejarse en este lugar. No sabe moverse aquí, desconoce las reglas y la lógica de este mundo.

La parte racional, masculina, también necesita de la femenina. Sin ella, va de meta en meta, en una carrera de obstáculos sin final, haciendo la vida árida y seca. Además, no puede llegar a la intuición y percibir lo sutil.

Ambas se encuentran atrapadas en su respectivo mundo si no se encuentran con la otra. Solo el estado de unidad hace posible que el mundo de ambas se ensanche, se enriquezca con la dimensión que le falta y pruebe el sabor de lo completo.

Aunque nuestro cuerpo está definido, pues tiene el sexo hacia fuera o hacia dentro, nuestra energía es dual: todos somos masculinos y femeninos, medio hombres y medio mujeres. Tenemos dos hemisferios cerebrales y la capacidad de desarrollarlos y unirlos. Podemos ser objetivos y subjetivos, materialistas y místicos, rápidos y lentos, flexibles y rígidos; podemos movernos de un extremo al otro.

Dado que vivimos en un mundo lleno de normas, nos han asignado un papel determinado. El que tiene el sexo hacia fuera debe comportarse de determinada manera, y el que tiene el sexo hacia dentro, de otra. Con esto, el ser humano, desde que es pequeño, se ve obligado a incorporar a su comportamiento una serie de diferencias artificiales, además de las naturales, inherentes a su calidad de hombre o de mujer.

El hombre que es sensible debe hacerse duro, si no le llamarán «marica», «flojo». La mujer que es asertiva y resolutiva debe cubrirse con una imagen frágil, si no será una «marimacho». Hay cosas que, por norma cultural, se pueden hacer y otras que no, así que no queda más remedio que reprimir la parte que no es bien acogida. Esta parte rechazada y discriminada hay que tragarla, esconderla, disimularla.

Una parte queda siempre en entredicho, oculta y recriminada; se la exige ser distinta de lo que es. Hay una lista de «puedos» y «no puedos» que rige la imagen y el comportamiento, y que, en lugar de propiciar la unión y la complementación, apoya la separación y la desmembración de un ser humano. Es decir, como si tuviéramos derecho a nuestro brazo derecho, pero tuviéramos que avergonzarnos del izquierdo, así que lo escondemos y lo tapamos.

Y cuanto más rechazamos una parte nuestra, más la añoramos. Resultado: vamos a buscarla fuera de nosotros mismos con más ahínco, tratando de complementarnos con el otro, no ya para disfrutar del contacto, sino para vivir indirectamente lo que nos está prohibido.

Ocurre lo mismo cuando nos juzgamos, enjuiciamos algún sentimiento considerado malo, y queremos eliminar esta parte nuestra. Pero esta manifestación de vida está ahí para algo y por algo. Tiene su papel para que siga el gran juego del equilibrio energético, y el que no pueda manifestarse va a significar un atasco, que se pagará a nivel emocional o físico.

En lugar de buscar cuál es el malentendido o cuál es el espacio del «huevo» que no estamos cubriendo o estamos invadiendo, reprimimos los sentimientos que creemos que nos pueden traer complicaciones. Una lucha por ser «buenos y queridos» por medio de la castración.

Si, por ejemplo, alguien es injusto contigo y, por miedo al enfrentamiento o al rechazo, te tragas la rabia, esta se manifestará en forma de ansiedad o en una úlcera; o, peor todavía, esta rabia la pasarás adelante. Llegará un momento en que no será posible contenerla, y entonces alguien inocente pagará por una guerra que no es suya. Posiblemente será alguien a quien quieras, en quien confías lo suficiente como para mostrar esta parte tuya que condenas.

Y así, se envenena lo que es realmente importante: tu entorno, las personas a las que amas, con las que convives o trabajas. Vuelve a crearse un nuevo juego energético que te desgasta y te cansa. Y todo comenzó porque reprimiste un sentimiento de indignación y tenías miedo a confrontarte con el autor del atropello. La dependencia, nuevamente, de las reacciones ajenas, del juicio ajeno. Te has encogido y, cuando aparezca la situación adecuada, soltarás el resentimiento por haberte reprimido…

Fisiológicamente, el papel del «invasor» lo suele asumir el hombre, por su misma tendencia «hacia fuera», la flecha que sale, el pene que penetra. La mujer es receptiva, es la que recoge y, normalmente, se encoge, asumiendo el lado del «invadido». Pero en el juego vibratorio no hay papeles definidos, pues todos, hombres y mujeres, podemos usar cualquiera de las dos energías en todo momento.

Siempre que hay un desequilibrio energético hay dolor. La extraña dependencia (tanto en el invasor como en el invadido) da malestar y suele acabar en lucha de poder. Mantener los campos equilibrados conlleva estar energéticamente presente, atento tanto al propio impulso como al del otro para no perderse en su energía ni dejarse atraer por el vacío que el otro pueda dejar.

Si encuadramos esta interacción en al marco de las dos energías, veremos que nuestra parte masculina tenderá a la expansión y a la acción, mientras que la femenina lo hará hacia el recogimiento y la contemplación. Necesitamos de ambas para ocupar la mitad del campo que corresponde y, así, mantener el equilibrio.

Ejercicio 22. Los roles

Aquí interesa que observes cuáles son los papeles que atribuyes al hombre y a la mujer. Haz una lista de lo que te llama la atención. Luego procura ver de dónde vinieron estas convicciones. Investiga, también, cómo toleras a las personas que se salen de estos clichés.

Idilio entre las dos energías

Veamos cuál sería la relación ideal que posibilite a cada una de las dos energías dar lo mejor de sí misma y, al tiempo, propiciar lo mejor de la otra. Una vez le pregunté a un torero por qué se torean toros y no vacas. Me contestó que la vaca es imprevisible, que cambia de rumbo a medio camino, mientras que el toro sigue su trayectoria en una línea recta, directa, ¡aunque esto signifique morir! Efectivamente, así son las dos energías.

La femenina tiene una calidad sinuosa, ondulante, subrepticia, mientras que la masculina es directa, va al grano, no pierde tiempo en devaneos. Esto no significa que una sea buena y la otra mala, ni que una valga más que la otra. Son distintas calidades, dos elementos distintos que valen para distintas cosas y que se complementan juntas.

Esta calidad sinuosa es la que posibilita a lo femenino expandir la percepción hasta el punto de que nada pase inadvertido, captarlo todo, sentirlo todo, intuirlo todo. Se cuela por las menores ranuras, aparece donde menos se la espera. Es el poder sutil de lo femenino, ante el cual el hombre se siente desarmado, expuesto, impotente. A fin de cuentas, salió de un útero femenino y mamó de un pecho femenino; está, pues, irremediablemente encadenado a lo femenino.

Tanto miedo tienen las personas a este poder sutil que, durante una época larga, hubo una caza de brujas, las portadoras del don femenino, conocedoras de las hierbas y su poder curativo, de las energías lunares que propician unas cosas y dificultan otras, el mundo que existe fuera del dominio de los sentidos… Este mundo que toca a Dios con un dedo.

Por su lado, lo femenino se queda sin norte, perdido, descolocado en el mundo que vemos y oímos. Le cuesta encogerse dentro de esta pequeña parte del todo en la que vivimos, pues su capacidad de percibir otros mundos hace que se sienta apretada, como quien lleva una camisa demasiado pequeña.

La intuición conoce lo invisible y, sin saber bien cómo, prevé cosas, se guía por un sexto sentido. Al mismo tiempo, tiene miedo de su propia amplitud, tiene pánico de perderse por estos mundos desconocidos que intuye y percibe, que le fascinan e hipnotizan. Su emotividad la domina, le juega pasadas, le hace dudar y titubear.

Necesita de lo masculino para funcionar en la vida cotidiana, para saber dónde está y qué hora es. Necesita desesperadamente de lo masculino, tanto para no dejarse invadir como para enfrentar al invasor y no tener que encogerse. Necesita de lo masculino para ordenar el exceso de datos y de percepciones que le llegan. En su relación con lo masculino, tiene la función de mantener encendido el fuego del espíritu y la sensibilidad para disfrutar y resarcirle del desgaste que produce el mundo físico.

Lo masculino, sin lo femenino, se queda en un desgaste infinito, una obligación tras otra, un deber tras otro, siempre en acción; solo es incapaz de conectar con el placer de vivir. Deja de cuidarse, se obsesiona. Consiguió encontrar la magia en la ciencia, con sus habilidosos aparatos e inventos; consiguió constatar, por medio de sus artilugios, lo que lo femenino ya conocía a través de su percepción.

Aparte de su potencia mental, lo masculino tiene también la fuerza física. Su función está muy clara: la de defender a la hembra y a las crías, defender el territorio, proveer y proteger y perpetuar la especie. Para ello, está dotado para la lucha, para la fricción, para la competición, el deporte, los negocios.

En una situación ideal, lo femenino se dedica al desarrollo de su percepción, de su intuición, del arte y la creatividad, en un ambiente protegido para desarrollar más y más su contacto extrasensorial. Lo masculino, por su parte, usa su fuerza física para defender el territorio y la camada, provee y proporciona seguridad y firmeza, y recibe a cambio la nutrición, la delicadeza, el cuidado, el amor, el contacto y el calor.

A los pequeños, lo femenino les da el calor del regazo, del contacto físico, el sentimiento y la nutrición; lo masculino, firmeza, fuerza, sentido común y orientación.

Fuera y dentro

El sentido original de las dos energías se pierde cuando, en lugar de complementarse y apoyarse, luchan entre sí, faltándose al respeto. La emoción femenina y el intelecto masculino se protegen uno del otro, en lugar de unirse. El resultado es un campo de batalla. La mujer se venga de su inferioridad física sutilmente, culpabilizando y manipulando; el hombre lo devuelve, invalidando la emoción femenina y amenazando. Como sabemos, llegan a la violencia moral y hasta física.

Todo esto lo mama el niño, que todo lo imita y que todo lo integra. No es de extrañar que el juego destructivo esté a la orden del día, tampoco que lo que buscamos con más ahínco, nuestro complemento, sea tan difícil de encontrar. Solamente comprendiendo la verdadera función de las dos energías y usándolas adecuadamente podremos salir de esta trampa.

Esta relación viciada no se da solo fuera, en nuestras relaciones amorosas, sino también dentro de cada uno de nosotros. Al poseer ambas energías, la mezcla que hemos copiado e introyectado va a determinar cómo somos, cómo nos comportamos, cómo nos relacionamos con el sexo opuesto, con el nuestro propio y con el mundo.

Si las dos energías internas tienen una relación conflictiva, reproduciremos fuera esta relación con nuestra pareja. También puede ser que evitemos tener una relación, por no soportar revivir fuera lo que ya vivimos internamente con tanto conflicto.

Quien tenga una relación interna amorosa y sana, sin duda conseguirá mantener una relación sentimental armónica con otra persona. Querer tener una relación de pareja paradisiaca mientras dentro haya un volcán en erupción es misión imposible, porque experimentamos fuera la relación que tenemos dentro.

Así que reconciliar las dos energías es una labor insoslayable para quien desee un contacto amoroso consigo mismo y con los demás. Integrarlas es la labor más importante de nuestra vida, por la simple razón de que, cuando ambas están fusionadas, entramos en contacto con nuestro verdadero Ser, con nuestra esencia verdadera, la que conecta con la armonía del universo en su estado puro. Esta unidad permite que vivamos amónicamente tanto el aspecto femenino como el masculino, disfrutando y enriqueciendo nuestra vida.

La humanidad, visiblemente, está haciendo este movimiento de aproximación. Al matriarcado sucedió el patriarcado, y ahora caminamos hacia una unificación: cada día es más difícil distinguir un hombre de una mujer, las ropas son cada vez más unisex, al igual que algunos peinados, la manera de pensar y de actuar también se está aproximando más y más.

No se trata de que las mujeres usen la energía masculina para sentirse poderosas, sino que la parte masculina de hombres y mujeres acoja y, sobre todo, valore todo lo que puede aportar lo femenino, dándole el espacio y el respeto que merece.

No quiero dejar de mencionar un tema importante: la sensibilidad femenina. Muchas personas la usan mal. Se cree que ser sensible es ser débil. Confunden una cosa con la otra y usan la sensibilidad para sufrir, no para percibir.

Nuestra alma se nutre de belleza, de delicadeza, de calidez, y es la sensibilidad la que aporta todo eso al alma. Para esto está. No la confundamos con debilidad ni con dolor, pues la persona sensible tiene un don maravilloso siempre que lo use adecuadamente. El alma está para nutrir, no para sufrir. Con ella puedes percibir más allá de la razón, puedes percibir el gran mundo invisible.

El príncipe azul

Para que podamos usar nuestras preciosas energías de una manera más creativa y sana, habrá que tratar lo femenino con la comprensión, el cariño y el respeto que le profesa el príncipe. Nuestro príncipe interno es el único suficientemente fuerte y sabio para manejar el mundo de forma adecuada y, al tiempo, lo suficientemente sensible y delicado para comprender la importancia de la esencia (la princesa).

Por esto mismo, es el único que podrá liberarla de su prisión, en la gruesa torre medieval donde ha tenido que refugiarse debido a su sensibilidad y delicadeza extraordinarias, protegida de nuestro mundo embrutecido. Una torre de gruesas paredes y un cancerbero fiel, el dragón, que no deja que nadie venga a dañar esta delicadísima esencia, que es la sensibilidad humana en su mayor y mejor expresión.

El dragón solo se deja matar por el príncipe, que sabe manejar perfectamente la espada y, además, sabe valorar a la esencia. Él busca su parte femenina, que necesita y añora, para completarse. Es el único que sabrá proteger esta sensibilidad del mundo embrutecido de hoy, tan alejado de lo que es la delicadeza y la pureza.

Cuando se unen el príncipe y la princesa, la combinación es

perfecta porque forman una unidad: esta exquisita sensibilidad y profunda delicadeza junto a la fuerza y habilidad necesarias para afrontar la vida diaria. El dragón es este fiel cancerbero cuya única función es proteger a la princesa, cuidar de la hipersensibilidad de nuestra esencia que, si se expone a la violencia del desamor y la incomprensión, se marchitará como una orquídea al sol caliente del mediodía.

Solo un cuento infantil podía guardar en su seno nuestro sueño más dorado: la unión de lo masculino, firme y protector, con la sensibilidad femenina. Aun así, sigue un malentendido fundamental. Se interpreta la salvación como venida desde fuera, del exterior, y no desde dentro. Es dentro de cada uno donde vive su príncipe y su princesa, en la armonización perfecta de los dos hemisferios: el casamiento de nuestra capacidad divina de tocar el espíritu con nuestro maravilloso potencial para vivir y manejar este mundo material.

Ejercicio 23. Experiencia de las dos energías

Si quieres experimentar las dos energías, te propongo dedicar una tarde a ello. Para vivir lo masculino, lo ideal es ir al campo.

Durante diez minutos corre o camina con gran vigor, tal y como haría un hombre muy viril. Busca un lugar donde te cueste algo llegar, donde tengas que aventurarte un poco, vencer cierto recelo. Dirígete hasta allí con decisión, andando y gesticulando con virilidad y rapidez. Cuando llegues a este lugar de poder, mira el mundo desde tu parte masculina pura y haz una pequeña meditación, sintiendo sus características.

Para sentir lo femenino, comienza poniendo una música suave para sentir en todo tu cuerpo, de parte a parte, cada sensación, cada hueso, cada músculo. Cuando estés totalmente dentro de ti, deja que el cuerpo siga, solo, la música. Atrévete a realizar movimientos suaves, redondos, sensuales. Luego, sin desconectar de tu cuerpo, da un paseo muy lento en el que te tomes tiempo para tocar y observar cada hoja, cada piedra, olerlo todo, escuchar los ruidos, ver todo lo que normalmente no tienes tiempo de observar. Deja que te lleve tu intuición a un lugar donde sientas tu interior y tomes consciencia de las características de tu femenino.

3.3. EL ENAMORAMIENTO Y LAS POLARIDADES

Una fobia al revés

El enamoramiento es una fobia al revés. Para entenderlo, tenemos que comprender primero lo que es una fobia y cómo se origina. Siempre cito un ejemplo que viví personalmente, pues clarifica con sencillez lo que parece complicado.

Un participante de uno de mis grupos, nada más llegar, me comunicó que odiaba las aceitunas y quería saber si las habría en la comida. Tal y como son las cosas, casualmente había aceitunas en la ensalada de aquel día. Decidí ahondar en el tema, y coloqué una aceituna en el plato de aquella persona. Para el asombro de todo el grupo, dio un salto en la silla e hizo un ademán de agredirme.

Al ver la expresión de susto de los colegas, paró en seco y trató de justificarse diciendo que ya me había avisado de que no aguantaba las aceitunas. Le pregunté la razón de aquella reacción. Primero respondió que nunca le había pasado nada relevante con aceitunas. Pero, enseguida, nos contó que su padre cultivaba olivos. Y, como era de esperar, la relación con él era tensa y difícil. Toda la atención que añoraba del padre, que este brindaba al trabajo, a los olivos y a las aceitunas, hizo que la pobre aceituna catalizase la ira y el despecho que nunca se expresaron. Simplemente, el niño que necesitaba y quería a su padre ¡desvió su rabia hacia algo neutro que podía odiar sin peligro! Así funciona el mecanismo fóbico.

En este caso se trataba de rabia y agresividad, en otros casos es miedo o asco. ¡En realidad, lo que hay debajo es amor! La necesidad y añoranza de contacto, comunicación y proximidad, en este caso del padre, se transforma en rabia, despecho y agresividad cuando no es satisfecha.

La famosa polaridad amor-odio, una vez más. Siempre que hay mucho odio, por debajo hay mucho amor… insatisfecho. Aquí, la aceituna actuaba como un imán: catalizaba la rabia reprimida y provocaba una reacción química corporal incontrolable.

Veamos ahora qué ocurre cuando el imán actúa al revés. La atracción física hacia otra persona corresponde también a una reacción química corporal incontrolable, solo que esta vez es placentera.

Tuve la ocasión de tratar a una persona que sentía una fuerte atracción hacia los zapatos negros. Era una fijación que le causaba gran sufrimiento y culpa. Se sentía mal y diferente a los demás, lo que le causaba una enorme dificultad en el trato con la gente. No tardamos en descubrir que había desviado hacia los zapatos el intenso amor y la natural necesidad de contacto físico que sentía de niño con su madre.

La carencia del regazo, del pecho y del calor de su madre tomó la forma, en su inconsciente, de los zapatos negros que ella solía usar. Al crecer, su fobia social le impedía vivir la sexualidad normalmente, lo que transformó la necesidad inocente de amor materno en deseo sexual. Y como esto está prohibido, la energía fue desviada hacia un objeto, como un mal menor. Una vez más, el vacío, la carencia, se tiene que llenar de lo que esté disponible emocionalmente.

Como se ve, la química funciona hacia los dos extremos, siempre para llenar un vacío. En este caso, el puente hacia el vacío de amor eran los zapatos. Pero, en realidad, puede ser cualquier cosa que se haya grabado en el inconsciente: un objeto cualquiera, un color, una ropa, un animal, una mujer o un hombre.

Detrás del símbolo está el sentimiento prohibido: tanto la rabia como el amor que no se pueden expresar. En una ocasión tuve, en el mismo grupo, una persona a quien un gato generaba un enorme miedo, y otra persona para quien el gato constituía un objeto de atracción. Según la historia personal de cada uno, el mismo símbolo puede producir la reacción opuesta.

He usado estos ejemplos extremos para que la comprensión sea clara, pero lo importante es darse cuenta de que estos mecanismos funcionan cotidianamente en todos nosotros, de una forma atenuada. Unas personas nos caen bien, otras mal, estas son pequeñas fobias de rechazo y atracción. El mismo mecanismo, actuando suavemente. Veamos ahora lo que ocurre cuando nos enamoramos. Para comprenderlo, tenemos que exponer primero el tema de las polaridades.

El péndulo y el «no doy»

Imaginemos un péndulo que alcanza su punto máximo de oscilación en los dos puntos extremos, a un lado y al otro. Imaginemos, siguiendo los ejemplos anteriores, que son los puntos máximos de atracción y repulsión. Cuando el péndulo está en el punto medio, siguiendo la ley de la gravedad y en su posición neutral, te encuentras en la posición del amor verdadero. En un lado, se halla el máximo de rechazo, y en el otro, el máximo de atracción. Son las dos posiciones extremas del sentimiento de amor. Ya vimos que el amor no saciado genera añoranza (atracción) que, luego, si no es saciado, se transforma en rabia y frustración (rechazo).

Pero, en realidad, de lo que estamos hablando todo el tiempo es de amor no satisfecho. Para comprender cómo el vacío de amor nos zarandea de un extremo al otro, volvamos a considerar el huevo de Colón, con un pequeño añadido importante. De pequeños, queremos el amor de nuestros padres veinticuatro horas diarias, día tras día. Esto es comprensible, pues el niño está en fase de formación y su sistema nervioso se nutre de energía, o sea, de atención. No se trata de un capricho, sino de una necesidad.

Tal y como está planteada la vida y la organización social, los padres difícilmente puedan proveer todo el tiempo y toda la atención que necesita el niño, pues su mente está poblada de un sinfín de preocupaciones, ocupaciones y planes; tienen que sobrevivir cada día, proveer para sí y para otros, complacer sus propias necesidades insatisfechas, sus añoranzas y sus ambiciones. Consecuentemente, son pocos los casos en que la necesidad de atención del niño pueda ser plenamente saciada.

Esto el niño lo vive como un «no doy» por parte de los padres (visualiza la parte encogida del huevo como un no-doy, y la demanda del niño, como una invasión). No tiene capacidad analítica para comprender la compleja situación en la que viven los adultos, así que simplemente registra la falta, la carencia, el vacío. Pasa a demandar atención del padre o la madre, tratando de llenar esta carencia. No puede ser de otro modo, pues ya vimos que la energía no admite vacíos.

Como también vimos, cuando llega a la adolescencia, el hijo se rebela y se cambia la posición en el huevo. Ahora es él quien rechaza a los padres y su actitud es de «no doy». No hay forma de acercarse a él. Consecuencia: rechaza sin haber resuelto la carencia. Y así llega a la vida adulta.

Originado de esta forma, el «no doy» actúa a cualquier edad y entre cualquier tipo de personas. Como no me diste cuando yo necesitaba, ahora no quiero, no doy. Una actitud típicamente infantil: como no has jugado conmigo, ahora no juego. Cuando me quieres, no quiero. Cuando me rechazas, quiero. Si lo vemos encuadrado en el huevo de Colón, observaremos que estamos prisioneros del imán: la eterna necesidad que tiene el vacío energético de llenarse.

Solamente podemos escapar de ello si no dependemos del otro para sentirnos completos. Como nadie nos ha enseñado a hacerlo, todos seguimos jugando al mismo juego del no doy, inconscientes de lo que estamos haciendo, y la situación se perpetúa indefinidamente.

Como los cuerpos celestes, que si se acercan demasiado chocan y si se alejan demasiado salen del campo de atracción y se pierden en el espacio, pasamos la vida buscando la distancia perfecta con el otro. Si nos acercamos demasiado, sentimos la simbiosis con la madre, que ocurre en la infancia, y nos agobiamos. Como si fuéramos a ser «engullidos» por el otro, como si fuéramos a perdernos en el otro. Si nos alejamos demasiado, aparece el vacío energético y somos fatalmente atraídos de nuevo hacia el otro, víctimas del imán del «no doy». Así, pasamos la vida buscando el punto justo entre la atracción y el rechazo, el punto neutro del péndulo, en el que no sentimos ni la angustia de perder la propia personalidad ni el dolor de la separación y el vacío.

En lo que concierne a nuestro crecimiento espiritual, esta es la función del enamoramiento: ir encontrando el centro del péndulo amoroso. En este punto neutro no hay amenaza. Para los que confunden vida con emociones fuertes, este punto parece aburrido y sin atractivo, y están condenados a pasar la vida basculando desde la atracción simbiótica al rechazo incontrolable. La realidad es que en este lugar neutro hay seguridad. Desde él se puede amar sin peligro, sin perder el propio centro, sin histeria ni sublimaciones.

No hay pasión, sino amor. El amor que puede sentirse sin correr peligro, amando al otro desde el compañerismo y la amistad, sin necesitar del otro para sentirse vivo. Desde ahí, podemos estar enamorados de la vida y hacer del que nos acompaña nuestro objeto de amor, sin perder el equilibrio ni entrar en el juego del no doy.

Ejercicio 24. No doy

Es el momento de reconocer con quién (o quiénes) estás viviendo el «no doy». Cuando lo localices, trata de buscar la alternativa, dar. ¿Qué quiero yo y qué quiere el otro? Si alguien te atosiga, quiere algo de ti. Prueba cómo es darlo. Si sientes que estás continuamente buscando a alguien, en realidad, ¿qué estás buscando? ¿Qué es lo que no te están dando? Ahora tienes una posibilidad de realizar cambios fundamentales en tu vida.

Los opuestos: amor y odio

Es importante señalar que, para dejar de pendular de un lado al otro, primero hace falta conocer los dos extremos. El agredido no puede perdonar al agresor mientras no conozca lo que le pasa. Solo cuando sea capaz de experimentar, en sus entrañas, el incontrolable impulso que siente el agresor podrá entonces comprender lo que está pasando con aquel ser humano.

Para comprender el lado «proscrito», tendremos que ser capaces de aceptar nuestros sentimientos verdaderos, sin juzgarlos ni recriminarnos por ello. Al final, todos somos capaces de sentir lo mismo. Por ejemplo, cuando tenemos delante a alguien que se hace la víctima y juega al «pobrecito yo». Si vemos que tiene recursos de sobra para enfrentar la situación de la que se queja, puede encenderse una chispa sádica en nuestro pecho, pues estamos viendo ante nuestros ojos el reflejo de nuestra propia impotencia. La rabia que se genera es la respuesta energética a cuando nosotros también nos sentimos víctimas de las circunstancias.

Si el otro deja el papel de víctima y asume su lugar, inmediatamente desaparece la agresividad del observador. Al aceptar nuestros sentimientos negados, podremos reconocer profundamente lo que sienten tanto el agredido como el agresor y, al comprender lo que pasa, saldremos de todo este juego autodestructivo. Seremos capaces de adoptar la actitud adecuada a la situación, sin ser atraídos energéticamente hacia ninguno de los extremos.

¿Qué ocurre cuando nos enamoramos? Hay dos características que siempre están presentes. La primera es la de encontrarse «en casa». Como si hubiese algo familiar con el otro, como si se tratara de dos personas que se conocen desde siempre.

De hecho, al analizar el inconsciente de una pareja, siempre he encontrado una situación común, que lo comparten los dos. Esto hace que se tenga la sensación de ser comprendido y aceptado, pues tienen un denominador común energético y emocional. Por ejemplo, si ambos se sintieron abandonados, sufrieron el mismo tipo de pérdida, o una vivencia similar en el colegio, o tuvieron que cambiar de entorno siendo pequeños, o se sintieron marginados y no queridos, o se han rebelado contra las mismas cosas, o han sublimado lo mismo. Los péndulos son infinitos.

La segunda característica es que la reacción ante la situación que comparten ha sido opuesta. Dicho de otra forma: ¡que cada uno esté del lado contrario del péndulo! Para darse cuenta de la importancia de esto, recordemos que hay una tendencia innata al equilibrio, una sempiterna búsqueda de llegar al punto medio del péndulo, para estar en sí mismo y conocer el propio Ser.

Por ejemplo, si ante una situación de abandono he reaccionado cerrándome, es fácil comprender que mi Ser esté anhelando con toda su intensidad equilibrar este péndulo, pues mi actitud cerrada es vivida como una prisión dolorosa y asfixiante. Cuando encuentro a una persona que, en las mismas circunstancias, ha tenido una actitud abierta y extravertida, tengo delante de mí lo que está anhelando mi alma, y mi necesidad de incorporar esta forma de ser provocará una atracción incontrolable.

Como el sediento, perdido en el desierto, que vislumbra, de repente, una jarra de agua fresca y cristalina. La atracción es incontrolable. ¡Me he enamorado! Naturalmente, lo mismo ocurre con el extravertido, que anhela controlarse, cerrar la compuerta siempre abierta. En resumen, si he tenido algún tipo de privación, emocional, social o educativa, y descubro lo que me falta encarnado en una persona, es natural que todo mi impulso de vida y plenitud me lleven, con todo su ímpetu, hacia aquel ser humano… El grado de la pasión dependerá del grado de la necesidad. ¿Te suena?

Ejercicio 25. Pasiones y atracciones

Es hora de analizar bajo este prisma tus pasiones o atracciones, principalmente si no son correspondidas. Si disfrutas de una buena relación amorosa, tener claridad no es una amenaza, sino que, al revés, fortalece el vínculo, pues aumenta la comprensión.

El tamaño del amor

Otra cosa importante es darse cuenta del tamaño de tu amor. Puede parecer un concepto raro, pero es muy fácil de entender y también muy importante tenerlo en cuenta. Estar atento a este límite evita mucho desgaste innecesario y muchos esfuerzos inútiles.

Me di cuenta del tamaño de mi amor por algo que ocurrió en un taller que impartía. Una alumna, que era catedrática y sin duda tenía un cerebro muy preparado científicamente, mostró una actitud de provocación hacia mí desde que llegó. Era físicamente muy pequeñita y en cuanto la vi me despertó una especie de cariño maternal, porque se percibía no solamente una fragilidad física, sino también emocional. Era una de estas personas que despiertan en ti ganas de cogerlas en brazos, acomodarlas en el regazo y consolarlas.

Cada vez que me retaba, sentía más y más su fragilidad y su carencia, de forma que su juego de confrontación no me molestaba para nada, al revés, aumentaba mis ganas de consolarla. Yo no tenía la menor reacción emocional, me parecía una niña queriendo atención, y nada más. Además, estaba dispuesta a dársela. El resto del grupo se daba cuenta de su actitud y estaba un poco asombrado de que yo no reaccionara.

Esto siguió durante toda la mañana, sin alterar el funcionamiento normal del grupo. Comimos para darnos una pausa y retomamos el trabajo unas horas después. Empecé a dar la clase y cuando la miraba ya notaba una cierta distancia, ya no sentía la misma sensación amorosa de antes. En un momento dado, hizo un comentario que me pareció que traspasaba todos los límites. La miré fijamente. Ya no veía una niñita frágil y carente, sino una adulta soberbia, testaruda, limitada y pesada. En este momento, me di cuenta de que se me había acabado el amor por ella. Había rebasado el tamaño de mi amor. Lógicamente, le dije que la puerta estaba ahí, abierta para que se fuera si no estaba contenta con lo que se impartía allí. Su reacción fue callarse y no volvió a importunar.

La cosa es que esta alumna me enseñó una gran lección. Aprendí que el amor tiene un tamaño y que, si lo rebasas, se transforma en otra cosa. Fue tan nítida la experiencia que no pude dejar de recordar todas las veces en que permití que se pasasen de la raya sin que yo reaccionara. Me di cuenta perfectamente de que puedes aguantar muchas cosas por amor, pero que hay un momento concreto en que el sentimiento se transforma, deja de ser amoroso, y que, a partir de ahí, seguir aguantando es una hipocresía, que, por otra parte, es muy dañina para todos.

En este caso, no era una persona íntima, ni siquiera amiga. Pero estas cosas ocurren en tus relaciones personales, sociales, de trabajo. ¿Cuántas veces empiezas con cariño y acabas aguantando, enfadada por dentro? Si eres honesta y estás atenta, vas a ver que este momento de cambio se da y que te pasa con las personas que más quieres. Inclusive con los hijos. ¡Hay un momento en que ya basta! Es cuando sueles perder los papeles para luego arrepentirte y culpabilizarte.

Ser consciente de este cambio emocional es importantísimo. Porque a partir de este momento, ya no hay nutrición energética. Cambia el ambiente y ninguno de los dos puede seguir disfrutando de la compañía del otro. Si desconsideras esta barrera, se pierde todo lo que se ha ganado en los momentos armónicos. Tener consciencia de la importancia de estos momentos y actuar en consecuencia va a ahorrarte un número enorme de sacrificios infructíferos.

Si haces un esfuerzo gigante para seguir siendo buena madre, en realidad estás creando un vínculo neurótico con tus hijos. Si te callas ante tu pareja, estarás creando una relación falsa, de la que, antes o después, la pareja se va a resentir. Si tragas demasiado ante tu jefe, el trabajo pasará a ser una tortura para ti. Si lo haces ante tus padres, estarás repitiendo un comportamiento infantil. Si lo haces con los amigos, acabarán faltándote al respeto.

Con esto no quiero decir que explotes y tengas una reacción desproporcionada. La calma es importante y las palabras usadas también. El otro percibe perfectamente desde qué lugar interno pones el límite. Si lo haces desde la rabia, mejor dar un tiempo y hablar en otro momento. Si te sientes víctima, tampoco es el momento propicio. Si no encuentras las palabras, elabóralas con cuidado y tiempo. En estos momentos de establecer límites, las formas tienen más importancia de lo que parece, pues van a provocar una reacción u otra.

También hay circunstancias diferentes, no siempre hay posibilidad de hablar. Puede ser una autoridad o alguien de quien dependas. No estoy sugiriendo que tengas que tomar una actitud en el momento, sino que tomes nota de tu cambio de sentimiento, que te está indicando que aquello ya no está siendo nutritivo ni conveniente para nadie. Solo con darte cuenta de que el amor ya no está, te permite medir su tamaño y obrar en consecuencia cuando puedas y sea conveniente.

Una recomendación que no tiene precio: empieza a estar atenta al momento en que cambia tu sentimiento y atrévete a ser honesta y actuar en concordancia con el mismo. Aumentará el respeto que sientes hacia ti misma y también el respeto de los demás.

3.4. LA ENERGÍA SEXUAL, VITAL, ESPIRITUAL

Nuestra herencia divina

Los yoguis ya enseñaban que la misma energía que sirve para generar vida es la misma que da salud y, también, la que nos lleva al espíritu. En España está el ejemplo de santa Teresa, cuyas experiencias místicas están ampliamente difundidas: experiencias de levitación y de éxtasis que corresponden a un enorme erotismo (entendiendo eros como energía vital), no siempre placentero, dirigido a la búsqueda de lo divino.

Esta misma energía es la responsable de la salud del cuerpo humano. Y no es difícil de comprender que así sea, pues cuando la energía circula, todas las células están vitales y oxigenadas, cumpliendo su función. Si la energía vital se atasca, habrá una habitación siempre cerrada donde se acumula polvo y basura. Ahí se instala el tánatos, la energía de muerte, lo estancado, lo parado, lo que se densifica y es el contrapunto de la vida.

Así que esta energía situada en la base de la columna, que los hindúes llaman «kundalini», es la responsable tanto de la salud como de la sexualidad y de la espiritualidad. Dirigida hacia nuestros centros superiores, nos lleva a la vida mística, al encuentro con lo sutil. El yoga, de hecho, posee una fórmula para alcanzar estados sutiles de consciencia que proporcionan un dominio enorme sobre el cuerpo y la mente. Su resultado se ha comprobado a través de miles de personas a lo largo de los siglos. Una práctica que produce, indefectiblemente, los resultados descritos, como una combinación química.

Para nosotros, los occidentales, tiene un grave inconveniente: se basa en el esfuerzo y la disciplina. Permitirse un devaneo significa volver a empezar. Esto no nos gusta mucho. Nos encantan los inventos para ahorrar trabajo y esfuerzo. Ponemos un enorme empeño en ganar el dinero para conseguir los artilugios, pero para el dominio de nuestro interior no hemos creado el necesario hábito de la perseverancia.

Podemos dedicar años de nuestra vida a aprender oficios, pero solemos dejar el dominio de nuestra mente, nuestro cuerpo y nuestras emociones en manos de pastillas y medicamentos. Se habla mucho del yoga, pero en serio lo practican pocos.

Según estos antiquísimos sabios meditadores, la energía corre desde la base de la columna por tres canales que siguen la columna vertebral. En el central, están todas las grabaciones de nuestras experiencias vividas en la infancia y la vida adulta y, también, según ellos, los recuerdos de otras vidas. A su lado, fluyen paralelos otros dos canales energéticos, que corresponden a nuestra energía masculina de acción y la femenina de contemplación. Nuestra vida transcurre básicamente en estos dos canales, en los que saltamos de la acción al descanso, de la actividad diaria al sueño nocturno.

Cuando ambos canales se unifican, la energía sube por el canal central y va borrando las grabaciones y las memorias ancestrales. Es cuando el Ser se libera de sus condicionamientos y limitaciones. Sus técnicas tienen la función de hacer que esta poderosísima energía vital limpie nuestros automatismos repetitivos, abriendo una enorme compuerta de energía vital. Repiten, una y otra vez, que esta limpieza debe ocurrir paso a paso, sin prisas ni pausas, pues el caudal energético es tan poderoso que su manejo exige un aprendizaje cauto y lento.

Las consecuencias de una incursión irresponsable en tal bomba energética pueden ser muy nocivas. Sin embargo, aunque haya que ir con cuidado, este es nuestro legado, nuestra herencia para ser felices. Una herencia que hay que aprender a manejar con el máximo respeto.

El peligro del tabú

Hace tiempo aventuré la teoría de que, si esta energía es la que borra las huellas de las experiencias más fuertes, ¡será también la que las fija! En Occidente, se la denomina de forma bastante burda y poco matizada como energía sexual. En realidad, se trata de nuestra energía vital, que se puede manifestar de muchas maneras, entre ellas la sexual.

Llamémosla como la llamemos, es sabido que, en el crecimiento normal de un niño, esta energía pasa por algunas etapas de mayor efervescencia. Estas fases son involuntarias y tienen un efecto energético en el entorno, aunque no tomemos consciencia de ello. Igual que cuando las hembras de los animales entran en celo provocan una reacción en los machos, también estas crestas energéticas influyen en los seres humanos de alrededor.

Nuestros innumerables tabúes y la información deformada que gira alrededor del sexo hacen que, con tal de no correr el peligro de sentir lo que está prohibido, hayamos dejado de sentir estas crestas energéticas. ¡Hemos abotargado parte de nuestros sentimientos y de nuestra sensibilidad por miedo a sentir lo que está condenado!

Es evidente que, continuamente, desde que nace un nuevo ser, la energía vital está fluyendo entre sus padres y él. Es una enorme energía amorosa que embarga hasta a las personas más alejadas de su corazón y de su sensibilidad.

Los hombres, en nuestra cultura, tenían un inconveniente

manejo de la sensibilidad, porque ser hombre parecía conllevar la no expresión de los sentimientos. Con esto, nuestra cultura creaba hombres inexpresivos que se avergonzaban de sus emociones y de sus debilidades.

Felizmente las nuevas generaciones parecen haberse quitado de encima este «sambenito», al menos parcialmente. Como, sin embargo, el amor tiene que salir por algún sitio, hay hombres que solo saben expresar el amor corporalmente, a través del deseo y del acto físico de hacer el amor. ¡Así pueden liberar la ansiedad de no poder expresar ternura y amor!

Veamos lo que pasa cuando un hombre que ha pasado por esta «escuela» tiene una hija. Es muy común que le prodigue toda la ternura guardada, creando un contacto profundo, pues ahora tiene permiso para expresar su parte delicada. ¡Aquí no está prohibido! Sin embargo, cuando la niña comienza a transformarse en mujer, desarrolla los pechos y empiezan a perfilarse sus contornos y caderas, en uno de los momentos en que la energía vital, sexual y espiritual entra en mayor efervescencia, naturalmente el padre lo capta y se asusta de la posible atracción que pueda sentir.

Posiblemente se aleje de la hija, por miedo a sentir una reacción física que sus tabúes no le permiten. Si antes la tocaba y acariciaba, ahora lo evita. Al no saber lo que se esconde bajo este cambio de actitud, el mensaje que la niña recibe es que hacerse mujer significa rechazo, que ser mayor es peligroso, que ser hembra significa abandono. Puede, entonces, perpetuar un comportamiento infantil buscando la relación anterior con el padre, o entrar en un estado de rebeldía crónico al sentirse tratada de forma incomprensible.

Esto pasa justamente en la adolescencia, un momento ya de por sí difícil, cuando la joven hembra semiadulta recibe el rechazo del hombre más importante de su vida. Este es un caso que se da muy a menudo en nuestra sociedad. En estos momentos adolescentes tan desafiantes, la mente está insegura y abierta, de modo que el rechazo se fija con todo este potencial volcánico. El resultado son mujeres que se sienten atraídas por hombres que las rechazan, recreando así lo que han vivido con su padre.

Una variante de este mecanismo es el «no conseguir lo que quiero realmente». Es muy común ver cómo personas que tienen todo para ser felices, en lugar de valorar sus estupendas parejas, buscan defectos en ellas y viven sus relaciones sentimentales de forma conflictiva, incluso es posible que les pongan fin abruptamente. El origen de esto está en querer que el compañero llene un hueco que nunca podrá llenar, porque corresponde a un vacío dejado en la infancia. Solo podrá llenarlo consigo misma, cuidándose y amándose.

Las primeras experiencias

Las primeras experiencias vividas con el sexo son tan importantes debido a su intensidad. Es una información de alta trascendencia para la vida sexual del futuro adulto. La excitación de lo desconocido y de lo misterioso, añadida al momento energético álgido, harán que existan altas probabilidades de que se den grabaciones muy fuertes, que llevará al inconsciente la información de lo que es la sexualidad y cómo vivirla.

El cuerpo, que todo lo graba, registrará estas primeras informaciones eróticas, que van a ser referentes para la futura forma de reaccionar, las preferencias y los deseos sexuales, y llevarán a la persona a una sexualidad sana o morbosa. Además, son grabaciones muy nucleares, que van a determinar los mecanismos de defensa encargados de proteger su parte más delicada e íntima.

En mi práctica, siempre me ha asombrado el número altísimo de mujeres que han sufrido abusos sexuales. Es el caso contrario al descrito en el apartado anterior, cuando el padre se aleja. Aquí, el adulto o el hermano o el primo mayor no se aleja, sino que sigue su impulso ante el púber (o el niño). El porcentaje es tan chocantemente alto que da mucho que pensar sobre la salud de la sexualidad occidental.

Consciente de la influencia de estas primeras experiencias sobre la futura vida sexual y también sentimental, he podido trazar asombrosos paralelos. La mayoría de las mujeres lo esconden o se avergüenzan, aunque también algunas quitan importancia al hecho, negándose a ver su trascendencia. La mayor dificultad está en sacar a la luz los sentimientos envueltos en la experiencia. Puede que se sienta una enorme repulsa a revivir aquello, a veces por haberlo permitido (aunque fuera una niña pequeña), y otras, por admitir que, entre otras muchas cosas, experimentó placer.

Revivir la experiencia y lo que sintió puede dar mucha claridad sobre sus reacciones más instintivas. Una mujer que había sido tocada y besada, pero no penetrada, descubrió que la no penetración había sido vivida, en realidad, como un rechazo, con lo que se creó un enorme conflicto inconsciente con la penetración y la figura del hombre. Sin haberse dado cuenta, evitaba todas las situaciones que pudieran terminar en penetración, lo que, al tiempo, era su gran añoranza; hasta que, por fin, terminó entablando relaciones homosexuales.

En cambio, una mujer cuyo padre la había forzado al coito continuadamente carecía de cualquier inhibición sexual, pero había desarrollado, como protección, una descomunal gordura, con la que trataba de mantener alejados a los hombres. Otra mujer se había bloqueado completamente con su marido cuando este le pidió relaciones de tipo oral, abuso que sufrió en su niñez. Los casos son interminables, pero el denominador común suele ser la exageración o la negación de su importancia y también la dificultad en admitir el placer de ser vista, querida y tocada.

Hay casos de mujeres incapaces de cualquier tipo de aproximación al hombre por una experiencia traumática de abuso. En mi experiencia, la sensación de asco suele tener relación con un tema sexual. También innumerables experiencias con desconocidos colorean la sexualidad de asco y suciedad. Todas estas experiencias están en la base de tendencias e inclinaciones sexuales.

Si hay algo sensible a las grabaciones, eso es la química corporal, el deseo sexual. Quien ha tenido sus primeras experiencias de forma escondida y oscura, tendrá mucha dificultad en transformar esta conducta. La sensualidad, que es una manifestación física de la sensibilidad, limpia, placentera e inocente en su origen, suele cargar con todo lo que es ajeno a la pureza.

Así se escribe la historia: hemos perdido nuestra herencia natural concedida por la creación de sentir el placer físico puro por medio de los sentidos, los olores, los sabores, la piel, el movimiento, la danza… y el coito. Nuestra forma de pensar ha teñido casi todo de morbo.

Ejercicio 26. Primeras experiencias

Toca, ahora, recordar tu primera experiencia sexual, lector. No solo el acto completo, sino también los primeros contactos con el cuerpo de otro. Busca cómo ha influido en la manera en que tienes de vivir tu sexualidad hoy.

La otra cara del morbo

También el morbo tiene su función, como todo en este mundo. Si lo vemos como un péndulo nuevamente, el péndulo de la inocencia, el morbo está al otro lado de la pureza. Esta pureza es nuestra mayor añoranza, es la ausencia de culpa y pecado, el estado natural en el que viven los niños y los animales.

Si bien parece una contradicción, la forma de pensar adulta

acaba siendo morbosa, aunque nuestra alma añore la pureza. Sin el morbo, seríamos como niños desprotegidos, en un bosque lleno de leones y tigres que nos pueden matar para saciar su hambre. El mundo en que vivimos corresponde a este bosque, donde hay violadores, sátiros y sádicos, donde el más grande se come al más chico.

Aunque deseemos nuestra parte angelical, estamos en un entorno animal. Aquí, no podemos vivir despreocupados, como si estuviéramos en el jardín del edén, pues simplemente no sobreviviríamos. Por eso, hubo que comer la manzana del árbol del bien y del mal, por eso hemos sido expulsados de la inocencia de la infancia para aprender por nosotros mismos a escoger y poder optar. Al menos aquí, la pureza tiene necesariamente que ir acompañada de su otro extremo.

Somos medio ángeles y medio animales. Nuestra parte animal y el cuerpo tienen sus necesidades, que tienen que ser satisfechas. Nuestra mente, única entre los seres de la creación, nos permite cuidar del alma y del cuerpo, y vivir en este mundo dual. Aquí radica la maravilla y también el problema. Tenemos que compaginar este poder enorme de creación que existe en nuestra mente con el cuerpo y su supervivencia.

Cargamos con algo tan ancestral como el miedo a la noche y a los depredadores, con milenios aguantando el calor y el frío, buscando la caza para comer y el cobijo para protegerse. Al mismo tiempo, tenemos que compaginar todo esto con la delicada exquisitez del alma. Son nuestras dos verdades y no podemos fallar a ninguna. En el abismo entre las dos, es donde nos perdemos.

Aquí entra nuestro libre albedrío: podemos usar nuestra mente para reconstruir lo que se ha destruido o para perpetuar el mal uso de lo más bonito que tenemos, nuestra pureza. Tanto a nivel personal como a nivel colectivo. ¡Tenemos todas las posibilidades para clarificar malentendidos!

¿Qué añora realmente el violador que busca en los niños la

satisfacción de sus deseos más oscuros, el personaje más repudiado del género humano? ¿Qué busca el asesino? ¿Qué hay por debajo de estas degeneraciones de la condición humana?

La ignorancia de cómo funciona nuestra psique (que en griego significa «alma») es la causa de todos estos malentendidos que se transforman en maldad. Los niños son malos sin morbo, no tienen el menor problema en decirte: «¡Qué feo eres!». ¡Se quedan tan tranquilos!, ya que no se culpabilizan por decir la verdad, ni tienen miedo de seguir sus impulsos, como los animales.

En estos retorcidos malentendidos de la ética y la culpa es donde el morbo tiene su caldo de cultivo. Por ello, no tenemos más remedio que salir de esta ancestral ignorancia que da origen al mal. Los tiempos nos lo están pidiendo a gritos, y no vamos a tener más remedio que hacerlo, si no queremos sucumbir en un mundo dominado por el resentimiento y la violencia.

En la naturaleza, donde todas las reglas son confirmadas por su excepción, también hay animales que se degeneran, que se neurotizan. El hombre cae en su propia trampa, y nuestra sociedad, que tiene todo para hacer de la Tierra un paraíso, ha creado una sociedad que alimenta la autodestrucción.

La belleza del sexo es usada para premiar o castigar, para saciar carencias ocultas; se transforma en poder. El dinero, un mero instrumento neutro con una finalidad de ajustar y equilibrar, se transforma en un fin en sí mismo, en una forma de obtener todos los sustitutos del amor. El poder sustituye al amor. El morbo sustituye a la inocencia.

Hace poco una médica me contó que hace unos años se hizo un estudio sobre el cáncer de próstata, con una muestra grande de hombres, todos fallecidos a causa de otras enfermedades. Se constató que más del 90 por ciento de estos hombres padecían cáncer de próstata. Este asombroso porcentaje me dejó estupefacta, pues no creo que exista ninguna enfermedad que tenga una extensión de este calibre. No deja de venir a mi mente si la magnitud de esta dolencia no estará relacionada con la forma distorsionada en que nuestra sociedad se relaciona con el sexo.

Algunos médicos suelen afirmar que antes o después todos los varones han de padecerlo. Como no puedo dejar de tener una visión psicológica de los acontecimientos, no dejo de pensar que debe de haber una relación directa de este tipo de cáncer con el mal uso de la energía sexual, que tiene un origen sagrado, independientemente de lo que se haga con ella.

Ejercicio 27. El morbo

Si quieres, es el momento de encarar tu propio morbo. No es fácil, pero puede ser muy liberador. Presta atención a si estás honrando el origen sagrado de todas las energías, sobre todo la sexual. Considera cuánto respeto tienes por ella y qué uso haces de ella.

3.5. LAS EXTRAÑAS CARAS DEL AMOR

El gran espejismo

Una vez tuve la ocasión de preguntarle a un asesino por qué mataba. Trató de explicarme que la sangre le daba una especie de excitación, era el único momento en que se sentía vivo. Esto me recordó a una mujer que me relataba su experiencia al dar a luz. Sentía también una enorme excitación al ver la sangre, pues se daba cuenta de que el niño se había formado a través de ella, que era el origen de la vida de su bebé.

De hecho, estamos vivos gracias a la sangre, que lleva oxígeno y nutrición a cada célula de nuestro cuerpo. Es, pues, un símbolo perfecto de vida. El asesino lo vive de una forma destructiva; la parturienta, de una forma constructiva. Pero se trata, en realidad, de los dos extremos de un mismo tema llamado vida. Para estas dos personas, sangre significa vida y, por esto, tenían la misma reacción física, aun tratándose de actos tan contrarios.

¿Qué sentiría nuestro cuerpo si tuviéramos las mismas grabaciones del asesino? ¿Podríamos vencer este impulso si tuviéramos exactamente la misma información psíquica? Esta pregunta felizmente nunca tendrá respuesta, pero afirmar que actuaríamos de otra forma es aventurarse demasiado.

Lo que está claro es que, dentro de todos nosotros, neuróticos o no, hay una necesidad básica y arrolladora de sentirnos vivos, vibrantes de energía vital. Cuando no nos sentimos así, estamos cansados, depresivos, irritados, insatisfechos. Cuando sentimos la vida fluyendo por el cuerpo, rebosamos de felicidad, y hay para repartir.

Si una persona tiene su información psíquica tan desencaminada que solamente consigue sentirse vivo realizando actos innobles, esto no lo cambia el hecho de que sea su manera de conseguir lo que todos estamos buscando y deseando.

Esta sensación de sentirse vivo y el amor son sinónimos. La diferencia que le atribuimos es que solemos identificar el amor con otra persona. La realidad es que sentir amor por alguien nos lleva a la sensación de estar vivo a través de esta persona, que está representando algo que añoramos y creemos que nos falta.

Mientras estemos bajo estos efectos hipnóticos, no vemos nada más que perfección en el ser amado. No tenemos tiempo de ver sus otras facetas, seguramente mucho menos acordes con nuestras necesidades y que nos esperan a la vuelta de la esquina. No queremos soltar el sueño de que nos complete otro, ni la sensación corporal que nos reporta el amor por el otro.

La mañana es preciosa, los obstáculos no son insalvables, las personas son amables, la vida es deliciosa. ¡Estoy amando! Cuando tocamos al ser amado, todo el cuerpo experimenta un frenesí de sensaciones. Cuando el contacto es erótico, el orgasmo proporciona la sensación que más se puede parecer a la comunión con otro ser humano. Parece que desaparecieron las distancias, que no hay separación.

Pero se trata de una ilusión. Los cuerpos enseguida se separan, el otro vuelve a ser él en su propio mundo, que creemos conocer, pero que puede proporcionarnos una sorpresa en cualquier momento. Estoy de nuevo solo.

Siento decepcionarte, pero ha sido un espejismo. Lo que ha quedado es el recuerdo de vivir intensamente y la comunión con el otro. Por tratar de mantener esta vibración, nos hacemos posesivos, celosos, vendemos nuestra alma al diablo. Pero el momento ha pasado y la realidad es que, si buscamos sentirnos vivos por medio de otro, no hay gran futuro para nuestra felicidad.

Soltar esta ilusión es lo que más cuesta al ser humano. Cuesta asumir que la salvación solo está en nuestras propias manos. Esto no quita que gocemos y compartamos nuestra vida con otro, pero es imprescindible no engañarnos, no creer en espejismos, tampoco crear pseudofelicidades que nos distraigan y retrasen el encuentro con la verdadera dicha. ¡La humanidad necesita de todos nosotros en estos momentos!

Violadores violados

Los personajes más repudiados de nuestro código ético buscan su felicidad igual que nosotros. También buscan sentirse vivos, aunque sean víctimas de los espejismos más atroces, de los grandes engaños del morbo. ¿Qué pasa con el violador? Seguramente él mismo fue también violado. El abuso que padeció pudo darse en cualquier área, pero alguna conexión neuronal lo traslada a la sexualidad. Puestos a investigar, siempre aparece el vínculo que explica a la perfección por qué un ser actúa de determinada manera.

Está claro que, como todos, repite lo que vivió en un mismo contexto o en otro, recreando, como suele ser, lo que quedó grabado a fuego en su inconsciente. El violador de menores, este ser que los propios criminales repudian y castigan, está buscando una parte suya perdida en el tiempo, su parte infantil y pura. Sin conocer siquiera sus verdaderos motivos, ansía reencontrarla a través de alguien cuya pureza le atrae de forma incontrolada. Al creerse indigno de este estado puro que tanto necesita su alma, lo mancilla y viola. No aguanta ver fuera lo que tanto añora dentro. Aun escondida bajo el despecho y el resentimiento, hay una retorcida forma de amor.

No soportamos ver aquello que añoramos cuando nos parece inaccesible. Hace unos años estuve en Israel y comprendí, independientemente de las implicaciones religiosas, por qué razón psicológica los romanos torturaron y mataron a Jesús. Los romanos representaban el culto a lo masculino. Seguían compulsivamente hacia delante; no podían siquiera administrar todo lo que ya habían conquistado, pero no podían parar, tal y como corresponde a la energía masculina pura. Sus entrenamientos físicos eran de tal calibre que los de los actuales «marines» americanos parecen meros juegos de niños. Llegaban a enfrentarse a fieras, en un estado de poder físico que solamente se consigue cuando se alcanzan estados alterados de consciencia. Como los místicos tántricos, que se enfrentaban a tigres. Por eso, echaban a los cristianos a los leones; si su Dios era tan poderoso, ¡deberían poder hacer lo mismo que hacían sus soldados! Naturalmente, su parte femenina estaba abandonada, aplastada, pues toda su energía se iba en la fuerza y en la destreza físicas.

Cuando apareció un hombre hablando del amor y del alma, no pudieron aguantarlo. Su alma aplastada no pudo soportar el renacer del amor. Y fueron a por él. Tal y como hace el violador cuando mancha y no respeta la pureza del niño. El violador, de hecho, siente amor por el niño que viola, aunque le haga un daño irreparable. Está amando una parte suya, a través de aquel pequeño e inocente ser. Una parte tan inaccesible para él, que la busca de esta forma retorcida. Añoranzas ocultas del alma, que nos hacen enmascarar el amor de las formas más inverosímiles.

Todos nosotros tenemos alguna forma extraña de amar, no tan evidente y radical, pero no por ello menos dañina. Detrás de los comportamientos más despreciables, destructivos y mezquinos hay siempre una añoranza del alma o un afán de protección mal entendida hacia los seres que más amamos. Se trata siempre de una búsqueda de plenitud y de vida. Es el caso del padre que golpeaba a su hija en la cabeza, creyendo que con esto la hacía recia y dura. Tenía tal dificultad para amar que ella tiene que tropezar ¡para poder caer en sus brazos!

Traté otro caso parecido: una madre que daba palizas diarias a su hijo, compulsivamente. Otro caso es el de un artista muy dotado que criticaba continuamente las obras de sus hijos. Como para él su talento había sido una pesadilla, por debajo de sus críticas estaba el tratar de evitar que sus hijos cayeran en la misma «trampa». De hecho, el hijo más criticado y atacado suele ser el más amado. Al no saber expresar el amor de forma directa y a través del corazón, buscamos inconscientemente el contacto, que adopta las formas más insólitas. Son formas de contacto y comunicación muy peculiares, son extrañas maneras de amar. Al no conseguir asumir la propia incapacidad, criticamos al otro, lo invalidamos, dirigimos nuestra agresión al otro. Pero, como también ya mencioné anteriormente, mostramos nuestras caras más feas a los que más amamos, en los que más confiamos, pues sabemos que nos van a perdonar. Una persona amabilísima y correcta en su trato social mostraba su ira y su frustración con el marido, al que llegaba a golpear y amenazar entre las cuatro paredes de su intimidad. Confiaba lo suficiente en su amor como para enseñarle su parte más fea.

Compraventa de motos

Está en tu mano practicar formas verdaderas de amor. Ten por seguro que el otro no dispone en su repertorio de una manera mejor de expresar que te quiere, no le han enseñado la manera que tú demandas y te gustaría. En realidad, tampoco tiene nada claro lo que está haciendo, pues está obnubilado por su propia inconsciencia. ¡Te toca a ti ver más allá!

Unas palabras claras y amorosas pueden hacer milagros en estos momentos; llamar al juego por su nombre, exponer claramente lo que está ocurriendo en la oscuridad. Para ello, hace falta no caer en el juego energético y mantener la claridad.

Si alguien te está queriendo «vender» la energía que no consigue elaborar, tratando de que te quedes con su ira, su frustración y su culpa, ¡no «compres su moto»! ¡Te lo agradecerá! Si caes en su juego, sentirás su misma ira, su misma frustración, que tratarás de devolverle, y os quedaréis ambos atrapados en un toma y daca inacabable.

La persona que quiere invadir tu campo energético está tan desesperada por no poder dejar de hacerlo como tú de que te invadan. De nuevo, tienes que apelar a tu energía masculina para que un sonoro «no» defienda la frontera. Necesitas una decisión firme y total para no caer en juegos ajenos.

Una vez que te atrapa el imán del vacío energético, te puede su fuerza y te ahogas en el remolino. También necesitarás un sonoro «no» ante la tentación de pasar adelante tu propia energía de rabia y frustración. ¡No te permitas vender tu moto estropeada a alguien querido! Si lo haces, perpetúas el juego de la irresponsabilidad. Esto hay que tenerlo en cuenta permanentemente, si quieres cambiar la calidad de tu vida.

Para no caer en la trampa, necesitamos de las dos energías de las que disponemos y, además, comprender, visceralmente, cuál es la función de cada una de ellas. Hace falta desarrollarlas para que puedan cumplir su parte. Hace falta soltar todo el resentimiento secular del hombre contra la mujer y de la mujer contra el hombre. Para poder estar enteros y completos, es necesario que impere la paz entre nuestra energía femenina y masculina.

Cada una debe estar lo suficientemente fuerte y tranquila como para confiar en la otra y poder, juntas, ponerse en acción. Necesitamos del masculino para poner las cosas en su lugar y para que exista respeto mutuo. Necesitamos del femenino para captar la verdad que se esconde bajo las apariencias y ejercer la delicadeza y el respeto congénitos al amor. Solo así el «huevo» interno estará lleno de sí mismo.

En este momento, ya no hay lugar para sublimaciones ni para irrealidades, resentimientos ni pérdidas de tiempo. ¡Estás en ti, completo, saboreando el momento presente, viviendo! No estarás llamando a nadie, energéticamente, para que te invada y agreda, ni tendrás la tentación de hacerlo tú.

Naturalmente, sin mediar palabra, se acercarán a ti aquellos que se encuentren en el mismo estado de entereza. Atraerás a seres responsables y conscientes, que no necesitan echar a los demás su «rollo», ni aceptan cargar con lo que no es suyo. ¡Entonces el amor tendrá cara de amor!

Ejercicio 28. Extraño amor

¿Cuál es tu forma extraña de demostrar amor? Es importante que la encuentres, porque bajo esta manera distorsionada se esconde el amor verdadero.

El drama de ser feliz

¡Es importantísimo descubrir qué cantidad de amor eres capaz de aguantar! Es bastante común que las grabaciones de desamor nos hagan destruir la armonía interior cuando finalmente la logramos. ¡La felicidad dispara, en algunas personas, un afán de destrucción!

No tenemos el hábito de estar bien. En la vida cotidiana solemos cortar nuestro bienestar sin el menor respeto: una llamada de teléfono inoportuna, la ansiedad de entrar en acción, una preocupación… De alguna forma, acabamos con la paz. Añoramos estar bien y, cuando lo logramos, lo cortamos para nunca llegar al objetivo. ¿Por qué hacemos esto?

Somos esclavos de nuestros hábitos. Si creamos el hábito de estar tensos, infelices o recelosos, este estado de ánimo va a acabar siendo repetitivo y se va a instalar en el sistema. Para cambiar este vicio emocional, habrá que crear otro hábito, más saludable y placentero. Hacerlo requiere un cierto esfuerzo, volver y volver al bienestar, hasta que se haga crónico. Hay que querer hacer el esfuerzo de acostumbrar al sistema nervioso a estar a gusto.

Aparte de crear un hábito nuevo, también tenemos grabaciones que nos incitan a cortar el bienestar. Ya vimos que, cuando se graba en el inconsciente un impacto emocional fuerte cortando algo placentero, de lo que estabas disfrutando, luego no hace falta que nada externo ocurra, ya lo repetimos por nuestra cuenta. Estas suelen ser grabaciones potentes. Cuando esto ocurre, al sentirse bien, la persona ya está tensa, esperando que algo desagradable ocurra.

Por ejemplo, un momento alegre y vital que es cortado de forma brusca e inesperada, un juego divertido que se interrumpe de forma traumatizante. La madre, corriendo detrás de nosotros, que se cae, se hace daño y nos sentimos culpables. Estar haciendo algo, inocentemente, y ser criticado, sin entender por qué. Estar tranquilamente tomando el sol y ser recriminado. Grabaciones que nos enseñan que es peligroso estar relajado, que la felicidad acaba en castigo, que seguir el propio impulso es un riesgo. En una palabra: ¡que ser feliz es peligroso!

Por estas razones, decimos que ser feliz es una decisión. Una decisión que conlleva el esfuerzo de crear un estado crónico de bienestar: cuando la vida te zarandea y lo pierdes, ser capaz de volver a él, una y otra vez, hasta que ocurra de forma natural. Ello exige un trabajo interno, deshacer información grabada en el inconsciente y mantener una fuerte decisión, determinación y constancia para acabar con el malestar. ¿Tú te sientes preparado para eso?

Ejercicio 29. El corte

Mira si existe y puedes localizar un momento en tu infancia en que estabas feliz, jugando, vivo, cuando este bienestar se cortó. Trata de ver cómo sucedió, cómo aprendiste que estar alegre, contento, relajado y tranquilo está mal. Cómo aprendiste que el bienestar no debe permanecer, que lo importante es hacer, producir, cumplir, trabajar... Vuelve a un momento de la infancia o de la vida adulta en que te sentías así y mira qué ocurrió y qué mensaje se ha quedado.

No hay posibilidad de ser feliz mientras no miremos con cuidado y cariño las causas que nos hacen deshacer lo que construimos. Una y otra vez, me encuentro con personas que tienen todo para ser felices y que no lo consiguen. ¡Añoran algo que, en realidad, ya tienen, pero no lo reconocen o no lo valoran! Esto sería ser feliz, ¡y no lo pueden soportar! Buscan y encuentran problemas para preocuparse. Si resuelven uno, va a aparecer otro en su mente, porque la mente ha automatizado esta forma de funcionar.

Parece una contradicción, pero pocos escapan de este acuerdo tácito que tenemos los humanos de que ser feliz es peligrosísimo. La felicidad significa la posibilidad de perderla y, por ello, mejor es ser infeliz de una vez. Así, no hay que esperar el dolor. ¡Nos protegemos con la infelicidad! Esta especie de locura colectiva está dentro de muchos de nosotros, y, si eres honesto y verdadero, posiblemente la encuentres, aunque sea escondida en un lugar recóndito de tu mente.

Ya vimos cómo debajo de comportamientos nocivos se puede encontrar una añoranza de inocencia y pureza. Esta añoranza se puede cubrir de frustración e ira, pues nos enredamos en nuestra propia ética. Hemos de comprender que el juego energético es neutro, no tiene ética. No es bueno ni malo, es como los animales, que no juzgan sus impulsos. La lluvia descarga, sin importarle que el terreno ya esté alagado. ¡Es nuestro malentendido ético lo que nos separa de nuestra naturaleza verdadera! Nuestros propios enredos causan nuestra confusión.

Echamos la culpa a los demás, al destino, a Dios. El funcionamiento mental es claro si te dedicas a estudiarlo y entenderlo. Si tenemos confusión mental, nuestra energía estará cargada de rabia, de despecho, de resentimiento; el resultado es que se crearán situaciones densas en nuestra vida. Si hay claridad, nuestra energía será leve y atraeremos acontecimientos y personas leves a nuestra vida. Tan claro, tan fácil, cuando lo tienes en cuenta…

Tenemos el potencial, la inteligencia única entre los seres que pueblan esta tierra, para saber y poner las cosas en su sitio, aceptar y acoplarnos a las leyes del universo, poco a poco, paso a paso. ¿Por qué no lo hacemos? ¿Por qué preferimos la confusión y el sufrimiento? ¿Por qué preferimos el dolor de los malentendidos en lugar del amor? Nos empeñamos en guardar el resentimiento por las injusticias que hemos sufrido, como un niño con una pataleta, cuando tenemos todo para amar.

Preferimos seguir nuestras quimeras, como don Quijote, en lugar de reconocer nuestra añoranza por algo mayor. Perdonar algo que reconoces como justo no tiene ningún mérito. El mérito está justamente en conseguir perdonar lo aparentemente injusto.

Ignorar las leyes universales hace que sintamos que hay injusticia. Si las conocemos, entendemos cómo y por qué pasan las cosas, podemos comprender que lo que hay son concordancias de frecuencias vibratorias, no injusticias. ¡Se trata de perdonarnos nuestro propio destino, aceptar de corazón lo que nos ha tocado!

Esto me recuerda una pequeña historia que ilustra, no solamente este apartado, sino todo el sentido de este libro. Un hombre tenía una bolsa de caramelos, y un grupo de niños esperaba, ansiosamente, qué iba a hacer con ellos. Después de reflexionar les preguntó: «¿Cómo queréis repartir estos caramelos, según la ley del hombre o según la ley de Dios?». Los niños se miraron y preguntaron: «¿Y cómo son estas leyes?». El hombre respondió: «Según la ley del hombre, hay cien caramelos y sois diez niños; por lo tanto, os tocan diez caramelos a cada uno. Según la ley de Dios, a ti te tocan tres, a ti veinte, a ti ninguno, a ti uno…».

La aparente injusticia corresponde a la apertura que tienen unos y otros a la felicidad. La ley mayor solo es sensible a una frecuencia energética abierta o cerrada a la felicidad. De la «ley de Dios» trata el capítulo siguiente.

3.6. UNA EXPERIENCIA ENIGMÁTICA

No quiero dejar de compartir en este capítulo una experiencia que tuve hace ya unos años, que trastocó de una forma muy profunda toda mi concepción de la pareja y la manera de ver la relación entre dos seres humanos. La voy a relatar tal cual me pasó, dejando al lector que saque sus propias conclusiones.

Estaba en un *ashram* (centros para la apertura espiritual e introspección) en Estados Unidos, en un retiro de prácticas yóguicas. En este lugar se propicia la meditación y había bastantes espacios que invitaban a la contemplación. Uno de ellos era un paseo por un bosque, donde se hacían varias paradas con cierta distancia entre ellas. En cada una, había un banco y podías sentarte y meditar sobre las diferentes deidades hindúes allí representadas, cada una encarnaba un tipo de energía.

Me encontraba de pie en una de estas paradas, ante una representación de Hanuman, el mono blanco, un personaje muy sugestivo del *Ramayana*. Es la gran epopeya hindú escrita en versos sánscritos que relata la vida de Rama, una deidad reencarnada en un príncipe guerrero, y su lucha contra las fuerzas del mal. Hanuman es su fiel servidor, un mono que ha sido capaz de lograr una total purificación de sus fuerzas animales instintivas y, por ello, ostenta poderes especiales, que jugaron un papel trascendente para recuperar a la princesa (la parte femenina de Rama), raptada por un demonio. Siempre me llamó la atención este simbolismo de vencer los instintos más primarios y primitivos y llegar a la pureza de intención y al servicio.

Estaba muy concentrada en mis pensamientos e introspección, así que mi atención estaba más bien difusa. Al darme la vuelta, vislumbré la parada siguiente, a unos cincuenta metros, donde había otro banco. En este banco había un hombre sentado, pero no reparé en ningún detalle más. Al tiempo, sentí un impulso irrefrenable que, literalmente, me empujaba a acercarme a aquel banco.

Tal era mi estado meditativo que no puse atención en nada más que en llegar a aquel banco y sentarme. Sabía que había un hombre, por la forma de vestir y de sentarse que observé de lejos, pero ni le miré, no me fijé en quién era, si era joven o mayor, gordo o flaco, rubio o moreno. Era simplemente un bulto.

En el instante en que tomé asiento, me pasó algo extraordinario. Entré en el estado ampliado de consciencia que se suele llamar «nirvana». Es un estado de tal completitud y dicha que solo quieres quedarte ahí para siempre. No hay ningún lugar adonde ir ni nada que alcanzar, no puedes ni quieres hacer nada, solo quedarte ahí eternamente. Era una sensación tan fuerte que cerré los ojos y no quería abrirlos nunca para poder mantener esta sensación de totalidad eternamente.

Estar en este estado es vivir el Todo. No existe ninguna forma, es un espacio limpio donde no falta nada, no hay nada que buscar, nada que desear, porque lo tienes todo. Me quedé inmóvil, con los ojos cerrados y el tiempo desapareció por completo. No sé cuánto tiempo estuve, si fue corto o largo, solamente puedo recordar la sensación de tenerlo todo, de pertenecer a todo, de una plenitud extrema. No sentía el cuerpo, como si estuviera flotando, no pesaba... La mente estaba muy presente, pero sin nada donde fijarse, ya que no había ninguna forma mental. La dicha era completa.

En un momento dado, aquel hombre se levantó. En este momento, sentí un dolor que me dejó casi sin respiración, porque aquel instante sublime se cortó abruptamente. Era un dolor tan grande que tardé en reaccionar, me quedé como paralizada, en shock, aturdida ante tal sentimiento de pérdida. Casi me faltaba la respiración y sentía hasta un dolor físico en el pecho. Era perder lo más sublime que había sentido nunca.

Cuando finalmente conseguí abrir los ojos, ocurrió algo sorprendente. En este preciso momento pasaba un grupo de gente y mi compañero de banco se había mezclado con ellos. Busqué desesperadamente quién podía ser, pero... ¡podía ser cualquiera! ¡¡¡No sabría nunca quién era aquella persona con quien compartí una experiencia tan trascendente e inolvidable!!! Nunca sabré lo que sintió, qué le pasó para que, de repente, se levantara...

Este momento sigue indeleble en mi memoria. Nunca había experimentado algo así ni he vuelto a experimentarlo después, ni emocional ni físicamente. Me preguntaba cómo puede ser que nunca llegué a saber quién fue esa persona con quien se mezcló mi energía. Porque era claro que fue la mezcla de mi energía con la suya la que produjo aquel estado indescriptible.

También me quedó claro que él no debió de sentir lo mismo

que yo, o que fue demasiado fuerte para él, ya que se levantó y se alejó. ¡Por mí, estaríamos todavía allí!

Estuve mucho tiempo contemplando esta extraña experiencia. El no poder identificarle parecía una burla del destino. Evidentemente, esta experiencia quiso enseñarme que no es una persona concreta la que te completa, sino el tipo exacto de energía que se complementa con la tuya. Me intrigaba mucho lo que pudiera haberle ocurrido. Si volviera a encontrarle, ¿pasaría lo mismo? ¿Son cosas que ocurren en un momento y luego no se repiten?

¿Esto tiene alguna relación con los flechazos que sentimos con las parejas o la pareja? ¿Nos enamoramos de una energía o de una persona? ¿O lo que me ha pasado no tiene nada que ver con lo que ocurre entre las parejas? ¡Este estado indescriptible lo viví con un desconocido! Evidentemente, es una experiencia espiritual energética. ¿Qué pasó entre las dos energías? Me he hecho todo tipo de preguntas para las que no tengo respuestas.

Mi idea de que vivimos en un mundo de energías, que no son las personas como individuos lo que nos acerca o aleja, sino que son encuentros y desencuentros energéticos, quedó fuertemente reforzada. Era claro que se trataba de que comprendiera que no importa la persona en sí, ni su aspecto físico, ni su emocionalidad ni su personalidad. El individuo no es lo importante. Lo que importa son las energías que se complementan.

4

EL ESPEJO DEL MUNDO

4.1. SOLO EXISTO YO MISMO

La prisión de los sentidos

Si tus sentidos se atrofiasen ahora mismo y dejaras de ver, oír, oler, de sentir el tacto y el gusto, pregunto: ¿seguirías vivo...? Aun sin captar ninguna información del exterior, sin duda no desapareces, sigues ahí. En realidad, todo lo que vemos del mundo exterior es lo que nos muestran nuestros aparatos receptores, pero nosotros somos algo más, ya que la vida es independiente de esta información.

Si tuviéramos aparatos sensoriales diferentes, más o menos sensibles, estaríamos viendo mundos totalmente distintos, tan reales como el que vemos con nuestros ojos. Por lo tanto, según sean los «traductores» del mundo, así es el mundo para nosotros.

El microscopio desvela un mundo alucinante de infinidad de pequeñas formas, todas en movimiento. Si los sentidos nos mostrasen este mundo, cambiarían todas nuestras referencias y nuestra forma de vida parecería tan irreal y loca como los bichitos que se mueven con una lógica que no comprendemos.

Como los sentidos nos muestran la misma realidad día tras

día y a todas horas, creemos que el mundo se reduce a lo que vemos con nuestros ojos. Aun sabiendo que existen infinidad de mundos, infinitamente pequeños e infinitamente grandes, nos acostumbramos a este y vivimos como si fuera la única realidad.

Sin embargo, si imaginamos una línea continua que represente todos los mundos que existen, el nuestro ocuparía un pequeñísimo fragmento, perdido en una sucesión infinita de puntos. ¡Esta es la prisión que creemos que es la realidad! Hemos quedado limitados a este pequeño espacio y funcionamos en nuestro día a día como si la realidad fuese solamente esta pequeña franja y no existiera nada más.

Felizmente, se han inventado todos estos ingeniosos aparatos que demuestran, sin lugar a duda, que hay una infinidad de mundos y que todos funcionan paralela y simultáneamente con el que vemos. Tanto en el macro como en el micro, los «mundos» se suceden y no parece que haya un límite. Para nuestra mente, esto es difícil de captar, tan acostumbrados como estamos a la realidad que vemos.

Imaginemos que en una tienda varios aparatos de televisión retransmiten cada uno algo distinto. Evidentemente, tu atención solo puede posarse en uno de ellos, y esto es lo que estás viviendo en este momento. No obstante, los demás programas están ocurriendo al tiempo y también van evolucionando simultáneamente. Algo parecido ocurre con los distintos mundos, solo podemos fijarnos en uno a la vez, aunque todos se muevan al tiempo.

Desgraciadamente, en nuestra cotidianidad, nos olvidamos de esta riqueza de mundos y acabamos creyendo que los seres humanos viven y funcionan dentro de la limitación de nuestros sentidos. Esto no anula los demás mundos, pero hace que vivamos como si no existieran.

Algunas culturas conocen estos otros mundos más sutiles desde otra perspectiva no científica. El hinduismo ha nacido de las revelaciones de visionarios, meditadores que, por medio de duras prácticas, han llegado a estados expandidos de consciencia desde los que se percibe todo el conjunto. Es una religión que no se origina en un solo hombre, como el cristianismo, el budismo o el islamismo, sino que se fue construyendo a lo largo de los siglos, tomando como base las visiones coincidentes de estos sabios investigadores del mundo interior.

De esta forma, se constituyó todo un entramado de conocimiento que trata de explicar cómo es el más allá. Las tribus americanas, entre otras muchas culturas que se basaron en la naturaleza para construir su filosofía de vida, también han cultivado el conocimiento del mundo invisible (para nuestros ojos), de tal forma que quien dirigía la tribu era el anciano más sabio, que muchas veces era ciego, pero conocía los misterios insondables. Ya no necesitaba ojos para saber lo que estaba pasando, pues conectaba con todo a través de su interior. ¡Con aquello que queda una vez que se fueron los sentidos!

Para conectar directamente con los mundos que la técnica moderna está desvelando, hay que ir hacia dentro. Es la única manera de saber lo que hay realmente; todo lo demás dependerá del tipo de aparato de «lectura» del exterior que estés utilizando.

Por esto, la rotunda afirmación de que *solo existes tú*. Entrando en ti mismo, vas a encontrar el mundo que percibieron y explicaron con tanto detalle los místicos. Mirando hacia fuera, vas a ver el mundo que muestran los aparatos sensoriales que nos han tocado.

Hay otra conclusión importante: todo lo que dices a los demás es tuyo. Si te escucharas, verías que, al solucionar la vida del otro, podrías estar solucionando la tuya. Igualmente, todas las críticas al otro son críticas que haces a ti mismo. De la misma manera, lo que te dice el otro también es suyo. Todo lo que critica en ti está criticando de sí mismo. No hay mejor manera de conocer a una persona que prestar atención a sus opiniones ajenas. Todas están relacionadas con ella.

Ejercicio 30. Dentro y fuera

Te sugiero un pequeño ejercicio para comenzar a tomar contacto con la realidad de los dos mundos y sentir lo que es vivir consciente de ambos. Abre los ojos y pon la atención en tu mundo interior, en tus sensaciones corporales y en tus emociones. Luego, hazlo al revés. Pon la atención en el mundo exterior, en los ruidos, las texturas, los movimientos que percibas fuera. Poco a poco, vas a poder centrar la atención en ambas realidades. Como dicen los yoguis: un ojo mira para dentro y otro para fuera; solo atendiendo a las dos realidades vas a vislumbrar la verdad.

También te propongo que comiences a escuchar lo que dices a los demás y lo traigas a ti, tanto si es algo bello como si es una crítica o un reproche. Mira cómo tiene que ver contigo. Igualmente, trata de ver que todo lo que te dicen es del otro, tanto si gusta como si disgusta. No lo tomes personalmente, ¡es del otro!

Mirando desde tu ventana

Cada persona ve el mundo desde una ventana. Desde la ventana que te ha tocado, vas a ver el mundo de una manera concreta, distinta a la de los demás. Por esto, no vale de nada que estemos tratando de convencer a los demás de que vean el mundo como nosotros. Cada uno seguirá mirando por su ventana y viendo lo que se vislumbre desde ella.

Lo máximo que podemos hacer es tratar de asomarnos a la ventana del otro y así, ¡comprender por qué no había forma de ponernos de acuerdo! Si, con toda la razón del mundo, dices que hay un tejado y unos cables de luz, el otro puede discordar, pues lo que ve es un parque con árboles y bancos. Ambos podemos insistir denodadamente y querer tener razón, pero cada uno seguirá viendo el pedazo de mundo que aparece desde su ventana particular. Son diferentes ángulos para contemplar el mundo.

Los físicos nos muestran el mundo de los místicos desde un prisma científico, afirmando que el universo es metamórfico, tiene infinitas formas, infinitas ventanas. Esto es una ley, tan clara como la ley de la gravedad y las famosas manzanas de Newton. Cada uno ve aquello que puede ver desde su ventana, según sus filtros, su historia, sus grabaciones y las cosas que ha aprendido a priorizar. El asesino ve lo que puede ver, el violador también. El santo o un benefactor también ven lo que pueden ver. Cada ser humano vive según lo que observa desde su ventana.

No obstante, cada uno de nosotros tiene la capacidad innata de asomarse a todas las ventanas, tal y como hicieron los místicos. Como cuando miras un holograma y ves un aspecto distinto cada vez que cambias de posición, así, también, tenemos la posibilidad de descubrir lo que ve el asesino, el altruista, el ladrón, el benefactor, la santa o la prostituta desde su ventana.

Somos también holográficos, pues podemos percibir lo que se siente ante cualquier acontecimiento y también podemos conectar con la sensibilidad y la emoción que siente otro ser humano. Así, conoceremos la ventana por la que mira.

La conclusión de todo esto es que también tenemos dentro de nosotros la posibilidad de vivir cualquier personaje, ya que podemos percibir su vivencia interior. Si nos hubiese pasado lo mismo que a ellos, seríamos también un bandido o un sheriff. Porque todos somos todo. La única diferencia está en la ventana que nos toca. Pero, potencialmente, soy todos los que son y los demás son todo lo que soy yo.

Todos tenemos lo que es considerado «bueno», y también lo considerado «malo». Nadie es, pues, peor ni mejor. No es de extrañar que lo espiritual hable tanto de humildad, aun cuando este concepto haya sido tan mal entendido. No se trata de negar tu ilimitada capacidad, sino de ver que la tienen todos en igual medida, que nadie es más ni tampoco menos y que estamos todos juntos bajo algo mucho mayor que nosotros.

Crecer y desarrollarse como ser humano no es quedarse paralizado en tu propia ventana, sino saber que puedes volver a ella cuando lo necesites, pero tener la opción de asomarte desde las demás ventanas y disfrutar de múltiples ángulos y puntos de vista diferentes para entender mejor al ser humano. Solemos quedar encadenados a nuestra ventana por nuestros conceptos rígidos, por reglas éticas y dogmas ancestrales que transforman la vida en una monótona pesadilla.

Ejercicio 31. Desde la ventana

Para poder asimilar cualquier teoría, hace falta vivir la experiencia y anclarla en el propio cuerpo. Así que no dejes de hacerlo. En tu propia casa, mira por una ventana y describe todo lo que ves. Luego, cambia de ventana y verás un mundo totalmente distinto. Pasa un momento imaginando que cada persona que conoces mira el mundo desde una ventana diferente y, por esto, tiene referencias distintas. Cada uno está, siempre, hablando de sí mismo y de lo que ve desde su ventana.

4.2. CÓMO CONOCER EL COLOR DE MIS OJOS

La proyección

Para poder seguir, hace falta comprender con claridad lo que es una «proyección». Si solo existo yo, naturalmente todo lo que veo fuera tiene que ver conmigo. Como no puedo ver por mí misma cuál es el color de mis ojos, necesito un espejo para desvendar este misterio. El espejo es el mundo de fuera. Como dicen los yoguis, el mundo es un palacio de espejos, donde solo te ves a ti mismo, reflejado una y otra vez. Ahí fuera se espeja tu interior, permitiéndote conocer los puntos ciegos que tienes sobre ti mismo.

Primero, hay que entender que es muy diferente constatar algo que reaccionar ante algo. Puedo decir: «Este cenicero está sucio», o sea, constato que es así y que hay que limpiarlo. En este caso, estoy actuando tranquilamente sobre el entorno y gastando un mínimo de energía. Muy distinto es enfadarme y despotricar contra el tabaco, los fumadores, su dejadez, con lo que gasto inútilmente mi energía vital. La diferencia está en la reacción emocional. En el primer caso, actúo de forma eficiente y sin desgaste adicional. En el segundo, he proyectado en el cenicero un conflicto interno mío: sentirme usada, desconsiderada por los fumadores, al tener que limpiar el cenicero.

He mezclado mi propio conflicto interno con el fumador. El hecho me sirvió de válvula de escape, lo he usado para desahogar mi resentimiento, cuando a menudo ni sé cuál es la verdadera causa de mi indignación y mi descontento con la vida. He proyectado fuera de mí un conflicto que, en realidad, es mío.

Imaginemos un pájaro negro volando sobre nuestras cabezas. Sobre él, cada uno va a proyectar lo que hay en su interior. Para uno es un signo de mal agüero; para otro es un vuelo maravilloso; para otro es un peligro para la plantación; para otro no tiene significado especial. Las proyecciones son, pues, información del interior de la persona.

De la misma forma que es imposible conocer el color de tus ojos sin un espejo, el mundo te sirve de espejo para conocer las partes tuyas que están inaccesibles. No solamente proyectamos nuestros contenidos psíquicos en ceniceros y pájaros, sino también, y principalmente, en personas.

Si estás presente dentro de ti, centrado y con tranquilidad, podrás constatar cosas del mundo de fuera. En el momento en que le das una connotación personal o te domine alguna emoción, deseo o interés propio, dejarás de ser objetivo y pasarás a ser subjetivo. En este preciso momento, estás proyectando fuera lo que hay dentro de ti.

Haz un repaso de las personas sobre las que proyectas añoranzas o a las que rechazas y juzgas, y descubrirás muchas proyecciones.

Igualmente, cuando te despiertas por la mañana y te miras en el espejo del baño, puedes proyectar tu mundo interno sobre tu propia imagen, como si estuvieras fuera de ti, para conocer mejor tus creencias sobre ti mismo. Para poder viajar en el mundo exterior y recoger información sobre tu fascinante mundo interior, hay que tener un firme anclaje dentro de sí mismo.

Ejercicio 32. Toma de tierra o anclaje

Es importante que tengas una firme toma de tierra dentro de tu cuerpo para poder explorar tu interior. Un ancla que no permita que te pierdas en el mundo interior. Para ello, es importante que sientas el coxis, en la base de la columna. Puedes tocarlo con la mano para sentir su posición exacta, y luego mantener esta sensación. Procura andar sin perder la sensación del coxis, y sentir el triángulo que forma junto con los dos pies. Siente la firmeza que te da este triángulo y luego trata de caminar con los ojos cerrados, manteniendo la atención en los pies y en lo que pisas. Hazlo muy despacio, tan despacio que no tengas miedo a chocar con nada. Si repites este ejercicio diariamente, una nueva sensación de seguridad corporal y psíquica se irá interiorizando.

Las personas termómetro

La proyección es un fantástico manual para saber quién eres. Es la herramienta más eficiente de la que disponemos para abrir puertas internas, aunque, si no sabes manejarla, te quedarás tirándote de los pelos delante de una odiosa puerta atascada.

Su importancia deriva del hecho de que solo tienes poder realmente para cambiar tu propia persona. Si quieres cambiar tu vida, habrá que transformar la energía que emana de ti, pues esta frecuencia es la que crea y atrae situaciones y personas.

Puedes arreglar un lío externo, pero si tu energía interna no se transforma, acabarás atrayendo otro similar. Puedes cambiar de pareja, pero si no resuelves tu conflicto interno, solo cambiará la persona con la que compartes el conflicto.

Cuesta creer que solo existes tú, pero feliz o infelizmente, esta es la realidad. No puedes cambiar a nadie más que a ti mismo. Y tus reacciones ante los estímulos externos son la manera más eficaz de conocerte a ti mismo.

Para acceder a la felicidad, no hay más remedio que alcanzar un estado más avanzado de consciencia. Desde la inconsciencia, seguiremos destruyendo todo lo que construimos por el mero hecho de que, en nuestro psiquismo, todavía están registrados mensajes que no soportan el bienestar. Así que no queda mucho donde escoger: o se arregla el tema, o se seguirá dando vueltas como un tiovivo, sin salir del lugar. Si aprendes a usar la proyección a tu favor, podrás ahorrar mucho tiempo y disfrutar de grandes bocanadas de libertad.

Mientras nos quedamos enganchados en nuestras fobias de atracción y rechazo, poca cosa puede ocurrir en nuestro interior. En cambio, si usamos nuestras reacciones para conocernos, van a darse transformaciones como por arte de magia. Justamente aquellas personas más difíciles son nuestras «personas termómetro». Con ellas, podemos medir perfectamente cómo va nuestra salud psíquica y cuánto queda de neurosis.

Nuestros grandes maestros son los seres ante los que reaccionamos de forma incontrolada. La pareja, los hijos, la suegra, el jefe... Cualquiera puede ser un espejo de tus desajustes interiores.

De la misma forma, aquellos a los que idolatras, los que no tienen defectos para ti, te están enseñando lo que necesitas desarrollar. Con ellos, puedes ver la faceta que anhelas tener y crees que te falta; el espejo enseña dónde crecer y dónde poner la atención.

Partiendo de la idea de que solo existes tú y de que no hay más remedio que conocerse, aquí tenemos una pista maravillosa para empezar el rastreo: tus reacciones emocionales ante los demás. Las reacciones, tanto las así llamadas «negativas» como «positivas», son pistas infalibles de contenidos interiores.

¡Nada mejor que usar estas proyecciones para descubrir lo que es inaccesible de forma directa! Las personas y situaciones que nos hacen reaccionar son, pues, de valor inestimable en esta operación de búsqueda y captura ¡de uno mismo!

Ejercicio 33. Mis personas termómetro

Haz una lista de cinco personas que te irritan, a las que odies o que te sacan de tus casillas. Especifica y escribe, al lado del nombre, qué es exactamente lo que te perturba de ellas. Luego, elabora otra lista de cinco personas que te encantan, a las que admiras. Coloca al lado del nombre qué es lo que te gusta en ellas. Sigue solo cuando lo hayas hecho. Ahora, procura ver en ti mismo tanto aquello que no te gusta como lo que admiras. No tengas duda de que ambas cosas las encontrarás en ti mismo. Como solo existes tú, solo puedes reconocer lo que existe dentro de ti. ¡En realidad, únicamente puedes hablar de ti mismo todo el tiempo!

Lo de fuera es mío

Cada vez que pierdas los papeles ante alguien, estará pasando lo mismo que ante el cenicero sucio: estás proyectando sobre esta persona algo emocional que todavía no tienes resuelto. Y ello seguirá repitiéndose, año tras año, si no sanas lo que provoca la reacción. Por debajo, hay una herida que vuelve a abrirse, tal y como vimos en el capítulo inicial.

Ahora vamos a añadir un ingrediente más: siempre que hay algo que no aceptas del otro, es algo que rechazas en ti. Esta es una realidad simple. Te informa de lo que no está colocado debidamente en ti, independiente de la situación en sí.

A veces, bajo este rechazo, puede haber algo más: envidia. Mejor dicho: hay algo que tu alma añora, que aquella persona concreta tiene o disfruta. A lo mejor es algo que no te atreves a expresar o hacer, o que crees no poseer. Puede ser su cultura, su facilidad para manejar a la gente, su posición social o material. También puede ser que envidies su irresponsabilidad, cuando no te atreves a «pasar» de todo de esa manera, porque siempre tienes que hacer «lo correcto».

Bajo las grandes manifestaciones de rabia hay siempre una añoranza del alma, pues estas añoranzas son las que, realmente, nos hacen sufrir. Tanto en el caso del rechazo como en el de la atracción, estás siendo empujado (o golpeado) hacia ti mismo, te ves impulsado a conocerte.

Ejercicio 34. El anhelo oculto

Vuelve a coger la lista que hiciste de las personas que te molestan y mírala con honestidad, sin huir de tus verdaderas emociones. Localiza, más abajo de las apariencias, si añoras y envidias algo que tiene cada una de ellas, que no logras o no te atreves a hacer y que esta persona sí hace. ¡Si no hubiera por debajo un deseo insatisfecho, no te produciría tal malestar! Siempre hay, escondido bajo muchos disfraces, una añoranza del alma.

Luego, coge la lista de las personas que has estado sublimando. Verás, entonces, que solamente te has fijado en un único aspecto de ellas que deseas para ti. Estás admirando una característica que tú tienes y que puedes desarrollar, pues la has reconocido ahí fuera. Usa a esta persona como modelo, pero no la pongas en un altar, pues de ahí caerá antes o después, lo que te causará una decepción que puedes ahorrarte.

4.3. LA CULPA: UN CÍRCULO AUTODESTRUCTIVO

La «pelotera» como camino

Vamos a ver qué hay bajo los conflictos. Cuando dos personas discuten y tienen una «pelotera», están ocurriendo un montón de cosas bajo las apariencias. Cuando no hay «mar de fondo», ambos ponderan los pros y contras y optan por una de las posibilidades, aunque tengan gustos o pareceres diferentes.

Pero, cuando existe una maraña de emociones encubiertas, cualquier tontería es una buena disculpa para empezar una riña y luchar por el poder, pues de esto se trata. Y como no estamos acostumbrados a buscar las causas de nuestros prontos en nuestro interior, sino que solemos culpar a algo o alguien fuera, el círculo autodestructivo que está funcionando inconscientemente queda ahí, incólume.

Veamos con detenimiento lo que está ocurriendo realmente. Toda tendencia autodestructiva tiene, según mi experiencia, un trasfondo que acaba en el sentimiento de culpa. La culpa nos hace creernos indignos de ser amados y de sentirnos bien, nos hace rechazar la abundancia y la alegría, porque estamos convencidos de que no lo merecemos. En estos núcleos autodestructivos hay una gran energía acumulada que, bien redirigida, puede llevarnos rápidamente a una calidad de vida muy superior.

El primer síntoma de un núcleo autodestructivo se detecta cuando ves a la persona perdida en su propio conflicto interno. La discusión interminable puede estar ocurriendo tanto entre dos ¡como dentro de una misma persona! Todos conocemos las interminables argumentaciones interiores, en que dos partes de uno mismo se enfrentan sin encontrar una salida airosa.

Cualquiera puede producir listas enteras de razones para hacer o no hacer algo. Las posiciones más antagónicas pueden ser defendidas y atacadas con un montón de sólidos argumentos, y en este juego dialéctico intelectual podemos pasar toda una vida. Dicho de otra manera, cuando ocurre una argumentación sin solución ni salida, ya sabemos que hay gato encerrado.

Cuando una discusión de este tipo está ocurriendo entre dos personas, vemos, por su acaloramiento, que otros elementos entran en juego, además de si discuten por un sofá azul o rojo. Si no hay resentimiento, aparece la solución. Si lo que hay es una lucha para quedar por encima, no habrá forma de ponerse de acuerdo.

Lo que hay agazapado bajo la discusión es resentimiento, que aparece siempre que no hay igualdad y equilibrio; nadie quiere ser inferior ni quiere ser maltratado. Todos queremos ser respetados, pero, cuando no lo somos, no siempre conseguimos hablarlo y la rabia sale a la primera ocasión o en forma de juegos de poder, claros o subrepticios.

Veamos ahora lo que hay debajo de la rabia. Cuando una perra tiene cachorros, se vuelve díscola. El miedo a que sus pequeños sean agredidos o separados de ella hace que pueda morder a cualquiera que se le acerque, incluido su dueño. Es el miedo el que la hace agresiva.

Lo mismo nos ocurre a los humanos. El miedo hace que andemos por ahí provocando y agrediendo, justamente para defendernos, para atacar antes de ser atacados. Es mejor que los que puedan hacerme daño no se acerquen, así que, de entrada, doy coces. Si se acerca alguien que considero inofensivo, mi actitud cambiará mucho. Luego bajo la rabia hay miedo.

Ejercicio 35. Mis «peloteras» particulares

Compruébalo en tu propia piel. Haz una pequeña lista de las personas ante las que cambia tu comportamiento y te vuelves agresivo, mordaz o sarcástico. Verás como son formas de defenderte, pues son individuos ante los que, en alguna medida, te sientes vulnerable.

Esperando el castigo

Sigamos investigando. ¿Qué nos hace sentir miedo? Está claro que hay miedos objetivos: si te topas con una serpiente, ¡el miedo tendrá un valor inestimable para tu supervivencia! Es funcional e imprescindible en una situación de peligro real.

Sin embargo, en nuestra vida, casi siempre, el miedo es subjetivo. Dicho de otro modo, lo creamos nosotros mismos según las experiencias que hemos vivido anteriormente y que produjeron sufrimiento moral o físico. El sufrimiento es percibido como un castigo, y hacemos un sinfín de movimientos para evitarlo.

Si has roto el jarrón favorito de mamá, estarás esperando la riña, el castigo. En el momento en que hay culpabilidad, está la expectativa de sufrir y miedo a ser castigado de alguna forma. Luego, bajo el miedo, se halla la culpa de haber hecho algo malo. Si te sientes en paz, totalmente transparente y limpio con tu actuación en la vida, no tienes miedo, en todo caso, esperas un premio.

La culpa es, entonces, el sentimiento final sobre el cual se monta toda la estructura defensiva: miedo al castigo, rabia para tapar el miedo y racionalización para no sentir. De la culpa huimos como del diablo. En realidad, es un sentimiento que separa, castiga, paraliza, destruye sin piedad.

Es como si tuvieras en las manos una brasa caliente que te quema y la tiras donde sea, al otro, al gobierno, al destino, a Dios… Es tan molesta la culpa que hacemos los más disparatados desvíos con tal de no encontrarla. Sin embargo, junto a ella está la salida, como veremos enseguida. Pero, antes, tendremos que mirar el círculo vicioso autodestructivo.

Ejercicio 36. Los miedos

Para poder aplicar todo esto, es el momento de confeccionar una pequeña lista: la lista de tus miedos, los miedos que callas, pero no puedes evitar sentir. Haz un listado de cinco a diez miedos y luego sigue la lectura.

El juez negro

Ya vimos que por debajo de los enfados hay una añoranza insatisfecha escondida bajo muchos velos. Esta añoranza corresponde a un impulso vital que necesita expresarse. Es como una explosión de vitalidad que, si es satisfecha, provoca una riada de satisfacción y alegría. Pero no siempre es posible satisfacerla. Lo más común es tropezarse con dificultades externas o con una rígida norma interna que actúa como un muro de contención e interrumpe el flujo de la energía.

Es evidente que las reglas son necesarias, si no, estaríamos viviendo en el más absoluto caos. Fueron creadas por razones prácticas, y, mientras sean percibidas como necesarias, no hay desacuerdo en seguirlas. Si rompiste el jarrón, el reproche no te parece injusto. Lo malo es cuando la riña viene sin que hayas roto el jarrón. Y esto ocurre a menudo.

Por desgracia, con frecuencia las reglas se usan para manipular, por interés propio, como imposición o hasta por equivocación. Además, no suelen revisarse, lo que nos obliga a respetar normas rancias, que perdieron su funcionalidad para el momento actual. Ya vimos que las normas que escuchaste de niño suelen ser la base de tu sistema de creencias. Es muy difícil impedir que, tanto por imitación como por antagonismo, dejen de influir en tus juicios de valor y, por tanto, actúen, a menudo, de forma completamente inconsciente.

Por todas estas razones, es muy común que una norma creada originariamente para que haya justicia y equilibrio pase a actuar como un «juez negro» interior, que te recrimina con su dedo acusador. Te prohíbe seguir tu impulso y tu espontaneidad, condenándote a reprimir tu vitalidad, lo que causa un punzante dolor.

¿Qué pasa con el impulso, con esta ola expansiva, cuando se encuentra con la pared de hormigón, que es la norma castradora? ¿Se desintegra? No. Rebota y se dirige o contra lo de fuera o contra ti mismo. Un impulso vital se convierte en un impulso de muerte. El deseo de vivir se transforma en deseo de morir: eros se vuelve tánatos. Este es el resultado de la represión. No se suele salir bien de esta confrontación, ya que la energía rebotada tendrá que seguir su curso destructivo.

Si el dolor de la vitalidad reprimida no es sentido y expresado, esta energía se instala en el cuerpo como un veneno y provoca insatisfacción crónica o enfermedades. Si se opta por la otra posibilidad, la de romper la regla, aparece la culpa por transgredir una norma arraigada en nuestro propio sistema de creencias.

Suele ser una guerra difícil de ganar, sobre todo si no se tiene consciencia de lo que está ocurriendo por debajo. La secuencia normal es culparse, bien por transgredir la norma, bien por no seguir el impulso de vida.

En el momento en que se instala la culpa, se pasa a vivir en un estado de constante tensión. He hecho algo malo y voy a ser castigado. Miedo, angustia, malestar. Vivir en este estado es tan insoportable que el ser humano pasa a buscar el castigo para acabar con la horrible espera. Como la culpa busca castigo, ¡el culpable pasa a desear ser castigado! Sea consciente o no, destruye lo más bonito que tiene, lo que más desea, ¡no soporta ser amado, no aguanta ser feliz! Aquí tenemos la razón por la que la felicidad puede ser un drama. Cuando se tiene culpa, ser feliz es insoportable.

Ejercicio 37. El peor miedo

Repasa la lista de tus miedos y escoge el que sientes más intensamente. Localiza bien tu peor miedo.

Lo que hay bajo el miedo

Aquí llegamos, finalmente, al eslabón que faltaba en este círculo vicioso, en el que destruimos lo que más amamos. El miedo crea el deseo de castigo. Por eso, miedo es igual a deseo. Si tengo miedo a algo, en realidad lo estoy deseando.

Si tengo miedo a arruinarme, estoy deseando arruinarme para quedar en paz con mi culpa. Si tengo miedo a la abundancia y a la felicidad, es porque son incompatibles con mi culpa. Si soy malo, solo tengo derecho a lo malo. Luego estoy deseando que me venga el castigo de una vez, para quedarme tranquilo. Si tengo una buena relación amorosa, provoco su destrucción. Abandono antes de ser abandonado, pues como no merezco nada bueno, va a ocurrir de todas formas. ¿Te suena?

Esto ocurre también con partes ocultas que tememos. He encontrado muchas veces a personas con horror a la violencia. Al oír que miedo equivale a deseo, lo niegan vehementemente para luego descubrir que se trata de miedo a su propia violencia. Son personas que pasaron por experiencias muy violentas y sintieron miedo de forma objetiva, justificada. Por miedo a revivir este descontrol que presenciaron, en algún momento temprano han hecho un juramento interno de jamás comportarse así. Guardan la rabia dentro de sí, sin consciencia de tenerla.

¡No han podido evitar que la energía de la violencia entrara en su sistema nervioso! Esta energía ya está instalada en su cuerpo y, al no tener salida porque rechazan cualquier expresión rabiosa, se acumula dentro como una olla a presión. Lógicamente, esta energía quiere salir, el sistema desea y necesita que salga para volver a equilibrarse. Es muy común que esas personas que niegan su violencia se encuentren con gente violenta, como se explicó en el «huevo de Colón».

Muchas mujeres tienen miedo a separarse y niegan que lo desean. Lo que hay debajo no es la necesidad de separarse, sino de testar su capacidad para proveer por sí mismas, de sentirse capaces.

Cuando hay miedo al abandono, lo que hay debajo es un deseo de estar sola, obligarse a utilizar sus propios recursos sin depender del otro. Son reivindicaciones que uno no se atreve a requerir y se manifiesta en estos miedos con gato encerrado.

También es común que las madres tengan miedo a que algo les pase a sus hijos y se indignan de que pienses que lo puedan desear. Evidentemente, no es esto. Lo que sabe cualquier madre es la dedicación brutal que significa tener un hijo. Aunque lo ame con todo su corazón, todas las madres, en algún momento, se sienten sobrepasadas y sin tiempo para sus necesidades básicas: cuando el hijo pide más de lo que una puede dar. Lo que hay debajo es el deseo de darse tiempo y cuidados.

Este círculo vicioso esconde siempre una añoranza del alma,

un impulso vital contenido, que se convierte en miedo a lo que brota desde dentro... ¡miedo a vivir! La consecuencia es la negación de lo que hace la vida bella: alegría, espontaneidad, vitalidad, amor, unión, belleza. La vida se transforma en una cárcel cuyas paredes de cartón son normas deformadas que, en lugar de ayudar a poner orden, nos manipulan y coartan.

Esta represión nos hace deambular por una vida que repudiamos porque no encontramos la salida: si rompemos la norma, no me van a querer, soy un pecador que merece castigo. Si reprimo mis ganas de vivir, me marchito. El círculo se cierra sobre nosotros. Sin embargo, es una gran oportunidad.

Ejercicio 38. El deseo oculto

Puedes aplicar todo ello, una vez más, en ti mismo. Coge la lista de tus miedos y cambia la palabra miedo por la palabra deseo y siente si sintoniza con tu verdad interior. Para ello, necesitas hacerlo con honestidad y coraje. Puede que la razón de estos extraños deseos sea todavía oscura para ti, pero si puedes constatarlos, ya has dado un paso para dejar atrás un núcleo que ha destruido muchas cosas en tu vida. Detente, especialmente, en tu peor miedo, pues ahí te será más fácil localizar el deseo encubierto. A partir de esta primera constatación, vendrán los pasos siguientes.

4.4. ESCAPANDO DEL INFIERNO

¿Quién ha inventado la culpa?

¿Cómo se rompe este círculo autodestructivo? ¿Cómo salir de esta esclavitud? Vamos a investigar este lugar oscuro donde se origina la condena y la culpa. Es algo que no se encuentra en la naturaleza. ¡Es un invento del hombre! Los animales se comen entre ellos, procrean, se pelean, defienden el territorio y no pasa nada. El miedo les ayuda a sobrevivir. La culpa es una señora desconocida; entre los animales seguir los impulsos no es peligroso.

¿Por qué hemos creado la culpa? Desde muy pronto, se manipula con ella para mantener el orden. Entre los adultos, es una forma de controlar y depender eternamente de una autoridad. Dejar de ser un libre pensador. Las decisiones se encuentran, primero, en manos de los padres, luego de las leyes, del gobierno, de la autoridad religiosa; de todos, menos de uno mismo. Nuestra sociedad occidental trae el mensaje: es peligroso decidir por ti mismo. Sigue las reglas del juego: la sociedad dictamina de qué forma hay que comer y de qué forma hay que vivir.

En principio, poner orden no está mal; lo que está mal es coartar la libertad. La independencia es algo peligrosísimo para el orden establecido, así que ¡la aborta como sea! No se enseña a nadie cómo tomar responsabilidad por sí mismo. Las iniciativas que no se encuadren dentro de lo preestablecido por el sistema social son criticadas duramente y cada innovación tiene que luchar sangrientamente para conquistar su lugar. No nos enseñan a convivir con situaciones nuevas; dan pánico y se acaba optando por lo viejo conocido.

Sin embargo, la vida es renovación incesante, una creatividad que no se detiene. Los ciclos son fijos, pero se suceden siempre de forma nueva. Solo los seres humanos evitan la renovación, exigen que todo se quede estático, parado en el tiempo, cristalizado, para garantizar su seguridad emocional. Piensas: «Todo quieto, parado, para que me sienta seguro». Es mejor lo malo conocido… Acabamos conservando las viejas ideas, sin cuestionarlas, repitiendo lo mismo una y otra vez.

La culpa solo se cura con consciencia y responsabilidad. Adiestrados como estamos para dejar nuestras decisiones en manos de los demás, la mera palabra «responsabilidad» produce terror. Así, la salida queda atascada. Nos da miedo la libertad porque nos da terror la responsabilidad. Nos han enseñado que responsabilidad significa tener que hacer todo perfecto, no poder equivocarte nunca y temer la crítica y el rechazo. Aprendemos que, por más que nos esforcemos, siempre hay un defecto; responsabilizarse es cargar una tonelada sobre los hombros. Tal y como nos la presentan, no es un plato de gusto. Y, sin embargo, en ella está la salida.

Ejercicio 39. Mi propia responsabilidad

¿Cómo llevas la culpa y la responsabilidad? ¿Cuáles son las cosas que te hacen sentir culpa? ¿Asumes la responsabilidad fácilmente, o te pesa y agobia? Es importante hacer una distinción entre la responsabilidad por los demás y lo material y la responsabilidad por tu propio bienestar físico y anímico. ¿Hay diferencia cuando se trata de los demás y de ti mismo? ¿En qué lugar de la fila estás tú?

La responsabilidad es un don

Responsabilidad significa habilidad de respuesta, tener un abanico de respuestas distintas ante una situación. Significa versatilidad, creatividad, flexibilidad, la reacción novedosa. Todo lo contrario de lo que asociamos a la palabra responsabilidad. Significa hacerte cargo de tu propia vida y de tus decisiones. ¿Por qué tenemos tanto terror a hacernos cargo de nuestra vida?

Muy simple: de lo que tenemos terror es de la culpa que viene cuando nos equivocamos. ¡Del miedo al castigo por hacerlo mal! Consecuencias que no queremos enfrentar porque en nuestras neuronas hay una asociación pavorosa: error es igual a castigo. Y, como equivocarse es inevitable, estamos condenados al castigo. Nos han hecho mamar esta idea de las más variadas maneras, todas dolorosas.

La verdad es que deberíamos estar agradecidos por cada error cometido. No nacemos sabiendo y vamos aprendiendo por ensayo y error. Cuando has visto que por aquí no es, ya has aprendido mucho. El error te ha enseñado. El niño, para ser capaz de andar, se va a caer un sinfín de veces. Se levanta y sigue, hasta ser un maestro en el arte de andar. Así pasa en todo. El error enseña y debe ser honrado. Hay que agradecer cada error que cometes, pues te irá acercando a una maestría. Ese es su cometido.

Como nos enseñaron a ser dependientes, buscamos ser aceptados y queridos por los demás. Nadie nos enseñó a vivir enfocados en nosotros mismos, encontrar respuestas y descubrir caminos. Todo nos ha sido dado ya comido, masticado, digerido, pero, de pronto, ¡quieren que asumamos una responsabilidad que va a generar peso y culpa! Para salir de esta rueda viva, hay que comprender visceralmente que la responsabilidad es algo muy distinto de este ogro con ojos aterrorizantes que nos han pintado.

Ejercicio 40. La culpa decide

¿Cuántas veces has hecho algo que no querías, por la culpa, y luego te has quedado irritado contigo mismo? ¿Y cuántas veces has proyectado tu irritación contra alguien que no tenía nada que ver? Porque esta es la consecuencia de dejar a la culpa decidir por ti: lo acabas pagando con otro. Resultado: más culpa. Es el círculo vicioso que te deja impotente, débil, flojo, y, por dentro, rabioso y vengativo. El círculo de la autodestrucción ya está activado una vez más. Así que apunta tres ocasiones en las que dejaste a la culpa decidir por ti. No sigas leyendo hasta no haberlo hecho.

La responsabilidad es un don del adulto que conduce a la alegría de vivir sin culpa. ¡Es lo contrario de cómo se la pinta! Cuando resolvemos asumir la responsabilidad por nosotros mismos, también se diluye la rabia de estar dependiente de los criterios y los cambios de otros, de sentirnos presos y coartados por los demás. Si resolvemos enfrentar la vida sin miedo, al corazón le salen alas que nos permiten levantar el vuelo hacia un lugar ingrávido, donde se respira mejor.

Cuando conseguimos responder a una vieja situación de una forma creativa, inédita, desacostumbrada, estamos cogiendo las riendas de nuestra vida. En este momento, la culpa comienza a diluirse, a volverse inconsistente, y se muestra como lo que es: un fantasma. Es solamente una creación de la mente, un invento del hombre. Pero para salir de las garras de este fantasma hay que evitar que la culpa tome las decisiones por ti.

Ejercicio 41. Alternativas

Ahora, retoma la lista que hiciste y escribe una alternativa al lado de cada ocasión en que la culpa decidió por ti. Una forma distinta de actuación que puedas seguir cuando se repita la misma situación. Tu mente lo registrará y la próxima vez puede que te sorprenda con una reacción visceral nueva por el mero hecho de tomar consciencia y darle una alternativa nueva, un modelo nuevo, a tu inconsciente.

El símbolo de la cruz

Aplicando las proyecciones al nuevo concepto de lo que es la responsabilidad, ¡no hay más remedio que traer en ti mismo absolutamente todo lo que pase ahí fuera! Ya no se puede perder tiempo y energía echando culpas fuera y, menos, ¡sabiendo que solo existes tú! Echar la culpa fuera no va a cambiar la vida ni una pizca. Al contrario, te encontrarás cada día más resentido y separado.

Es como apretar el acelerador en punto muerto, gastas el tanque de gasolina y no te mueves del lugar. Has perdido las llaves en la cocina y las estás buscando en el salón…, no hay muchas posibilidades de encontrarlas. En cambio, si buscas en ti, el encuentro está asegurado y la solución también.

Para encontrar el origen de la catastrófica costumbre de echar culpas fuera tenemos que, otra vez, remontarnos al pasado. El niño ve a sus padres como dioses, los coloca en un altar, y ahí se quedan hasta la adolescencia cuando, por ley natural, los padres se caen estrepitosamente del altar y se estrellan en el barro, de donde no se rescata casi nada. El adolescente necesita que sea así para poder crear su propia personalidad. Suele culpar a los padres hasta madurar y alcanzar la consciencia de que todos somos seres humanos, cada uno cumpliendo con su papel en el «culebrón».

Desgraciadamente, la historia no acaba aquí. Los adultos siguen poniendo a otros adultos en un altar, sublimándolos, olvidando que pueden fallar a sus expectativas en cualquier momento porque, como cualquier mortal, están sujetos a los impulsos de su inconsciente. Tanto es así que colocamos en el altar a artistas de cine, líderes, gurús y también ideas. Antes o después, nuestras sublimaciones acaban también en el barro… ¡Y la frustración resultante también tratamos de colgarla a alguien! Un toma y daca inacabable de energías molestas de las que nadie se responsabiliza.

Esto lo hacemos a nivel personal y también a nivel colectivo. La cruz ha sido, en su origen, un maravilloso símbolo de vida. Nada más sencillo puede expresar más. Dos líneas cruzadas, la representación de las dos energías, una que une el cielo y la tierra, y la otra que sigue la línea del horizonte. Se cruzan en el centro, donde se unen las dos energías, desde donde las líneas pueden expandirse eternamente, sin límites de ningún tipo. ¡Una expansión sin fin, sin perder nunca su centro! El símbolo perfecto de nuestro infinito potencial.

Además, este sencillísimo símbolo representa los cuatro puntos cardinales, las cuatro estaciones, los cuatro elementos de la naturaleza. Imposible decir más con menos. No hemos podido aguantar algo que hable tan poderosa y directamente con nuestro inconsciente, así que, una vez más, hemos transformado un símbolo de vida en uno de muerte. Ya en Egipto, la cruz era usada para crucificar, y, así, la vida fue sustituida por la muerte.

Esto seguimos haciéndolo hasta hoy, cuando culpamos fuera. En lugar de tomar responsabilidad por la energía que emanamos, por los pensamientos que emitimos, crucificamos a los demás y los responsabilizamos de nuestras desgracias. Subimos a un hombre a la cruz, mal comprendido y repudiado por los detectores del poder, y lo torturamos. Porque hablaba de amor. Y este símbolo lo hemos colocado sobre los altares, repetido incontables veces, para que nuestro inconsciente se entere bien de que lo sublime es sufrir, torturarse y aguantar pacientemente la insensatez del ser humano.

No ponemos en los altares la resurrección, el poder infinito de la psique, que es capaz de resucitar y de mandar en el cuerpo y en las emociones. Una vez más, olvidamos que el inconsciente está presente y lo registra todo. Luego, nos asombramos de nuestras reacciones viscerales...

Ejercicio 42. Mi vicio particular

Cada vez que culpamos, estamos invadiendo el campo de alguien o el tuyo propio. Este juego ocurre sin parar entre los seres humanos. El otro te pasa su culpa, disfrazada de mil máscaras, que tú tragas y comienzas a sentirte mal. La vuelves a pasar adelante, y comienza un trasiego que no tiene final. Siempre que veas a alguien agresivo, culpando, ten por seguro que por dentro le quema la brasa de la culpa. Estando atento, podrás escapar de este vicio tan desgastante.

La otra cara

Para entender por qué nos cuesta tanto desprendernos de este extraño y arraigado vicio de la culpa, habrá que mirar su cara opuesta: la omnipotencia. Una fina línea separa la omnipotencia del poder personal, y lo más fácil es confundir una cosa con la otra.

Ya vimos que el niño, al nacer, es totalmente dependiente y la sensación de desprotección nos acompaña aún de adultos. Para compensarla, creamos una personalidad fuerte, poderosa, que tiene que saberlo todo, resolverlo todo: el ego. Es un símbolo de omnipotencia que no admite jamás una equivocación, ni su debilidad, que nunca va a reconocer que no sabe. Si tiene éxito en el mundo, su omnipotencia crecerá todavía más.

Su otra cara es el fracasado, que no cree en sí mismo, se exige y se menosprecia; su autoestima anda por los suelos. Solo que su autodesprecio también es omnipotencia, porque se compara con lo que debería ser, con lo que debería haber conseguido. No considera la cualidad más importante que tiene el ser humano: la humildad.

La omnipotencia provoca culpabilidades irracionales: que la persona se sienta responsable de todo lo malo que ocurre en el mundo. Por más absurdo que sea, si hay inundaciones, si los niños mueren en el tercer mundo o si hay guerras, ¡va a sentir que es culpa suya!

Cuanta más culpa, más omnipotencia; cuanta más omnipotencia, más culpa. Tanto en un extremo como en el otro, no hay escapatoria. Tanto si te crees un dios como si te crees un pobre diablo, no puedes escapar de la culpa y, por lo tanto, tampoco del castigo. La omnipotencia y la culpa están íntimamente ligadas, una lleva a la otra. Entender esto es el primer paso para desmitificar la culpa.

¿Por qué doy tanta importancia a la humildad? Repito que lo que llamo humildad no es dejar de creer en tu poder personal, sino entender que estás en medio de algo muchísimo mayor que tú, algo inmenso, donde eres una pieza de un juego mucho mayor. Una pieza que tiene su lugar en este rompecabezas, un lugar importante, pero tan importante como cualquier otro. Aceptar que eres un «mandado» dentro de este enorme juego, donde solo cumples con lo que la vida quiere de ti. El jefe es la vida y no vale para nada rebelarse.

Una vez una terapeuta me dijo: «Marly, ¿por qué tienes tanta rabia de Dios? ¡No tienes ni una oportunidad de ganar!». Tremenda verdad que me hizo replantear muchas cosas.

Si partes de esta idea verás que, aunque eres responsable, hay algo mucho mayor que organiza el guion de tu vida y de todas las demás. Las dos cosas hay que considerarlas: hacer lo que sabes que tienes que hacer y luego soltar el resultado. Esto no lo puedes hacer desde la omnipotencia, que siempre está pendiente de la meta y no del camino y, testaruda como es, siempre quiere salirse con la suya.

De ahí la importancia de la humildad: saber que todo lo que pasa es el inamovible sumatorio de la forma en que están estructuradas las frecuencias energéticas de las personas involucradas en una situación. Como una suma matemática, que solo puede dar un resultado, solo pudo ocurrir lo que ocurrió porque es el sumatorio de estas frecuencias. Solo se puede cambiar un desenlace cuando cambian las frecuencias que están involucradas, entonces el resultado es otro.

Muchos caminos espirituales rechazan el ego, pero lo que se está rechazando realmente es la omnipotencia, que acaba siempre en una lucha de poder y desgaste, además de la ineludible culpa.

En cambio, si partes de la humildad, encaras la vida desde otro lugar completamente diferente. Si ocurre algo que no te gusta, aceptas que no pudo ser de otra manera y observas qué frecuencia energética tiene que ser cambiada para llegar a otro resultado. Esto no es resignación, sino aceptación y acción, un análisis precioso para conseguir un mejor final para todos.

Ejercicio 43. La omnipotencia

¿De dónde partes tú? ¿De la humildad o de la omnipotencia? Mira qué metas te pusiste y qué pasa si las alcanzas o no. Si lo logras, ¿enseguida te impones la siguiente meta, la siguiente prueba? Si no lo logras, ¿puedes ver cuál es la energía que está trabando el proyecto o sigues insistiendo, dándote cabezazos contra la pared? Analiza cómo manejas tu omnipotencia.

La luz al final del túnel

Una vez entendido todo eso, aparece un nuevo peldaño. La culpa siempre tiene que ver con la ética. Si te sientes culpable es porque, de alguna manera, has contravenido una idea que consideras sagrada. Puede tener que ver con la lealtad, con la amistad, con la honestidad, con el respeto, con la dignidad, pero es algo concreto a lo que sientes que has faltado, una de esas verdades incuestionables.

Tenemos ciertas convicciones con las que batallamos. A veces son ideas recogidas de la familia o de tu cultura, o algo que has elaborado tú mismo, pero su validez es discutible, podemos argumentar sobre ellas. A veces tus ideas propias se contradicen con las de la familia, con lo que se crea un dilema.

En cambio, hay otras que parecen incuestionables, porque

son éticas: son verdades absolutas, que no admiten discusión. Cuando sientes que has rozado unos de estos principios, aparece el sentimiento de culpa.

No obstante, todo es relativo. ¿Qué es más importante, la lealtad a tu familia o la lealtad a ti mismo? Si perdí los papeles con mis hijos, ¿cómo me perdono? Si te enamoras del marido de tu mejor amiga, ¿qué haces con este problema? Si falté al respeto a mi madre, ¿cómo me quito de encima este malestar? Todas estas son situaciones que tienen que ver con tu código ético personal.

Es el momento de revisar justamente estas creencias absolutas, que muchas veces adoptas sin ningún análisis. Es la única manera de manejar la culpa. Si me comporté mal con mi madre…, evidentemente es alguien que merece todo el respeto, pero es una persona, con sus imperfecciones humanas y quizá tampoco esté respetando el hecho de que ahora soy una persona adulta, con mi propio criterio. Quizá lo suyo es hablar de adulto a adulto, disculparme, pero teniendo una conversación madura que evite nuevos malentendidos.

Una persona muy dedicada a su trabajo y a sus empleados se encuentra con que uno de ellos, que tiene la madre enferma y la esposa embarazada y está muy necesitado económicamente, le está desviando dinero. Por un lado, hay una lealtad de años, por otra, es una inmoralidad y la empresa se está resintiendo. ¿Qué hago? El dilema tiene que ser resuelto. No es posible tener una conversación constructiva con culpa, pues la culpa debilita y quita energía. Hay que aclararse consigo mismo primero, para resolver el tema y poder tener un encuentro firme y resolutivo.

La conclusión es que la culpa exige una revisión, aun de las ideas más arraigadas. Una revisión interna, una flexibilización de los conceptos que la cultura da por hechos. Repasar tu código ético es muy saludable. Habrá que buscar un ángulo de visión nuevo para poder afrontar el dilema con firmeza y ecuanimidad.

Así que para resolver la culpa tendremos que hacer una lectura más amplia y universal de lo que es la vida. Si hubieras nacido en otra cultura, tendrías otra visión. No hay verdades absolutas, solo hay diferentes maneras de mirar. Y la culpa te obliga a actualizar muchos puntos de vista que, muchas veces, ralentizan tu desarrollo como persona.

También hay que considerar un hecho trascendente. Cuando, finalmente, quitas el velo de la idea culposa prefabricada, pasas a un espacio emocional tremendamente luminoso. Es como si todo se ensanchara y cogiera una perspectiva diáfana, llena de vitalidad.

La culpa es el último velo que te impide habitar este espacio desde ahora mismo. Si cambias la idea, la culpa se deshace y te encuentras, sin más, en otro nivel de consciencia.

Los pasos finales

Para liberarnos de la culpa, debemos seguir pasos concretos. El primer paso es hacer lo que sabes que tienes que hacer. Siempre lo sabemos, pero lo posponemos para evitar el conflicto, la confrontación, el desamor, la timidez o las reacciones desagradables. Es tomar la responsabilidad y hacer lo que toca. A veces es algo interno, a veces es algo externo, una acción responsable: disculparse, hacer algo que has evitado, siempre es algo necesario.

El segundo paso es soltar el resultado. Hacemos las cosas pensando en una meta concreta, una conclusión, un resultado que queremos obtener. Como no estamos seguros de conseguirlo, preferimos no actuar. Aquí te propongo lo contrario: actúa y deja que la vida te lleve al desenlace que toca. Cuando evitas actuar, trabas los acontecimientos y la vida no puede manifestarse claramente. Confía en ella, y actúa.

El tercer punto es detectar hasta cuándo hay que insistir y cuándo soltar. Muchas veces insistimos queriendo un resultado concreto, como si diéramos cabezazos contra la pared, testaruda-mente. Por ejemplo, vas a pedir perdón a alguien a quien sientes haber fallado y esta persona no se abre a ello. Probablemente tie-ne que digerirlo o necesita vengarse… Parte del juego consiste en aceptar que no siempre los demás reaccionan como tú quieres. A veces insistir es peor.

Se trata de saber hasta qué punto insistes y cuándo sueltas el tema. No siempre las cosas salen como deseas, y es importante aceptarlo. Tampoco se trata de desistir demasiado pronto. Apren-der a detectar el momento adecuado requiere entrenamiento. Probablemente te quedarás corto o te pasarás del límite varias veces antes de acertar plenamente. Poco a poco te darás cuenta del momento idóneo.

Lo cierto es que has hecho lo que tenías que hacer, con lo cual la culpa no tiene sentido. Luego, aceptaste el resultado sin querer imponer tu voluntad. Más no puedes hacer, toca dejar que la vida manifieste lo que quiera. Toca aceptar su guion.

Por último, hay que considerar que todas las personas son agentes para que la vida monte los acontecimientos a su manera. Si alguien te ha hecho daño, te está dando un mensaje de dónde está tu herida. Nadie puede dañarte si no tienes una herida previa. Por lo tanto, está trayéndote un mensaje importante.

Si el cartero te trae una multa, no le vas a pegar. Puedes recu-rrir la multa, pero no le culpes de que te hayan multado. Cual-quier persona que te ha hecho un daño es el cartero, igual que tú lo eres para los demás.

Luego todos somos agentes unos para otros. Tú también eres el cartero para alguien. Así se montan los culebrones, las expe-riencias de la vida, que nos dan riqueza y sabiduría.

4.5. LA GRAN RED

La alfombra y el nudo

En términos psicológicos, la omnipotencia se llama «ego». Esa parte nuestra quiere todo a su manera y se niega a aceptar una autoridad mayor, por muy evidente que esta sea. Por esto mismo, nunca acepta su destino, está siempre añorando algo distinto. No obstante, es la vida la que escribe el gran guion general de la humanidad. Aceptar totalmente el destino que te tocó es un signo de inteligencia, pues, como dije antes, no tienes ninguna posibilidad de ganarle.

La naturaleza de la vida es crear eternamente, de la misma manera que la mente genera infinitos pensamientos. Por eso, también por ley natural somos «hacedores», porque creamos realidades mentales y físicas. Por eso, creemos que somos los autores del guion. Somos la mano que ejecuta; la cabeza que piensa es nuestra, pero no es nuestra. Hay algo mucho mayor que determina todos los destinos.

Siento decir que somos como los pollitos de una granja: comen sus granos, conocen otros muchos pollitos, pero no se imaginan el inmenso tinglado que existe detrás de todo ello. ¡Si el dueño de la granja resuelve dejar de darles granos o cambiarles de sitio, toda su vida se trastocará y no sabrán ni siquiera por qué!

Tu destino es tu lección particular: el cuerpo, el periodo de tiempo de tu existencia, la familia, el país, las grabaciones…, todo ello configura lo que viniste a aprender en esta vida. La película está escrita minuciosamente para ti y, al tiempo, hace parte y completa el gran guion. Es una pieza sin la cual el rompecabezas quedaría incompleto.

En los principios de la mecánica cuántica, la única manera de explicar teóricamente lo que se replicaba en los laboratorios era una matriz, una especie de red que conecta absolutamente todos los elementos, que interactúan en igualdad, todos sobre todos. Como los incontables nudos de una alfombra. El tejido de la alfombra es como la gran red, que nos une a todos y, al tiempo, hace que cada nudo influya en los demás y sea influido por ellos.

Si el nudo representado por ti no está bien atado o va por libre, no hay alfombra. El ego quiere separarse de la alfombra y construir una alfombra con un nudo. Nunca llegará a ser alfombra, se quedará siempre en nudo. Formamos parte del gran guion, somos inseparables y nos ha tocado un determinado papel, nos guste o no. Es lo que hay. Mientras no aceptes tu destino, serás un nudo que quiere ser alfombra.

En *Bhagavad Gita*, uno de los libros sagrados de la India, al guerrero Arjuna le toca ir a la guerra, pero se niega porque delante tiene a toda su familia. No quiere matar a los seres con los que creció. Krishna le dice que el juego ya está armado y no hay nada más elevado que un guerrero que cumpla con su sagrado papel. Si no lo hace él, lo hará otro, el destino ocurrirá de todos modos. Explica que no es casual que le toque ser un hacedor en este episodio, pero, si se niega a cumplir su cometido, esta experiencia quedará pendiente, atascando su camino. El gran guion no se equivoca jamás porque la frecuencia energética no se equivoca nunca, y es ella la que decide quién, dónde y en qué momento.

Hay algo que Arjuna no ha conseguido comprender y aceptar: «¿Por qué yo? ¿Por qué me ha tocado esto a mí? ¡No es justo!». ¿Quién no ha pensado así alguna vez? No obstante, ¡también vencer la resistencia forma parte de la urdimbre de la alfombra! Depende de nosotros la calidad energética que imprimimos, pues la energía, en sí misma, es neutra. Si mueves el agua con suavidad, las olas serán suaves. Si mueves el agua con violencia, las olas serán violentas.

Lo interesante es que, para vencer la resistencia, eres obligado a subir de peldaño, a alcanzar la sabiduría suficiente para ir más allá de la justicia del hombre y vislumbrar la universal. De esto trata el dialogo entre Arjuna y Krishna.

A Arjuna se le pide que no se escaquee: es un guerrero que debe ir a una guerra justa (ley grande), aunque sea contra su propia familia (ley pequeña). ¡No puede huir del papel que tiene, pero una cosa es lo que hace y otra cómo lo hace! Si siente que está matando a su familia tendrá culpa, con todas sus consecuencias. Si percibe que es el brazo ejecutor de un impulso energético superior y consigue despersonalizar todo el tema, simplemente estará ejerciendo su papel. La misma acción con otra intención tendrá otro desenlace.

Estarás pensando: «Qué barbaridad». Recuerda a Abraham, el personaje bíblico que estaba dispuesto a sacrificar a su hijo Isaac para probar su amor por Dios. Se trata de que la entrega a lo espiritual esté en primer lugar, que las grandes leyes estén por encima de las personales.

Se le pide que se dé cuenta de que nuestra vida es una pieza de teatro cuyo guion no siempre entendemos, pero que está hecho específicamente para que tengas que ampliar tu consciencia. Saber que cuando ejecutas un acto, el actor está cumpliendo con un guion y, así, deja la culpa de lado. Tomos somos actores de una gran obra cuyo guion no escribimos nosotros. De esto trata el siguiente capítulo.

Voy a ilustrar lo que estoy diciendo con un ejemplo. Dos hermanos viajaban en coche, eufóricos por haber ganado un concurso importante, cuando tuvieron un accidente. El copiloto sufrió un golpe que le abrió la cabeza, el conductor salió incólume. Puedes imaginar cómo se sentía. «Si hubiese tenido más cuidado, si hubiese…». Este chico me vino a ver literalmente enfermo de culpa porque su posible descuido causó la muerte de su hermano.

Las leyes éticas del hombre no pueden darle una solución. ¿Hay algo que pueda hacer para remediar la situación en la que se encuentra? En lo humano no, fue un accidente, ningún acto externo va a funcionar. En lo espiritual sí. Lo que le toca es cambiar su visión. Entregar su culpa al gran guion, saber que fue un colaborador en un hecho planificado por algo mayor. Que lo que ocurrió va más allá, que fue algo determinado por el destino.

Para llegar ahí, tiene que soltar todo el ego, toda identificación con lo personal, con lo que cree ser. Sin duda, son palabras mayores, una prueba de fuego. No tiene otra opción si quiere salir del proceso autodestructivo en el que se encuentra. Las grandes leyes no son personales, los destinos tampoco. Llegar a este lugar de la consciencia exige una total identificación con el espíritu y una total confianza en el gran guion armado por la vida. Por supuesto, el ego tiene que dar paso a algo mucho mayor.

Ejercicio 44. Mi vida

¿Cuál es el papel que te ha tocado a ti? ¿Estás satisfecho con la vida que tienes? ¿Rechazas algo de tu cuerpo, de tu trabajo, de tu familia, del entorno social, político o religioso? ¿Te sientes feliz por estar vivo? ¿Estás bien situado en el mundo material? ¿Y cuál es tu relación con lo que hay más allá de los sentidos? ¿Hay armonía en tu interior? ¿Cómo es tu relación con la energía sexual, vital, espiritual? ¿Tu vida sexual es satisfactoria y plena? ¿Y tu salud? ¿Tienes una buena relación con tu cuerpo, le escuchas y cuidas? ¿Cómo vives la espiritualidad? ¿Está separada de tu cotidianidad o forma parte de este mundo físico que ves, escuchas y hueles? ¿Qué es Dios para ti?

El conjunto de todos estos elementos forma el destino que ha tocado en el gran juego de la existencia. Ahora, podemos hacer dos cosas. Una es aceptarlo sin juicios de valor, poniendo la atención en lo constructivo y, poco a poco, ir descifrando los misterios que desasosiegan.

La otra es no aceptar el destino, apoyarte en la omnipotencia del ego y luchar con los acontecimientos. Separados de nuestro verdadero Ser dificultamos el mecanismo de la vida. Este es, en realidad, nuestro libre albedrío: optar por seguir las leyes universales o remar contracorriente. La mesa está servida, pero podemos llenar el plato de ricos manjares u optar por pasar hambre.

Ejercicio 45. Junto o separado

Busca, en tus emociones, si estás en lucha con la vida o te dejas llevar. Puedes resistir en algunas áreas y estar bien en otras. En este momento, puedes aceptar o no. Es tu decisión.

¿Quién es el guionista?

Hablemos sobre el papel que tenemos dentro del guion universal. Aunque el papel te es asignado, también te toca una parte importante de responsabilidad. Tu rol conlleva una serie de acciones que simplemente hay que hacer. No te puedes escaquear. A Arjuna le toca guerrear y tú también tendrás que llevar a cabo acciones que pueden generar un gran conflicto interno. Pero sabes que lo tienes que realizar, por mucho que resistas y lo pospongas.

Una vez que llevaste a cabo lo que toca hacer, y solo entonces, llega el momento de rendirte al desenlace que venga. Se trata de soltar el resultado, confiando que la vida sabe mucho mejor que tú lo que debe ocurrir. Si lo haces honestamente, la omnipotencia que todavía mora en ti se desvanece. Ya no eres tú el causante de las desgracias del mundo, ni responsable de la infelicidad de los seres que amas. Aceptas que hay algo mucho mayor que tú, más sabio que tú, que maneja los acontecimientos.

Este es un momento cumbre, porque en este instante has soltado el ego, la parte tuya que lucha continuamente con la vida. Mientras no confíes en el gran guion es imposible librarte de la culpa. Si algo horrible ocurre a tu lado actúas de la mejor manera posible, pero sin la necesidad imperiosa de solucionarlo todo y desmoronarte si no eres capaz de resolverlo. Empiezas a darte cuenta de que no tienes los datos suficientes para juzgar si algo es bueno o malo.

¡Cuántas cosas «malas» resultan ser constructivas y cuántas cosas «buenas» acaban siendo dañinas! Te das cuenta de que, desde el punto de vista energético, todo es perfecto, que la alfombra se teje con los dibujos que corresponden a un conocimiento infinitamente mayor que el tuyo. Como si todo fuera un gran juego de ajedrez en el que te puede tocar ser un peón o una torre, un caballo, un rey o una reina, pero la mano que mueve las piezas del ajedrez no es la tuya. ¡Somos piezas de un juego mayor!

Esto no significa que seamos piezas mecánicas, muertas, zombis. Podemos jugar o no jugar. Habrá que conocer las reglas del juego y las leyes universales para sacar mayor provecho e influir en todo lo que nos rodea, tal y como corresponde a un «hacedor». Si nos empeñamos en no seguir el juego, entonces nuestra vida estará repleta de esfuerzo y de lucha sin premio.

Si delante de un manzano decides usar tu poder mental para que salga una pera, estarás ante una misión imposible porque contraviene una ley. En cambio, si usas tu mente para que crezca una manzana fresca, jugosa, roja, brillante, estarás cumpliendo con tu papel de «hacedor». Ayudarás a la creación de la manzana. Contribuyes al estado natural de las cosas y que se cumpla el orden universal. La rebeldía es sana y funcional en una etapa de la vida, luego es un inútil y terco forcejeo con fuerzas infinitamente más poderosas que tú.

Ejercicio 46. La entrega

Coge tu lista de culpas y revísalas, una a una. Considera el hecho como parte del gran guion, comprendiendo que eres una pieza de un juego mayor y que este acontecimiento es una prueba por la que tienes que pasar. Si lo haces de corazón y con decisión, tu vida puede experimentar un cambio radical: ¡puedes dejar de sentirte mal y castigarte! Toma todo el tiempo que necesites y solidifica esta nueva visión de los hechos. Es el paso más importante de todos, así que no te importe quedarte unos días en ello.

La microrred

Espero que, a estas alturas, nadie tenga dudas de que poseemos una herramienta divina y poderosísima: nuestra mente. Podemos escoger cómo usarla: al final es cocrear con la gran red o forcejear con ella. En esto consiste nuestro libre albedrío. Esta opción determina si la vida es gozosa o es una pesadilla.

Si hacemos una metáfora con internet, veremos que nuestra mente es tu ordenador particular. La gran red es internet. Nosotros influimos en internet y, a la vez, somos influidos por su contenido. Nuestra mente capta y, al tiempo, influye en la humanidad.

En estos tiempos se está haciendo investigación seria y estructurada para conocer algo más a nuestro cerebro, esta complejísima central que da órdenes a todo nuestro cuerpo. Los resultados obtenidos por la neurociencia y la epigenética están siendo espectaculares. Se van reconociendo las capacidades insospechadas de nuestra mente y casi cada día aparece un estudio más sorprendente.

Todos sabemos que el cerebro consta también de una red neuronal espectacular, una maraña que concentra distintas funciones, unas conocidas y otras no. También se sabe que nuestra parte consciente solamente usa alrededor del 15 al 20 por ciento del potencial neuronal. El resto corresponde al inconsciente.

De este vasto mundo interior inconsciente es de lo que hemos estado hablando. Imagínate la importancia de usar esta increíble maraña de terminaciones nerviosas e información ¡a tu favor y no en contra de ti!

Cuando la culpa ocupa este espacio, es muy difícil que una persona pueda escapar de su propio inconsciente… porque este 85 por ciento está actuando continuamente, te des cuenta o no. Corresponde a lo intuitivo y emocional, el motor de la vida. Una vez ordenados, todos los incontables actos inconscientes que ejecutas al cabo de un día van a estar dirigidos a tu favor. ¡Sin darte cuenta, acabarás encontrando la versión más potente de ti mismo!

La macrorred

Al alejarse de las religiones, la humanidad pasó a depositar su confianza en la ciencia y sus ingeniosos inventos. ¿Por qué? Porque los aparatos parecen ser neutros, y sus resultados, objetivos, libres de distorsiones humanas. Con esto, la ciencia tomó un lugar de vanguardia en el desarrollo del pensamiento humano y pasó a ser la manera aceptada de interpretar lo invisible.

La física mecánica detectó un gran número de leyes de la naturaleza. Según el principio lógico de causa y efecto, se podía calcular dónde iba a parar una pelota lanzada con determinado ángulo y con determinada potencia. Todo parecía estar en su sitio. De repente, ¡unos extraños experimentos causaron un descalabro en el orden establecido! Los aparatos consiguieron detectar una nueva realidad, un mundo oculto bajo el mundo tranquilizador que todos entendíamos, y ¡qué horror!, no respondía a nada conocido.

Los propios científicos no podían explicar este mundo de micropartículas, en el que nada concordaba con lo que se conocía. Se reunían, discutían y elucubraban, maravillados y chocados ante esta dimensión desconocida. Nacía la física cuántica, que iba a abrir una nueva dimensión al conocimiento humano.

Finalmente, parecía que una matriz explicaba los hechos experimentales, similar a una gran red, algo parecido a nuestro cerebro, pero en macro. En esta red no hay un elemento mayor ni menor, todos influyen unos sobre otros, de tal forma que, como en un puerto marítimo, el movimiento del más pequeño barquito hace balancear a las grandes embarcaciones. Tampoco existe el tiempo, de tal forma que los viajes al pasado y al futuro dejan de ser una quimera.

¿Esto te recuerda algo? También nuestra mente conecta con un mundo sin tiempo; del vasto mundo interior aparecen elementos incomprensibles para la mente lógica, así como información imprevista, que proviene de un lugar desconocido.

A veces, accidentalmente, tocamos este mundo sin tiempo cronológico. Una vez, viendo a un grupo de niños corriendo por el jardín, tuve la visión de uno de ellos cayéndose... ¡unos segundos antes de que tropezara! No tuve tiempo de abrir la boca y advertirle. Todas las premoniciones que, alguna vez, nos han ocurrido a todos se pueden explicar con esta red, donde todo está conectado y fuera del tiempo.

En los grupos terapéuticos que imparto se suele dar un fenómeno curioso: cuando comienzo a mencionar esta red, ¡el número de «coincidencias» aumenta de forma llamativa! Cuando las mentes enfocan esta gran red, la activan. Los alumnos pasan a «adivinar» lo que se va a hacer a continuación, o dicen en voz alta lo que yo estaba pensando en aquel momento. Al hablar de perros, entra uno por la sala; una chica africana sale de una casa perdida en medio del campo de Castilla y se encuentra con un hombre de color...; podría dar un sinfín de ejemplos.

Uno de los hechos más llamativos ocurrió cuando estábamos en el campo y yo hablaba de la gran red. En este momento, una pequeña araña verde ¡comenzó a tejer una red, de árbol en árbol, alrededor del grupo! Los animales están totalmente conectados con esta realidad y son extraordinariamente sensibles a cualquier cambio energético.

Cuando las personas modifican sus ideas, es muy común un radical cambio de actitud de sus animales domésticos. Un alumno tenía una pareja de gatos tan ariscos que, habitualmente, solo se acercaban para comer, y se sorprendió cuando, al volver a casa, se acurrucaron en su pecho y no querían irse, pidiendo acercamiento.

En esta red, el espacio tampoco existe. Como en los sueños, los tiempos se mezclan, se superponen y se combinan, sin perder sus peculiaridades. Una vez, dividí a los participantes en dos grupos, asignando una tarea a cada uno. Al reconectar, descubrí que el caos era total. Cuando puse orden en el primer grupo, me di cuenta de que todos los demás se habían ordenado al tiempo. Recordé un antiguo experimento: se enseñó a los monos de una isla una determinada habilidad y se descubrió que los monos de una isla vecina ¡habían aprendido, por sí solos, la misma habilidad! Algo parecido pasa con las constelaciones, cuando repites movimientos de alguien que no conoces ni nunca conocerás.

En ambos casos, se ve cómo la red funciona. Por esta misma razón, en la humanidad ocurre a menudo que las nuevas ideas y los descubrimientos aparezcan simultáneamente en diferentes lugares del mundo, sin ninguna conexión aparente.

Los antiguos meditadores ya hablaron de lo que la física cuántica ha comprobado ahora. Nuestra microrred sintoniza con la macrorred, como tu ordenador con internet. De ahí nuestra asombrosa capacidad de recoger información intangible, que nos conecta con un mundo invisible, mágico, presente en cada momento y en cada lugar. Es como tocar lo sutil con un dedo.

En realidad, son dos mundos conectados, con leyes complementarias que actúan tanto en el macro y en el micro. Parece no haber nada excluido o separado en este vasto mundo de interconexiones, en que todo influye sobre todo y todo conecta con todo. La gran red explica las rarezas y ultracapacidades del ser humano y también su participación en la creación.

Ejercicio 47. Yo y la red

Quisiera invitarte a tomar consciencia de que la gran red funciona y siempre ha funcionado en tu vida. Trata de recordar todas las veces en que ocurrieron extrañas coincidencias, las veces en que, sin saber cómo, sabías lo que iba a pasar, las veces en que una extraña voz interior te protegió, dirigió y fortaleció. Quizá ya hayas conectado con otras dimensiones sin entender qué pasaba. Cuanta más consciencia tomes de la existencia de la red, más sólidamente podrás confiar y descansar en ella.

Soy el director de mi película

Dado que la mente no puede parar de crear, monta películas increíbles y, además, puede materializarlas. El hecho de que la energía mental pueda producir situaciones, accidentes, felicidad, enfermedades o dinero, es un tema muy polémico. Felizmente, la física cuántica viene en nuestra ayuda y nos muestra un mundo de milagros al hombre de la calle.

Ya hace años se sabía que la mente actúa sobre el mundo subatómico. En dos experimentos gemelos, perfectamente controlados, las partículas no se comportan, necesariamente, de la misma manera. Si el investigador A cree que la partícula se va a dividir en dos y B cree que no se va a dividir, resulta que la partícula de A se divide y la de B no se divide. ¡En otras palabras, la expectativa del investigador incide en el comportamiento de la partícula!

Luego la mente influye en la manera de funcionar de la materia. El concepto del «observador participante» ha explicado estos fenómenos comprobados en el sutil mundo de las partículas. No se sabe muy bien cómo, pero el hecho es cierto: el pensamiento da dirección a la materia. En otras palabras, el pensamiento materializa.

En el mundo subatómico hay muchos elementos que estamos todavía lejos de comprender, pero no podemos negar la evidencia científica. Han sido comprobados fenómenos de bilocación, de una partícula que está en dos lugares al mismo tiempo. La luz es al tiempo onda y partícula, lo que parece imposible para nuestra mente lógica. Y muchísimas cosas más.

Vienen a mi mente los antiguos *koans*, frases que contienen dos ideas contradictorias y aparentemente sin sentido, sobre las que los monjes debían meditar, a veces durante semanas enteras, hasta conseguir percibir su significado oculto y trascendente.

Algo así sucede con la física cuántica: fenómenos contradictorios e inexplicables para la lógica cartesiana, simplemente ocurren. La mente humana se anticipó muchos siglos, cuando los místicos trataban de entender sus percepciones y determinar leyes universales. Muchos misterios y muchas sorpresas nos esperan todavía.

Ya sabemos que del cerebro emanan diferentes tipos de ondas que corresponden a distintos estados: alfa, beta, gamma, theta, desde la vigilia a estados expandidos de la consciencia. No es difícil imaginar que, al alcanzar una determinada intensidad, las ondas más sutiles alteren la materia. Lo que ocurre en el mundo psíquico se puede materializar en el físico. Por esto, la energía de los pensamientos que lanzamos a la red puede crear situaciones reales.

Cierta vez nos reunimos un grupo de 42 personas para un trabajo terapéutico. Entre ellas, una señora tenía tal miedo a que le robaran, que su marido la tenía que acompañar a la entrada del edificio. La única vez que no pudo hacerlo, ¡le robaron mientras cruzaba la calle! Naturalmente, a ninguno de los otros 41 compañeros les pasó nada durante los tres meses que duró la vivencia. Su miedo materializó al ladrón en aquellos pocos segundos de desprotección.

Una vez coincidí en el camino de Santiago con un chico que estaba narrando su miedo a los perros. Pasábamos justamente por un pueblo donde Paulo Coelho, en su libro sobre el camino de Santiago, describió la existencia de un perro con un aspecto diabólico. La sorpresa fue que el perro existía y que atacó al chico, como si oliese su miedo. ¿Casualidad?

El miedo es una energía intensa que puede atraer justamente la situación que teme. Es como si el pollito de la granja gritara al aguilucho: «¡No me comas!». Probablemente, el pollito no dure mucho. Por la misma regla, también nuestros deseos pueden materializarse, ¡siempre y cuando no queramos que de un manzano salgan peras!

Aprendamos a dirigir nuestros pensamientos, miedos y deseos para dejar de atraer justo lo que no queremos. Nuestro aparato psíquico es tan sofisticado que nos permite ser los directores de nuestra propia película.

Ejercicio 48. Miedos y deseos

Vuelve a tu lista de miedos. Es importante que pongas la atención en transformar los pensamientos que originan estos miedos. Casi todos serán residuos de sentimientos infantiles que puedes modificar desde el adulto. También, repasa tus deseos y medita si realmente son lo que quieres para tu vida. Al tomar conocimiento de tu propio potencial, es importante que esté dirigido de forma certera y eficaz.

La mesa está servida

Muchos pueblos primitivos conocen esta relación entre el mundo material y el mundo sutil. En Bali, por ejemplo, en las encrucijadas se suele colocar comida para las energías del lugar. Esto no quiere decir que un extraño ser sobrenatural vaya a bajar de las alturas y comérsela. Determinadas frutas, guisos u ofrendas emanan energías que calman y apaciguan la energía de ira y desasosiego que crean los seres humanos tan fácilmente. Están previniendo, echando agua al fuego.

El significado de muchos rituales primitivos es fascinante. Se basan en antiguos conocimientos animistas, con resultados comprobados a lo largo de los siglos. Aunque creamos que el vehículo realmente sea la mente, la homeopatía o las flores de Bach, por ejemplo, están mostrando que los animistas no andaban tan desencaminados. Estos conocimientos primitivos son un arte que sintetiza experiencias de siglos, observaciones de energías sutiles y su efecto sobre la materia.

Es un mundo en el que debemos adentrarnos muy poco a poco, con mucho respeto y con la cautela del que pisa por primera vez un territorio desconocido y poderosísimo. Nuestro mundo actual solamente ha cambiado la forma de detectar, comprobar y manipular la realidad. Igual que el hijo pródigo ha de pasar por mil peripecias antes de volver a casa, parece que tenemos que caer en mil trampas y desvíos para aprender a usar el enorme poder de nuestra mente.

Podemos vivir, como si fuera real, tanto una tragedia griega como un musical americano, *Harry Potter*, *Nemo* o una película de terror. La cartelera es inagotable, ya que la imaginación es inagotable. La mesa está servida y el menú viene dado para que podamos escoger lo que queremos del banquete. El problema es que, a veces, no sabemos lo que queremos.

Existe una idea generalizada en nuestra cultura, la de que para madurar hay que sufrir, sudar tinta, librar una guerra sin cuartel. Por esto, detecto cierta desgana de vivir. ¡A veces pienso que, si nos dejaran escoger, posiblemente el planeta se quedaría desierto! La idea de que vivir es un esfuerzo no es algo que entusiasme mucho.

La llave está en saber que, bajo lo que nos muestran los sentidos, hay una realidad multidimensional mucho mayor, interesantísima y sorprendente. Es lo que hace la vida jugosa, entretenida, mágica, siempre nueva. Crecer tampoco tiene que ser algo tan duro. Al contrario, puede ser fácil y divertido. Solo nos distraen los malentendidos. Sí, tenemos que conocer a fondo nuestros propios malentendidos, viejos hábitos de muchos años que derivan de ideas que tomamos de otros, de la cultura, de las figuras a las que dimos autoridad.

Una televisión no se arregla luchando con ella, sino conociendo sus circuitos y usando este conocimiento para que funcione debidamente. Podemos reconducir nuestros circuitos psíquicos; para ello hay que interesarse en cómo funcionan y redirigirlos.

Ejercicio 49. Integración

Te invito a ser un investigador de tu fascinante mundo interior. Repasa los ejercicios y procura integrarlos, repasa tus listas y mira el mundo como un holograma, cambia de lugar, transforma tu forma de ver la vida. Hazlo hasta que puedas mirarte en el espejo y gustarte, hasta que puedas moverte por la vida disfrutando de estar aquí. Para esto, el capítulo siguiente puede ser muy útil.

5

EN EL REINO DE LAS ENERGÍAS

5.1. LA IMAGEN

La forma y la no-forma

Aunque sea el más corto, este capítulo es, en realidad, el más amplio de todos, ya que no trata de la dimensión personal, sino de la colectiva. De la vida misma, infinita, sin comienzo ni final, que es una manifestación de este mundo sutil, fascinante e intangible del que hemos estado hablando.

Es el reino de las energías, que se materializan en el mundo físico siguiendo leyes exactas, aunque para nuestro intelecto mecanizado parezca un mundo imprevisible y misterioso. Con el mundo sutil cada cual conecta a su manera, aunque el camino sea común; si tienes una perspectiva trascendente de la existencia y lo permites, la vida misma te llevará en volandas.

Solíamos hacer un ejercicio en el que un observador tenía que escuchar dos historias, una era real, la otra inventada, y discernir cuál era cuál. Invariablemente, la real era muchísimo más original, divertida e inesperada que la inventada. La vida es una energía inteligente que crea formas e historias con una creatividad inimaginable, cada una de ellas con moraleja incluida.

No importa si es la imaginación la que crea la realidad o la realidad la que alimenta la imaginación…, pasan a ser lo mismo porque, para el inconsciente, las imágenes que se generan dentro y las que ven fuera tienen el mismo efecto: para el inconsciente no hay separación, pues funciona a base de imágenes con sentido. Estas imágenes llenas de información se denominan «símbolos».

Si eres consciente de estar en un lugar donde se materializa el contenido de las energías, verás que la conexión con la realidad última va a ser siempre a través del lenguaje simbólico, o sea, la imagen con información, que ves desde tu ventana particular.

Como no sabemos descifrar la energía pura sin forma, necesitamos de estos símbolos para entender lo que hay. Por lo tanto, el símbolo es el traductor del mundo sutil, aunque también del mundo físico, porque das tu significado personal a cada imagen. El símbolo, por lo tanto, es dual, esto es, siempre puede tener un significado doble, además de tener un sentido para el consciente y otro para el inconsciente.

Tenemos tanta dependencia de la forma porque a través de ella damos sentido a lo que vemos. Sin la forma, parece que caes en un vacío sin referencias, en el vacío de la no-forma. Sin embargo, parece que todo el mundo físico brota de esta no-forma.

Como nubes que aparecen en el cielo repentinamente, el mundo sin forma sería la fuente de toda creación, una fuente que no puede parar de crear, igual que nuestra mente no para de pensar. Sin embargo, todo lo que tiene forma está condenado a ser finito, ya que la forma es temporal. Cualquier objeto, persona o lugar solamente puede ser lo que es durante un tiempo. Solo lo que no tiene forma puede ser infinito.

El cuerpo y el Ser

Como estamos tan habituados al mundo de la forma, el vacío nos asusta porque ¡ahí no hay donde sostenerse! Entendemos las cosas cuando vemos la forma que toma, ya nos tranquilizamos porque todo pasa a tener un sentido.

La imagen de uno mismo es a lo primero que nos agarramos. Hacemos muy bien en cuidar y acicalar nuestro cuerpo, y no habría el menor problema, si no estuviéramos totalmente identificados con él. Creemos ser un cuerpo. En realidad, es la materialización de nuestra propia energía individual; un traje que usamos en esta vida, tu tarjeta de visita ante los demás.

Muchos creen que su poder reside en la imagen. Podemos tener mil formas de identificación con la imagen, tanto la que vemos en el espejo como la que los demás ven en nosotros. Si te has observado en el espejo como si fueras otra persona, con honestidad, ya conoces lo que piensas de ti mismo, quién crees ser.

Podemos tener un cuerpo muy estético y no gustarnos nada; podemos tener un rostro feo y verlo bonito; el balance es positivo o negativo según tu sistema de valores y creencias. Esta autoimagen va a teñir la lectura que hagas de ti en la vida.

Luego nos agarramos a las imágenes que vemos fuera. Al estar inmersos en el mundo de la forma, lo que entra por los ojos suele ser la principal referencia para saber lo que hay ahí fuera. Sin embargo, la información entra por todos los sentidos y, como ya vimos, su significado dependerá de los filtros y de la información grabada en el inconsciente. Así que la lectura que haces del mundo es muy relativa.

El mundo de la forma es tu referencia, pero no muestra mucha consistencia. Parece que te has perdido en un mundo sin pies ni cabeza. Puede ser una aseveración fuerte si te digo que no eres el cuerpo, ni tus emociones, ni tus pensamientos. Eres un cuerpo energético, sin forma definida, que vive dentro de ti, que siempre estuvo y siempre estará, que para existir no depende de la edad ni de nada externo. De ella viene la energía del cuerpo físico, que toma la forma que le corresponde.

Este cuerpo energético ya estaba cuando eras un niño y seguirá estando de aquí al final de tu vida. Esta parte, que llaman el testigo, el observador, el Ser, sí que parece ser eterna, sigue tocada por todo lo que te ha pasado y observa sin enjuiciar los cambios que sufren tu cuerpo, tus emociones y tus ideas a lo largo del tiempo. No es fácil describirlo, pues las palabras se quedan cortas para expresar algo tan sutil. Algunos lo llaman la consciencia.

Este estado especial solemos sentirlo, seamos conscientes de ello o no. Nos da la sensación de estar de vuelta a casa, provoca una quietud plena, etérea, pero, al tiempo, estable. Está más allá de si eres hombre o mujer, más allá de tu nacionalidad o color de piel, está más allá del cuerpo, de la forma y de la imagen. ¡Es lo que queda después de quitar todos los atributos que te identifican!

Esta consciencia está conectada con el origen, como la semilla que parece que no es nada, pero contiene en sí cada raíz, cada rama y cada fruto del futuro árbol. Lo curioso es que cada uno de nosotros ha sentido su Ser en algún momento, aunque no haya usado este nombre para describirlo.

Si te observas sin ideas preconcebidas, sabes a qué me refiero, y, cuanto más lo recuerdes y lo tengas en cuenta, más estarás propiciando su presencia.

Ejercicio 50. La imagen

Toma consciencia de cómo ves tu cuerpo y tu imagen. Descríbelos y observa la importancia que tienen para ti. Con honestidad. Describe también el momento y lugar donde sentiste tu Ser o un estado de consciencia distinto al habitual.

5.2. EL TEATRO DE LA VIDA

Los personajes

Un personaje es lo que describes al decir: «Yo soy así». Sin embargo, si incorporamos ideas nuevas que provocan sentimientos y actitudes distintas, llegarás a interpretar otro personaje, con otro tipo de energía.

De hecho, en un solo día vivimos un sinfín de personajes: cuando estás con tu pareja, en el trabajo, con los amigos, con los hijos…, en cada situación aparece una versión diferente de ti. Con el paso del tiempo y el cambio de las costumbres sociales y la tecnología, también creamos personajes que antes no eran necesarios.

Sin embargo, solemos tener un personaje principal, justamente el que crees ser. Desde pequeños, nos adaptamos a diferentes roles según la persona con la que interactuamos. Somos camaleónicos, unos más y otros menos, y según sea su frecuencia energética unos roles serán más abiertos, otros más cerrados. Este personaje principal es el que tuvo éxito en el área de la vida que parecía ser la más importante: la familia, la pareja, la esfera social o el trabajo.

Te identificas tanto con este personaje que ni te planteas que ese no seas tú de verdad. No le cuestionas. Puedes ser el salvador de todos, que tiene que encargarse y solucionar todo, o el pobrecito, que siempre tiene alguna pena que compartir. O el enfermizo, el conflictivo, el rebelde, el obediente, el buen niño que todo lo traga. Según un rol genere más o menos atención, más se te pega a la piel. Llega un momento en que ni siquiera te das cuenta de que es un papel, un personaje.

Puede ocurrir que te sientas bien en tu personaje, aunque en algún momento tienes un enorme hartazgo de tener que seguir siendo tan atento o tan conflictivo. También ocurre que detestes el personaje que has creado, seas consciente o no de ello. Pero te has quedado confinado en el molde, que en un momento te sirvió, pero ahora es un estorbo que te impide ser tú. Esta incomodidad contigo mismo se traduce en una insatisfacción vital que justificas de muchas maneras, pero no solucionas.

Lo interesante es que podemos usar cualquier personaje. Según sea la situación, podemos escoger el más adecuado sin quedarnos pillados ni identificados con él. Como los rasgos, los personajes están para que los uses, no para que te dominen ni se cristalicen. Hay todo un abanico de posibilidades de acción en cada momento y lo importante es elegir el personaje más adecuado para cada ocasión y luego soltarlo, como quien se quita un ropaje.

Cada uno de estos personajes tiene sus cualidades, sus atributos, su manera de vestir y de presentarse, casi se puede imaginar lo que le gusta comer y los aderezos que lleva. El soldado tiene su vestimenta, el hombre de negocios su estilo, el deportista también, el operario tiene su forma de ser, la maruja igualmente y la seductora también. Cada uno es ideal para una circunstancia especial. Hay ejemplos de todos ellos en nuestro mundo actual, incluso puedes seguir ejemplos hasta dominar el papel que quieres incorporar.

Esta es la meta: escoger un personaje adecuado y gustoso en cada momento, en lugar de aferrarnos a un papel fijo, que a veces nos resulta cómodo y útil, y otras veces rechazamos u odiamos. Debemos saber que es solamente esto, un personaje, que puedes usar cuando sea conveniente y desechar cuando no te convenga. Todos están a tu disposición, basta entrenar para conocerlos y poder usarlos cuando proceda.

Ejercicio 51. El observador

Sugiero que cierres los ojos, deja que tu consciencia salga de tu cuerpo y llegue hasta el techo de la habitación. Desde allí, observa tu imagen detenidamente, esa persona que crees ser. Observa las emociones e ideas que viven dentro de ella... Obsérvate a ti mismo desde fuera. Con calma. Como si jamás hubieses visto a esta persona. No sigas hasta no haberlo experimentado. Toma consciencia de lo que te enseñó esta experiencia.

Lo que has visto en este ejercicio no es tu cuerpo solamente, sino también el personaje que sueles adoptar. Te haya gustado o no, has visto el sumatorio de tu historia personal. Ya vimos que podemos ser tanto el «bueno» como el «malo», la santa o la prostituta, el benefactor o el ladrón. Si no estás a gusto con la persona que viste, puedes experimentar una nueva. Así de fácil. Lo importante es saber que es un papel y que, juguemos al rol que juguemos, somos otra cosa: un cuerpo energético puro que puede adoptar cualquier papel y vestir cualquier vestimenta, pero que, en esencia, no es ninguno de ellos.

La identificación

Este es un mecanismo al que hay que prestar mucha atención. Simplemente porque eres aquello con lo que te identificas. Si sientes que eres una persona alegre, llamas la alegría a tu vida. Si triste, vendrá la tristeza. Si piensas que eres exitoso, te ayudará mucho. Si crees que eres poco inteligente, lo que es una simple conclusión errónea, vas a acabar comprobándolo, porque una y otra vez te vas a comportar como lo haría alguien sin mucho razonamiento, simplemente porque te lo has creído. Igualmente, si crees que tienes facilidad o dificultad para tener amigos, va a ocurrir exactamente esto, porque tu actitud corresponderá al personaje que crees ser.

Lo interesante del tema es que, si te identificas con otro personaje, también va a funcionar. El que cree que tiene facilidad para encontrar trabajo se presenta a una entrevista de una forma completamente distinta del que cree que es difícil encontrar trabajo. Van a emanar frecuencias energéticas tan distintas que conseguirán resultados también distintos.

Estoy segura de que las ideas que tienes sobre ti mismo van a configurar tu vida. De ahí la importancia de ver que, cuando las cosas no fluyen, simplemente te has identificado con un personaje sin empuje o que se cree sin recursos. Pensaste que eras así, pero es solo un rol que has adoptado.

Eres mucho más que un personaje, eres este Ser que mencionamos antes, que puede ser cualquier cosa que se proponga. El adulto puede buscar lo que necesita, conocimiento, profesores, datos; puede armar situaciones para alcanzar lo que necesita, siempre que sepa identificarse con un personaje que sienta que es capaz de asumir. Si siente que no puede, sus esfuerzos no valdrán de nada.

Reconozcamos que el mundo es un teatro, donde determinados personajes atraen determinadas situaciones y jamás van a atraer otras. El guion se va formando con estas atracciones y rechazos de los distintos roles, de modo que se forma un entramado colectivo y, dentro de él, estará el guion personal de cada «actor».

Se trata de ver a cada persona como si fuera un actor que está actuando en el teatro del mundo, cumpliendo una función e interrelacionándose con otros actores que combinan con su rol. Si empiezas a ver el mundo así, no solamente te diviertes más, también irás constatando que el resultado cambia cuando cambias de personaje.

Dale un nombre a tu personaje. Te ayudará a dejar de identificarte con él, a no tomarle tan en serio y saber que es un rol que puedes dejar y coger cuando quieras. Ponle todos los atributos que deseas, siempre que no sean inaccesibles ni disparatados. Cuando lo tengas completo, identifícate con todas sus características.

5.3. ARQUETIPOS

Cuentos, mitos y películas

Veamos, ahora, la fuerza de la imaginación. Hay otra forma de grabación, tan importante como la que hemos descrito anteriormente, que ocurre por medio de nuestra imaginación. Como para el niño todo es posible, no solamente le impresiona lo que le dicen, sino también los cuentos e historias que oye y las películas que ve.

Cuando un personaje de un cuento le llama mucho la atención porque vibra en consonancia con algo que está sintiendo, el niño se va a identificar con él. Aprende su forma de actuar, de sentir, de expresarse. Lo absorbe como una esponjita, con todas las características que aparecieron en el cuento o película. Puede ocurrir que se olvide de ello con el paso del tiempo, pero la impresión se quedó grabada en su inconsciente y va a seguir identificándose con aquel papel, sin darse cuenta. Eso también le ocurre al adulto con los personajes mitológicos, que tienen una enorme carga arquetípica.

Es importante saber que el personaje con el que nos identificamos es una entidad completa, con sus correspondientes atributos y, además, con la historia que ha vivido. No es igual que se identifique con el sheriff al que le disparan por la espalda y matan que con el que se enfrenta a un grupo de bandidos y gana. La historia cambia de significado, aunque sea el mismo personaje.

Pasará a identificarse con lo que vio; luego tendrá que sacar esta identificación del sistema para poder liberarse del personaje. ¡Imaginemos lo que se está sembrando con algunos cuentos infantiles terroríficos y con estas películas de violencia y sadismo a las que nos tienen acostumbrados hoy día!

Lo pude comprobar con una alumna que llevaba muchos años de trabajo personal, pero no conseguía dejar de estropear lo bonito que aparecía en su vida. Al preguntarle si recordaba algún cuento o película que le hubiese impresionado especialmente, relató una escena en que una chica había matado y enterrado a su padrastro, quien la había maltratado. El muerto volvía de la tumba a buscar a su asesina. Lo que estaba viviendo cuando vio la película hizo que se identificara tanto con la niña que pasó a sentir como si ella hubiese sido «la sepulturera», como la llamaba. ¡Sentía una culpa tan vívida que llegó a desarrollar una enfermedad! Al liberar la energía del macabro cuento, pudo quitarse de encima la culpa de algo que nunca hizo. ¡Así funciona la imaginación!

Esta «atracción fatal» que sentimos por determinados personajes es porque son arquetípicos. Como ya expliqué, cada arquetipo ejemplifica un patrón humano, que se repite a lo largo de los siglos y tiene su energía propia, resumiendo en sí las experiencias de un sinfín de generaciones, y acaba siendo una síntesis de esa característica humana. El niño interior es una síntesis de todos los elementos y experiencias relacionados con la infancia y, además, la tuya personal.

Cuando absorbes la energía de un arquetipo, te ves actuando como él, hablando como él, pensando y juzgando como él. Te puede su energía, porque el arquetipo tiene la fuerza de un vendaval, de una aspiradora dentro de la cual tienes escasa capacidad de escoger tus pensamientos, tus actitudes y hasta tu apariencia. Lo importante es darse cuenta de cómo funciona energéticamente el arquetipo en el que te pierdes. Te atrae Napoleón y, aunque sepas que no lo eres, ¡esto no te impide actuar como Napoleón!

De ahí el éxito de los cuentos y mitos, que recogen los principales arquetipos de la humanidad y tejen historias con estos personajes que ejemplifican cómo funciona la mente humana. Muchas veces el niño lleva a su vida de adulto un personaje de un cuento infantil que nunca abandonó su imaginación. Ahora mismo hay libros y películas que representan los arquetipos de siempre «disfrazados» de personajes modernos, como las películas de *Harry Potter*, *Avatar*, *Inside/Out*, etc. No hay novedades en los patrones de la mente, solamente se adaptan a los tiempos.

Lo llamativo es que no solo quedan los personajes grabados en el psiquismo, sino también todo el guion. Si el desenlace de tu cuento favorito fue feliz o trágico, va a llevar al inconsciente a buscar un final similar en tu culebrón personal. Y probablemente ni te des cuenta de lo que está pasando. Es otro tipo de modelo y tu mente sigue lo que la ha impresionado, tanto si ocurrió en la realidad física como en la imaginación.

Ejercicio 53. Mi película particular

¿Cuál es el cuento o película que más te impresionó? ¿Sobre todo, qué personaje? Descubre si hay un arquetipo que te tiene atrapado. ¿Cómo fue el desenlace de tu cuento favorito? ¿Reconoces estarlo recreando en algún aspecto de tu vida? Busca siempre aquello que más hondo caló dentro de ti. También es posible que, al ser un desenlace imposible, estés esperándolo, identificado con el pensamiento mágico del niño, y eso dificulte tomar actitudes maduras. Seguramente todo esto te enseñó muchas cosas que ahora ya no son necesarias.

El teatro arquetípico

Si aceptamos la idea de que el mundo que conocemos es un gran teatro, donde cada uno vive su versión favorita de un determinado arquetipo y puede intercambiarlo por otro cuando el guion lo requiera, podemos tener una visión muy exacta de lo que es la vida. Los personajes están interrelacionados entre sí: un sheriff no tiene razón de ser si no hay bandidos. De la misma forma, un rey no existe si no hay un reino. Por tanto, los personajes se atraen entre sí.

Este es el gran juego de las energías: el personaje con el que te identificas fatalmente se encontrará con otro que le dé sentido. Si tienes miedo a King Kong, difícilmente te lo vas a encontrar; pero no es nada difícil que te ataque alguien que esté identificado con la energía de King Kong. Recordemos la historia de los juegos de rol. Este mecanismo podría explicar un considerable número de sucesos violentos. Estos personajes, cargados con la energía de nuestra imaginación, pasan a tener vida propia.

Recordemos que, aproximadamente, el 85 por ciento de nuestra energía pertenece a nuestro inconsciente, con lo cual ¡este juego energético está movido por casi toda la energía disponible en los seres humanos! Sin darnos cuenta, estamos dando vida y viviendo experiencias del arquetipo con el que conectamos en el momento. Siendo totalmente inconscientes de todo ello, estamos dando vida a una red de arquetipos y personajes.

Este teatro ha existido siempre y va a seguir existiendo, así que demos vida a un personaje. No podemos evitar participar en el teatro, pero sí ser todos ellos, así que basta con cambiar de máscara y de traje cada vez que sea conveniente. Eres capaz de ser cualquier personaje, así que escoge uno que haga agradable la estancia aquí.

Saber todo esto es una llave importantísima para participar en el juego sin creer que los personajes son verdaderos. Solamente son formas diferentes de actuar. Un hacedor hace lo que tiene que hacer, pero no es responsable del guion ni del desenlace, que corresponde a la red arquetípica, que da forma a la famosa «ley de Dios» energética. Si puedes ver la vida desde esta ventana mayor, los hechos perderán su dramatismo.

El gran teatro de la vida pasa a ser algo asombroso, divertido, sorprendente y vital, donde coexisten la vida y la muerte, la tragedia y la comedia; pero donde el juego energético sigue, incólume, inacabable. Puedes observar que siempre están los contrapuntos: paz y guerra, bondad y crueldad… porque uno necesita su opuesto para existir.

Observa cuando entras en un personaje, cómo actúas metido en él, cómo reaccionan los demás ante él. Reflexiona sobre los imprevistos giros de los «culebrones», los desenlaces sorprendentes, como si estuvieras en el cine veinticuatro horas, viendo las películas del mejor guionista del mundo: la vida.

Una vez alguien me dijo: «En lugar de cambiar de película, lo mejor es salir del cine». Salir del cine sería entrar en el Ser. Desde el Ser puedes verlo todo como el fascinante reino de las energías. Puedes mirar con infinita paciencia las «películas» que se suceden en el teatro de la imagen que es este mundo, sin sollozar ni sentir ira, indignación, ni celos. También puedes reír y llorar sabiendo que todo es un montaje habilidoso, donde las diferentes frecuencias se materializan formando guiones con aparente sentido.

Ejercicio 54. Dentro del juego

Procura mirar el juego de la vida de esta manera. Te garantizo que te vas a divertir y aprender muchísimo sobre los mecanismos de la mente. También es interesante que vayas a una obra de teatro y veas como la vida también lo es. Dedica un tiempo a ver la vida como si estuvieras en el patio de butacas. ¡Lo agradecerás!

6

EL PODER DE LA DECISIÓN

6.1. SOLO HAY UNA DECISIÓN

El libre albedrío

El libre albedrío es un tema del que podríamos hablar largamente. Desde el principio de la humanidad, se ha discutido hasta qué punto tenemos realmente la posibilidad de decidir. El occidental piensa que es libre para escoger sus opciones; algunas tradiciones orientales creen que estamos predestinados y todo está programado.

No hay duda de que el menú viene dado: no escoges la época en la que has nacido, ni la familia que te ha tocado, ni si eres hombre o mujer, ni el lugar, ni las circunstancias. Además, tampoco controlas los acontecimientos impactantes que se graban en tu inconsciente y van a determinar tu forma de pensar sobre el mundo. No hay duda de que la vida es la gran maestra que prepara el menú.

Sin embargo, me parece que sí puedes escoger lo que quieres desde el menú inicial que te fue dado, aunque algunas filosofías orientales afirman que hasta tus opciones más pequeñas solo son la consecuencia lógica de lo que la vida grabó en tu psiquismo. Según esto, todo estaría programado de antemano.

Esto al occidental no le gusta nada. Esta cuestión es un dilema filosófico sobre el que el hombre ha argumentado desde siempre. Durante un tiempo se pensaba de una manera, luego de otra; al final cada uno es libre de pensar lo que quiera y no hay consenso.

Si se define la vida como una combinación de estructura y caos, nuestra capacidad de optar no puede huir de la regla, por lo que no me parece nada probable que no tengamos ninguna libertad. Sin duda, hay una estructura del ego, creada por la familia, la cultura, la época y los acontecimientos que te marcaron.

También hay innúmeros momentos creativos que surgen repentinamente, como una revelación, que pueden provocar cambios importantes en la estructura psíquica de una persona. Lo creativo es caótico, no está prefijado ni es previsible, pero provoca un movimiento profundo en la persona. Me refiero a estos momentos en que parece que te han soplado algo al oído, tienes un eureka, lo ves todo tan claro que puedes cambiar de perspectiva completamente. Diría que es el caos actualizando la estructura, como le pasa a un ordenador.

Una persona puede cultivar esta conexión con la creatividad, estar abierta a ella y, además, tomarla en cuenta y materializar la información recibida; o puede descartarla, no escuchar su voz interior y desperdiciar la oportunidad. Esta decisión sí que te pertenece.

Ejercicio 55. Mi libro favorito

Al iniciar este capítulo, escoge un libro con el que te identifiques, un libro que te interese, con el que conectes en este momento de tu vida. Lo vas a usar más adelante.

Remar a favor o en contra

No podemos dejar de admitir que la vida es la gran maestra y la gran guionista. Aceptemos la metáfora de que cada uno de nosotros es un grano de arena en la playa y que toda la playa está bajo la influencia de vientos y mareas. Luego estamos bajo algo mucho mayor que nosotros.

Aquí es donde reside nuestra única gran decisión: o nos dejamos llevar por la vida o luchamos contra ella. Si remamos contracorriente vamos a tener que hacer un enorme esfuerzo, sufrir un gran desgaste, todo para que muy probablemente acabemos siendo arrastrados por la corriente. En cambio, si nos dejamos llevar por ella, iremos aprendiendo con los desafíos y disfrutando del paisaje que surge por el camino.

El occidental, aunque haya alcanzado un bienvivir material importante, suele estar emocionalmente insatisfecho, siempre sintiendo que falta algo. También se disgusta con más facilidad al querer que las cosas ocurran a su manera.

En mi visión, el mundo físico es solamente la materialización del mundo energético; por lo que, mientras no se vea más allá de la materia, siempre va a faltar algo. Tenemos dos hemisferios cerebrales y no podemos dejar de lado uno de ellos, justo el que está hecho para percibir el mundo sutil.

Ya hablamos también de la omnipotencia, que es impositiva y provoca confrontación. Mientras no tengamos la humildad de ver que estamos bajo algo muy superior a nosotros, vamos a seguir luchando con todo, sin darnos cuenta de que los acontecimientos son el único resultado posible, dado el nivel de consciencia de todos los implicados en ello. Al remar contra lo que trae la vida, muchos viven una existencia de esfuerzo y obligación continuados, que resulta árida y acaba desmotivando.

La propuesta es cumplir con tu papel de hacedor, pero dejándote llevar por la corriente. No luchar con lo que pasa, sino buscar tu espacio. Tanto en tu pequeño mundo como en el grande rigen las mismas leyes, pero en tu mundo próximo puedes actuar con muchísima más eficacia si eres consciente de que la armonía mental acabará materializándose ahí fuera; y su falta también. Siempre vas a ver el resultado de la frecuencia energética existente en cada momento.

Como mejor actúas sobre tu entorno es siguiendo aquello que para ti es armónico. A veces conseguirlo exige encarar conflictos. Otras veces pide no actuar. Aguantar a un jefe injusto porque decides que en este momento necesitas el trabajo o aguantar el mal humor de tu hijo porque te das cuenta de que, ahora mismo, no puede madurar todavía no es someterse. Puede parecer impotencia, pero, en realidad, son decisiones voluntarias y conscientes: tienes la capacidad para resolver, pero has decidido, por ahora, no hacerlo.

En otro momento, tendrás que reivindicar tu espacio. La vida siempre va a traer desafíos con los que, al final, habrá que lidiar. Son los momentos en los que puedes descubrir recursos dormidos en ti mismo, que ni sabías que tenías y que pasan a ser parte de tu repertorio. Esa es la función de las dificultades.

El vicio emocional

Muchas veces el consciente y el inconsciente discrepan: quieres una cosa, pero tienes un registro inconsciente que es antagónico. Ya sabemos que, cuando hay esta discrepancia, gana el inconsciente. Si lo racional se impone a la fuerza, la persona llega a hacer lo que desea, pero se siente mal y no es capaz de disfrutarlo.

Un conflicto interno o cualquier problema externo, rechazo o fracaso suelen provocar una misma sensación interna, de manera repetitiva. Este estado anímico denso y desagradable, que reaparece una y otra vez, tiene varias caras: puede ser miedo, frustración, resentimiento, victimismo, rabia o tristeza... Sea el que sea, acaba provocando siempre un malestar corporal. Como un acompañante molesto que no se despega de ti. Te esfuerzas en resolverlo, pero vuelves a encontrarte con el mismo nudo en la garganta o el mismo peso en el estómago. Tienes un abanico de emociones, pero esta es la que más te visita.

Cuando algo parece injusto, cuando enfrentas un dilema angustioso o alguien no responde a tus expectativas, reaparece este «vicio» emocional: aquel estado del alma que se ha transformado en un hábito. Como un botón que se aprieta automáticamente por cualquier circunstancia difícil, activando la emoción de siempre, que te quita las ganas de dar un paso adelante.

Es comprensible porque, por un lado, está el miedo a lo nuevo, que siempre representa un desafío, porque requiere de ti actitudes no entrenadas y un esfuerzo extra. Por el otro, está la inercia, la seductora atracción por la incómoda-cómoda zona de confort. Son las dos cosas que hay que superar para poder escapar del incómodo y consabido vicio emocional.

Todos tenemos un vicio emocional. Es como la adicción al alcohol, a las drogas o al tabaco, solo que de otra índole, es la adicción a un estado de ánimo. Parece que esta sensación está metida bajo tu piel. El viejo hábito reaparece siempre y, para transformarlo, hace falta toda la fuerza de tu decisión. Habrá que mantener la meta delante de tus ojos con determinación hasta desalojar esta enojosa sensación, que tiene los días contados desde el momento en que lo enfocas de verdad.

Ejercicio 56. Mi vicio emocional

Primero contempla cuál es tu postura general en la vida: ¿sueles aceptar las cosas y tratar de ver su lado positivo, o, por el contrario, te enfadas cuando las cosas no salen como tú quieres? Luego, localiza tu vicio emocional, esta sensación desagradable recurrente, que suele acompañarte toda la vida. Apúntalo y medita sobre si observas este rasgo en algún familiar o si es una tendencia familiar.

¿Dónde poner mi poder de decisión?

Para acabar con un vicio emocional, necesitamos una estrategia. Un emprendimiento pasa por fases y nuestro interior también. Necesitamos tener claro dónde estamos estancados para colocar ahí la fuerza de nuestra decisión.

Ten en cuenta que la persona es soberana sobre sí misma, ¡jamás va a ocurrir un movimiento que tú no quieras realmente, ni vas a poder imponer algo a otra persona, si de verdad no quiere! Por eso, querer realmente liberarse del vicio emocional es la primera condición. La intención también es el primer paso para cualquier meta que quieras conseguir o alguna acción que quieres dejar de posponer.

Luego, hay que seguir unos pasos. El primero es saber exactamente cuál es tu verdadera intención. La pregunta es: «¿Qué quiero?». La respuesta es la que va a dar dirección a toda tu energía. Puede ser una intención interna: «Quiero ser capaz de disfrutar», o externa: «Quiero escalar una montaña». Pero la intención ha de estar clara. Si no tienes certeza o es algo nebuloso, la energía no va a saber qué camino seguir. Por lo tanto, saber lo que quieres de verdad es por donde se comienza.

El segundo paso es decidir el objetivo. Este propósito ahora hay que bajarlo a tierra. La pregunta pasa a ser: «¿Qué me impide disfrutar en concreto?» o «¿Qué montaña voy a escalar?». Para responder a la pregunta interna hace falta un ejercicio de introspección y mucha honestidad para descubrir el verdadero impedimento. En cuanto a la cuestión externa, es necesario poner el dedo sobre la montaña que quieres conquistar, que puede ser el Everest o un cerro cerca de tu casa. Si no determinas con claridad el objetivo para alcanzar tu propósito, no se podrá materializar.

Cuando lo tengas claro, el siguiente paso será la estrategia: «¿Cómo lo voy a hacer?». Obviamente, una vez escogida la montaña que quieras escalar, hará falta una técnica más o menos depurada, según presente obstáculos mayores o menores. Habrá que aprender y buscar un buen profesor, las cuerdas y el material necesarios para tener la seguridad que garantice el éxito.

En el caso del impedimento interno, si tienes claro qué te impide disfrutar, habrá que buscar una manera efectiva para que esta creencia limitante, este rasgo o grabación, deje de trabar tu camino. Esto es, saber aplicar la técnica adecuada para conseguir tu propósito. Si lo consigues con lo aprendido hasta ahora, estupendo; si no, habrá que pedir ayuda a un profesional especializado, hasta que esta faceta limitante desaparezca de tu camino.

La estrategia requiere el tiempo que sea necesario, ni más ni menos, para tener bien preparado el siguiente paso. Es preferible tenerla muy sólida, pero tampoco estar posponiéndola eternamente.

Una vez dominada la estrategia, viene el último paso: vamos a ponerle fecha. La pregunta ahora es: «¿Cuándo?». Es la acción lógica al terminar el paso anterior. Para que la acción no se eternice, no te escaquees ni tampoco te precipites, ponle una fecha que no te agobie, que sea posible cumplir de una forma tranquila, con todo preparado. Marca esta fecha en tu calendario y, sobre todo, ¡decide cumplirla como si de tu vida se tratase!

Estas son las etapas para localizar dónde está tu resistencia y poner fin al vicio emocional con el que cargas hace tanto tiempo. ¡Para eso, necesitas de todo el poder que tiene tu decisión!

Ejercicio 57. ¿Dónde pongo mi poder de decisión?

Con respecto a tu vicio emocional, mira exactamente en cuál de los tres puntos está tu trabazón. ¿Tienes la intención clara? ¿Tienes el objetivo claro? ¿Sabes cuál es tu estrategia? ¿Estás posponiendo tomar la decisión? Localiza dónde hace falta tomar una iniciativa.

Las ideas inamovibles

Solemos tener un sistema de creencias selectivo. Unas ideas son discutibles, susceptibles de ser revisadas, otras no. De las discutibles podemos hablar; de las otras, mejor ni perder el tiempo, ya que son inamovibles...

Muchas veces vas a encontrar bajo tu vicio emocional una de estas ideas inamovibles. Como algo que no puede ser de otro modo y, por eso mismo, no tiene salida. Estas creencias suelen estar relacionadas con la ética, son verdades y valores absolutos para ti o para tu cultura, sin aparente contrapartida posible.

Suelen apoyarse en un concepto sobre ti o sobre el mundo (personas y situaciones) que no admite revisión. A lo mejor tienes una idea sobre ti mismo que es la conclusión que sacaste de muchas experiencias que tuvieron el mismo sesgo. Pasó a ser una verdad absoluta, sin posibilidad de alternativa.

Por ejemplo: no valgo, soy inferior, soy mala persona, soy ignorante o tonto, no tengo solución, nunca va a ser suficiente, nadie me quiere, nunca voy a hacerlo bien, no hay salida... O lo contrario: tengo que acertar siempre, no puedo equivocarme, tengo que solucionarlo todo...

Lo mismo pasa con ideas sobre los demás, hombres o mujeres, el mundo, la autoridad, la espiritualidad, la vida o el cuerpo. Conclusiones que has sacado sobre ti y sobre la vida, que consideras verdades absolutas, pues has generalizado tu experiencia personal como siendo real en todos los casos. Aunque no sea cierto, es lo que crees.

Las peores son las relacionadas con la ética. Hay ciertas ideas que parecen conclusivas en tu cultura y no parece posible que haya una alternativa. Muchas veces no tomas las actitudes adecuadas con los hijos por tener ideas fijas de lo que es ser padre o madre.

Una duda muy común es si te pones a ti o a los otros en primer lugar, dado que la palabra «egoísta» tiene mucho peso en nuestro entorno. Mucha gente sitúa a los demás por delante, ocupando el último lugar de la fila, por no sentirse egoísta. En realidad, esto se llama compra de amor y aceptación.

El amor verdadero no te excluye. Recuerda que como solo existes tú, todo pasa por ti. Eres el actor o la actriz principal de tu culebrón, y si a ti te van mal las cosas, todo el culebrón se resiente. En verdad, eres el primero a quien cuidar, porque eres el eje de tu vida. Esto no excluye que trates bien a los demás ni dejes de cumplir tus obligaciones, sino que también te tengas en cuenta y la generosidad te incluya a ti.

Son muchas las situaciones posibles, pero es importantísimo que tus necesidades queden cubiertas, así como algún capricho. Estando bien, es como una fuente de la que brota agua sin parar y sin esfuerzo. En el momento en que hay un esfuerzo innecesario, estarás en manos de tu ego, usando tus reservas.

Hay casos extremos en que las ideas fijas representan un callejón sin salida. En general, la lealtad, la amistad y la honestidad suelen generar ideas éticas incuestionables. En el caso anterior, ¿a quién debes más lealtad, a ti o a los demás?

Si has tratado mal a tus progenitores te debates entre tus impulsos y tu moral. Si has traicionado a tu pareja, otra situación sin salida. Tanto si fuiste deshonesto con tu socio o con un amigo, como si has quitado la pareja a tu mejor amiga o amigo, van a aparecer ideas éticas fijas y tendrás un conflicto interno importante.

Tendrás que analizar detenidamente estos conceptos incuestionables, si quieres tomar decisiones con las que te sientas en paz.

Nuestra cultura presupone muchas ideas que no te sientes capaz de cuestionar. En otras culturas se ven las mismas situaciones de manera distinta, pero perteneces a esta, con lo que acabas sin recursos para resolver situaciones dolorosas o incomodas. Las ideas fijas son, a menudo, causa de grandes parálisis en el desarrollo de un ser humano.

Estas verdades incuestionables deben ser revisadas, porque crean callejones sin salida. Tanto si son sobre ti mismo como sobre los demás, sobre la moral o sobre el mundo y las autoridades, habrá que contemplarlas en profundidad y buscar ángulos nuevos, teniendo en cuenta tus necesidades del alma y, sobre todo, lo que es realmente trascendente. La visión trascendente da una comprensión muy distinta de todo lo que pasa en nuestro mundo.

Ejercicio 58. Mi idea indiscutible

Ahora ha llegado el momento de que descubras si alguna de estas ideas inamovibles subyace debajo de tu vicio emocional. Algo como: «claro, no podía salir bien» o «he fallado otra vez» o cualquier idea que valide tu vicio emocional.

6.2. EL INSTANTE DE DECISIÓN

El poder de la atención

Muchas veces te dejas manipular o te victimizas porque entras en el juego de otros. No te apetece, pero lo haces por no herir o por no quedar mal. Te niegas a decir lo que piensas realmente, con miedo a sentirte culpable si expresas lo que brota de dentro de ti o que te vayan a rechazar, criticar o juzgar. Acabas creyendo que esta forma de actuar está metida bajo la piel y no puedes cambiarla.

Esto no es verdad. Somos soberanos sobre nuestro pensamiento y nuestra actuación. Pero también somos animales de costumbres y cambiar nuestra forma de reaccionar al mundo es un desafío porque exige pasar por una situación nueva cuyo desenlace es una incógnita. Exige sacar de dentro recursos nuevos desconocidos que ni sabes cómo usar. Esta es la funcionalidad de los problemas: te obligan a adueñarte de tu potencial dormido, si no quieres fracasar.

Sin problemas no habría desarrollo, pues vamos aprendiendo por ensayo y error. Por eso, hay que agradecer tanto a los problemas como a los errores. Es la forma de aprender a usar todos tus recursos. Cuando te veas en una situación complicada, agradece la oportunidad de que aparezca una fuerza interna desconocida hasta ahora. Recuérdalo cada vez que surja alguna dificultad.

Pero hay algo más, lo más importante: cada vez que decidas cambiar una vieja manera de ser tuya, puedes hacerlo usando la potencia de tu atención. Porque las decisiones se toman en fracciones de segundo. Si estás atento al momento en que se dispara la reacción automática emocional, puedes escoger conscientemente actuar de una forma nueva. Pero si dejas pasar este instante, ya te quedas en manos de la vieja costumbre y pierdes la fuerza para hacer algo nuevo.

Veamos un ejemplo de manipulación, algo tan común en nuestras relaciones. Un amigo pide que hospedes a un familiar suyo, justo cuando te ibas de fin de semana, y, la verdad, no te apetece nada. Como es alguien que te hizo muchos favores, cuesta mucho decir que no. Por unos momentos te debates entre la petición y tu resistencia. Aparece una idea: una prima tuya tiene una casa grande, le encanta recibir a invitados y va a estar en la ciudad el fin de semana. Se lo propones a tu amigo, pero este insiste en que es muy importante que le hospedes tú, etc. Como no te atreves a negarle el favor, accedes.

En este momento, notas como tu energía va menguando, te vas apagando y encogiendo. Estás contrariando tu impulso y tu lógica no entiende esta insistencia impositiva. Piensas en lo mal que te vas a sentir todo el fin de semana por haberte sometido una vez más.

Esta es tu vieja manera de actuar: ceder ante los demás. Como una bola de nieve, el malestar va creciendo dentro de ti, y, de repente, ¡sientes indignación por lo que está ocurriendo! En esta fracción de segundo, decides cambiar tu decisión: decirle que no, que la solución que propusiste es la buena. Asumes correr el riesgo de sentirte culpable o de que la amistad se resienta.

Esto es algo nuevo en ti: tenerte en cuenta, arriesgarte a colocarte en tu sitio, dejando de controlar el resultado. No importa la reacción del otro, aunque trate de que te sientas culpable, tu resolución es total.

Es verdad que te expones a que las cosas no salgan amablemente o que la amistad se resienta. Lo curioso es que, en estos casos, no suele ocurrir nada desagradable, al contrario, pasan a tenerte respeto. El recibir un «no» es una experiencia importante también para el manipulador, que normalmente va muy seguro porque conoce bien las actitudes y los puntos flacos del otro.

Lo importante es darse cuenta de que la decisión se toma en una fracción de segundo. Un momento después, ya no tienes la fuerza para hacerlo. Como una bola de nieve que se te escapa de las manos porque ya es demasiado grande. Esta es una clave para cuando dudes de que puedas cambiar algo. Sí puedes, pero tienes que poner atención en el momento en que tu energía comienza a menguar y, entonces, decidir probar una fórmula nueva.

Este instante de atención también es válido para cualquier cosa que quieras cambiar en tu emoción o en tu comportamiento. Es crucial para no dejarte envolver por tu vicio emocional. Simplemente decidir en esta fracción de segundo que vas a hacerlo de otra manera. ¡Y atreverte!

Ejercicio 59. La recaída

Recuerda un momento en que tuviste una recaída y te pudo tu vicio emocional. Escribe lo que pasó, desde el principio hasta el desenlace, dividiendo el acontecimiento en fases. Ahora, cierra los ojos y localiza exactamente el momento en que dejaste que el viejo hábito te dominara. Mira en qué instante concreto pudiste reaccionar de otra manera. A continuación, visualízate actuando de una manera diferente, haciendo lo que pedía tu interior y observa cuál hubiese sido el resultado.

Las iniciaciones

Ten en cuenta que, cada vez que quieras cambiar un hábito emocional, estarás viviendo una iniciación. Esto es así porque la primera vez que actúas de una forma nueva estás haciendo algo inédito que vas a tener que repetir hasta que se transforme en un recurso propio. Como todo en nuestro mundo emocional y en nuestras actitudes, habrá que asentar el hábito nuevo para que forme parte de tu repertorio.

Si pones atención en lo que ocurre con tu energía (cosa muy conveniente en todas las ocasiones), vas a darte cuenta de que eres capaz de actuar de otra manera, lo que te llevará a un desenlace completamente distinto. Siempre hay que pasar por una iniciación para ampliar tu consciencia y tu persona. Se trata de vencer el miedo a lo nuevo en lugar de seguir y dejarte llevar por la inercia. Una vez iniciada la fórmula iniciática, hay que asentarla repitiéndola intencionadamente.

La consciencia también funciona de la misma forma. De repente, tienes una revelación y pasas a ver algo que te preocupaba completamente de otra manera. Has dado un salto de consciencia. Pero esto no es todo. Ahora, habrá que asentar los cambios en tu campo de ideas, tanto en lo emocional como también en tu cuerpo físico, para que el nuevo paradigma impregne todos los aspectos de tu vida y participe en el comando de tu vida.

Si estudias la biografía de las grandes figuras espirituales de la humanidad, vas a ver que después de una experiencia trascendente se retiran un tiempo para poder armonizar todo su ser con el nuevo enfoque. Lo mismo pasa con nosotros: las nuevas ideas o hábitos deben incorporarse totalmente en nuestra Persona, para poder dar todo su fruto.

Por ello, cada vicio emocional ha de ser sustituido por un sentimiento nuevo acorde a la naturaleza verdadera de la persona y, además, debe centrar en ello su atención durante el tiempo necesario para que se incorpore en la estructura de su personalidad. Es fundamental este entrenamiento para que no se quede en una simple experiencia sin trascendencia, sin resultado práctico. Este trabajo de solidificación de la experiencia es lo que consolida la iniciación.

Nuestra vida está plagada de iniciaciones y, si lo vemos como tal, van a coger la relevancia que en realidad tienen. Sabemos que hacer cosas nuevas es importante, tanto exterior como interiormente: cada actitud, emoción o forma de pensar nueva impulsarán energía, juventud y vida en tu cerebro y, por ende, en tu vida.

Ejercicio 60. Mis iniciaciones

Haz un recuento de cuando te pasó algo parecido a una iniciación y valórate por ello.

La curva vital

Nuestra energía vital fluctúa. No tenemos un encefalograma plano, sino que somos ondulantes y, por esto mismo, los altibajos anímicos son naturales. Si el gráfico de nuestra fluctuación emocional fuera siempre plano, estaríamos muertos. Lo significativo es que nos demos cuenta de que nuestra naturaleza energética gráficamente siempre será una curva que ondula.

Es importante que esta curva sea relativamente suave. Si tenemos altos muy agudos, tendremos lógicamente bajadas muy fuertes y vamos a ser zarandeados por una tendencia ciclotímica molesta, porque si subes demasiado alto, el bajón va a ser inevitable. Es imposible mantener un equilibrio si tu ánimo se va a las nubes. De ahí que sería muy recomendable que nuestra energía ondule suave y no bruscamente.

Nuestra cultura es adicta a la adrenalina. Necesita estímulos fuertes para que las personas se sientan vivas, grandes emociones y grandes choques, para no estar aburridos. No solemos cultivar pequeños acontecimientos que nos hagan sentir las emociones suaves pero intensas, como una música sublime, una puesta de sol magnífica, mirar a los ojos de un niño o de un anciano, contemplar la belleza de una flor o el ruido de un río. Basta encender la televisión para constatar el culto actual a la imposición y la violencia. Despreciamos todo aquello que no es chocante, rápido y pasajero.

Hay que considerar que, naturalmente, pasamos por fluctuaciones y que, cuando se trata de tomar una decisión importante, debemos dejar pasar algunas olas emocionales, como cuando vienen varias seguidas en el mar. Tomaremos decisiones muy distintas si lo hacemos con prisa, sin esperar que pasen las secuencias de los diferentes estados de ánimo. Lógicamente, decidiremos de forma muy distinta si estamos eufóricos, en lo alto de la ola, o si estamos en la parte baja, desanimados.

Los pensamientos y las actitudes varían completamente estando en un sitio o en otro. Por eso, es importante darse cuenta de en qué parte de la curva te encuentras cuando te toca decidir algo importante. En la parte baja, te ninguneas y desvalorizas; en la alta te sobrevaloras y pierdes la prudencia. Si esperas conscientemente estar en un lugar plano, ni en la montaña ni en el valle, tus decisiones seguramente van a ser mucho más acertadas.

Ejercicio 61. ¿Cuál es mi curva emocional?

Dibuja en tu cuaderno la curva que corresponde a tus ondas emocionales, tus altos y bajos. Una vez dibujadas, traza sobre ella (con otro color) la curva que consideras la ideal, la mejor curva posible para ti.

6.3. LAS LEYES UNIVERSALES

La energía lo ocupa todo

Según construía el Juego de la Atención, he tenido mucho cuidado en considerar las leyes universales. Siempre me ha parecido que deberíamos tenerlas en cuenta en nuestro día a día. Si estás capitaneando un barco y quieres llevarlo a buen puerto, has de conocer las mareas, los vientos, las costas y el tiempo. Del mismo modo, en la vida debemos considerar lo universal si queremos fluidez en nuestro día a día.

Habrás observado que hablo mucho de energía. Evidentemente, hay leyes universales que regulan e influyen en nuestra frecuencia energética personal y pueden facilitar nuestra toma de decisiones. Es inútil luchar contra lo que está establecido, aquello que puedes observar en la naturaleza y por doquier. Si cuentas con estas leyes, igual que en las luchas marciales se aprovecha la fuerza del adversario, ganas contundencia cuando te coordinas con la fuerza natural.

Es interesantísimo empezar a ver el mundo como un juego de energías. Te das cuenta de cómo se complementan, se atraen o se rechazan, observas que muchas veces las personas no son ni conscientes de cómo son llevadas por la energía propia o del otro. «Energía» significa 'una fuerza en movimiento'. La vida misma está siempre en movimiento y, al confluir diferentes energías, se van creando situaciones que, a su vez, también están en cambio continuo. En el mundo físico todo está vibrando y hasta las cosas que parecen estar inertes también sufren transformaciones.

Cuando consideramos el mundo de las energías, es fundamental darse cuenta de que no existe el vacío. Este es el principio del «huevo de Colon»: si dejas un hueco, llamas a alguien para ocuparlo. Por esto es tan importante ocupar el espacio que te toca dentro de la pareja, del grupo, de la sociedad. Como ya hemos dicho, si no lo haces, un invasor será atraído para completar el campo.

Esto también ocurre al revés: en ocasiones, en los grupos de trabajo participan personas que no quieren aparecer ni ser vistas, que quieren pasar desapercibidas. Más de una vez, al pedir un testimonio al grupo, las he saltado, sin darme cuenta de hacerlo. Como si no ocuparan su espacio, ¡como si no hubiera nadie ahí! Así funciona la energía. «Pillamos» la energía de los demás, nadie es incólume al contagio energético.

También es verdad que dos cuerpos no pueden ocupar el mismo lugar, ni física ni energéticamente. Esto me recuerda que en las familias habitualmente hay un hijo obediente y uno rebelde. Como si la silla del obediente ya estuviera ocupada, así que al otro hijo no le queda más remedio que ocupar el sitio contrario. De igual modo, puedes usar una persona de modelo, pero jamás vas a ser ella.

La maestría aquí es colocar tu propia energía de forma que se mueva armónicamente en todo este maremágnum de fuerzas que interactúan entre sí. Esto solo puede ocurrir si estás presente dentro de ti mismo.

Algunas leyes para tener en cuenta

En la base del Juego de la Atención está el hecho de que la energía sigue al pensamiento. La forma de pensar dará dirección al flujo de la energía vital, guardándola en el cuerpo y generando seguridad y fuerza, o desperdiciándola, al tener pensamientos de miedo, rabia, frustración o resentimiento.

Cada pensamiento causa una serie de procesos, siendo que los creativos y nuevos lógicamente provocarán alegría y vitalidad, mientras que los pesimistas y depresivos van a provocar una falta de vitalidad y tristeza.

Luego tu estado de ánimo depende de tus pensamientos. Mucha gente cree que no tiene potestad sobre su cabeza obsesiva. Aunque cueste al principio, todos los hábitos son reemplazables por otros, cuando son acordes a la salud y a la naturaleza auténtica de la persona. Haciéndolo de manera adecuada y con perseverancia, puedes cambiar tu forma de pensar, sobre ti mismo, sobre los otros y la vida, sobre el mundo…

También debemos considerar la naturaleza cíclica de la creación. Las estaciones se suceden, el día y la noche también. No podemos interferir en este orden ni acortar o alargarlos. Tienen su ritmo, y, hasta que no acaba uno, no empieza el otro. Igualmente, hasta que no ordenemos nuestra infancia, no tendremos un adolescente creativo y menos un adulto maduro del todo. Las etapas se suceden y no podemos alterar su orden, aunque los acontecimientos sean muy distintos de una a otra.

La ley de analogía o semejanza te indica que lo que pasa en lo grande también pasa en lo pequeño, y al revés. Son las mismas leyes para lo macro como para lo micro. Viendo lo que pasa en la materia puedes inferir lo que pasa en lo sutil. Si hay pobreza o dificultad para medrar económicamente, puedes inferir que en el interior de esa persona hay un apego a la escasez, seguramente basado en un historial personal alejado de la abundancia.

Considera también que semejante atrae semejante, la base de la estadística, una ley que tiene similitudes con la anterior. Cada cosa tiene una calidad y puedes usar tu libre albedrío para escoger las cualidades que riman contigo, lo que traerá armonía y amor para ti. Si te juntas con personas conflictivas, tu parte conflictiva se activará; si te unes con personas sensatas, tu sensatez se activará.

Es importantísimo recordar que lo denso sigue lo sutil. En la cosmogonía transpersonal que sigue, verás como todo se genera en una idea que crea un prototipo para luego materializarse en infinitas individualidades en el mundo físico. La idea empieza a abrirse camino hacia una forma concreta, con unas cualidades también concretas, dirigidas a un fin concreto. La materialización va del nivel más general al más concreto.

Sin embargo, aunque la idea inicie el proceso, la materia tiene un efecto retroactivo: el cuerpo influye y puede modificar la mente. Puedes organizar un viaje con toda ilusión, pero si tu cuerpo se rebela y tienes mucho dolor de cabeza, este viaje ya no es placentero. También ocurre al revés: piensas que no te quieres mover, pero el cuerpo pide acción y no puedes descansar. El cuerpo tiene memoria y esta memoria influye en lo que sientes y piensas, luego hay una interacción continua en las dos direcciones, entre la mente y el cuerpo.

Nuestro mundo se forma a través de la inercia. Sin esta ley no habría cuerpos ni objetos visibles, porque la inercia ralentiza la vibración, lo que permite que las formas puedan ser percibidas por el aparato ocular. La inercia la sentimos corporalmente como un peso, una dificultad de movimiento, una falta de energía. La solución es siempre el movimiento, que aligera y vitaliza. El movimiento provoca fricción, lo que puede provocar conflicto, pero es siempre beneficioso porque genera cambio.

La contaminación no se da solo a nivel bacteriano. Nos contaminamos mutuamente de ideas, emociones y sensaciones; también intercambiamos energía con cada persona, lugar o cosa. Nos contagiamos de personas, grupos, películas, televisión, libros, periódicos... Teniendo esto en cuenta, deberíamos escoger conscientemente lo que queremos que nos contamine y lo que no.

El máximo exponente de la contaminación es la palabra. Es un conductor de comunicación a través del sonido y cada palabra dirige la energía de una forma concreta. Al estar cargadas de significado, conectan directamente con el inconsciente. Siendo comunicación y también contaminación, la palabra puede evocar los más distintos estados de ánimo, ya que cada una tiene una frecuencia energética particular y característica.

El buen uso de la palabra eleva, el mal uso rebaja, lo que provoca fuertes reacciones emocionales en tu entorno. Su poder es tal que, cuando es pronunciada en la ocasión propicia, funciona como un abracadabra que materializa. Por eso, el cuidado de la palabra debe ser extremo.

El inconsciente colectivo actúa en nuestro mundo como una masa crítica, que va a determinar el movimiento de la humanidad hacia un lado u otro. Es como internet, que materializa el pensamiento de la humanidad, con verdades y mentiras, con maravillas y horrores. Siempre prevalece el contenido que tiene más intensidad.

La masa crítica sería el sumatorio de las frecuencias energéticas encontradas, un grupo que busca explorar territorios nuevos y las que se resisten al movimiento; la más fuerte decide si cambiamos de paradigma o no. Los cambios suelen llevar mucho tiempo, pero, una vez que se igualan la intensidad de los que empujan y los que se resisten, se impone el movimiento y la transformación suele darse con celeridad.

Por todo esto, es importante que decidas a cuál de los dos grupos perteneces. Si quieres movimiento, empieza por ti mismo, usa tu poder de decisión para llevar a cabo cosas que has estado posponiendo hasta ahora, tanto en tu interior como en acciones externas. Si perteneces al grupo que rechaza el movimiento, al menos sé consciente y consecuente con ello. La función de este capítulo es que puedas escoger libremente, asumiendo tu opción con consciencia.

Ejercicio 62. Mi decisión más importante

A estas alturas seguramente ya comienzas a percibir dónde está tu resistencia y cuál es tu vicio emocional, dónde te has quedado parado en tu proceso de crecimiento. Te invito a hacer un pequeño ritual.

Primero, da un paseo con la intención clara de usar tu poder de decisión a tu favor y atravesar el atasco emocional. En este paseo, decide si realmente quieres resolver este tema, sin dilaciones. Una vez que este quede claro, mientras vas andando observa qué cosas llaman tu atención. Pueden ser sugerencias que te ayuden a clarificar tu decisión, así como determinar objetivo y fecha.

Luego, al llegar a casa, coge tu libro preferido, sujétalo entre tus manos y conecta con lo que te atrajo de él. Tómate unos instantes y abre el libro en una página, al azar. Pon el dedo en un párrafo y léelo. También te dará una clave.

Finalmente, redacta una frase que exprese claramente tu decisión con detalle. Hazlo clara y sencillamente, que resuene en tu interior. Luego léela en voz alta hasta quedar con un convencimiento completo de que quieres y vas a llevarlo a cabo.

Para terminar, comunica a una persona que aprecies la decisión que has tomado. Toma consciencia de cómo te sientes y refuerza tu decisión diariamente, hasta dejar el tema resuelto.

Una cosmogonía transpersonal

Una cosmogonía es una hipótesis científica o mítica sobre la creación del cosmos. Desde mi punto de vista, posibilita colocar tu historia personal dentro de un contexto mayor, transpersonal y trascendente, lo que le añade un sentido nuevo. Al tratarse de un modelo hipotético, una cosmogonía estructurada con lógica puede facilitar que una mente escéptica considere un punto de vista nuevo.

Partiendo del concepto de que el vacío no existe como tal, ya que está lleno de frecuencias energéticas, concluimos que podría contenerlas todas. De la no-forma surgiría la forma. Por eso, los científicos lo llaman «vacío fértil», justamente porque de él nace todo; lo mismo afirman los budistas, que consideran que lo genera todo. Si aceptamos esta idea, podemos concebir que todas las formas que vemos provienen del vacío, que sería, entonces, el origen de todo lo que conocemos.

También tengamos en cuenta que en el vacío no existe nuestro tiempo cronológico, puesto que justamente la transformación y el movimiento de lo que tiene forma es lo que da sentido a una secuencia en el tiempo. En el momento en que aparece la forma, aparece el tiempo tal como lo conocemos. En el vacío no existe la secuencia porque no existe la forma.

El mundo que vemos sería una proyección oriunda de este vacío, que se materializa tomando formas temporales que viven en un tiempo cronológico, donde acaban por desaparecer. Al existir pasado y futuro, aparece el desgaste y el envejecimiento; así nace la muerte de todo lo que tiene forma, que es efímera por naturaleza.

Este vacío inicial estaría envuelto por un campo cuántico, una energía sin información, pero con una enorme potencialidad para crear formas. Esta creación se dispara en el momento en que aparece una información que dé dirección y sentido a este potencial creativo. El primer atisbo de forma aparece cuando una idea creativa (información) genera el primer prototipo.

Veamos un ejemplo. La necesidad de tener un lugar para sentarse genera la idea de una silla y, de ahí, se genera la primera imagen de una silla primigenia, que luego puede tener un número infinito de materializaciones, ya que hay sillas de todos los tipos, tamaños, materiales, colores, etc.

El ser humano sería otra idea creativa que, inicialmente, genera arquetipos, aspectos humanos específicos que son universales porque son comunes a todos, como el ya mencionado arquetipo de la madre, que es universal porque todos los que tenemos un cuerpo hemos tenido una madre.

Los arquetipos serían ideas primigenias, que incluyen todas sus futuras manifestaciones posibles. En el caso del ser humano, el arquetipo de la madre sería la esencia maternal de todos los tipos posibles de madres desde el principio de los tiempos. Además, no es estático, sino que va integrando las posibles versiones nuevas que surjan.

El conjunto de todos los arquetipos posibles sería lo que Jung llamó «inconsciente colectivo», ya que almacena todas las experiencias de todos los diferentes arquetipos humanos de todas las generaciones. O sea, la totalidad de las experiencias del colectivo humano.

Evidentemente, el inconsciente personal de cada individuo está conectado con este nivel colectivo, igual que tu ordenador está conectado con la red, dando y recibiendo información. Por eso, el colectivo influye en ti y tú en el colectivo.

Entonces, el proceso de creación de la materia se originaría en una idea inicial, a la que el campo cuántico proporciona la energía necesaria para empezar un proceso de densificación, con lo que se crea una forma conceptual primaria: el arquetipo. Del arquetipo sigue un proceso de materialización en infinitas formas de categorías y de individualidades dentro de cada categoría. Formas todas distintas entre sí.

Cada una de estas individualidades posee un conjunto de características propias. Imaginemos que todos viniéramos de una paleta de colores, pero cada uno tiene más de un color y menos de otro, más verde o más rojo, más azul o más de cada una de las infinitas mezclas posibles, de modo que se originan individuos distintos con facultades distintas. Por eso, uno vale para hacer un trabajo manual, otro una tarea mental, el siguiente es artista o científico.

Gracias a estas diferencias, todo el conjunto puede funcionar, ya que las diferentes áreas de la vida van a ser ocupadas por aquellos dotados especialmente para cada una de ellas.

Cada ser humano también tiene niveles o cuerpos: el más denso es el de la materia, el cuerpo físico, el más lento; luego viene el cuerpo emocional, con sus emociones y sentimientos, menos denso que el cuerpo físico. Sigue el cuerpo mental, con sus pensamientos y conceptos, menos denso que el emocional. Por último, está el cuerpo que une a los tres, el alma individual, el menos denso, que mantiene el contacto con la fuente de la que salió todo y que se manifiesta en el mundo como la personalidad del individuo.

Si la personalidad se identifica y amalgama con el alma individual, consciente de la combinación de colores que le ha tocado y de su tarea en el mundo material, va a ser una persona completa, feliz, que cumple su cometido en la vida con ligereza y amor. Si, por el contrario, se aleja de lo que es realmente, va a ser una versión distorsionada de su esencia. Le costará reconocer sus dones.

El alma individual (definida como la mejor versión posible de este individuo, la que facilita el desarrollo de los dones personales) se mantiene conectada con los niveles más sutiles, del inconsciente colectivo y de la fuente energética y creadora. De esta parte sutil recibirá toda la información y energía que necesita para materializar sus dones. Pero si la personalidad se distorsiona y aleja, la vida pasa a ser una lucha y un esfuerzo continuados, pues se ha distanciado de su lugar verdadero y de su mejor versión.

Hay que tener en cuenta que el cuerpo físico lo aloja todo: tanto los diferentes cuerpos como también los niveles sutiles. Por eso, todo está en el cuerpo, inclusive el inconsciente. El inconsciente es el traductor de toda la información, tanto personal como colectiva. Pasa información para que la mente capte lo que ocurre en el mundo sutil y en la propia persona; lo manifiesta a través de un lenguaje simbólico.

El cuerpo vive en el mundo físico y ahí experimenta diferentes situaciones de vida (grabaciones), que impactan en el nivel emocional y mental, afectando la personalidad. Esta va a dar un significado a estas experiencias vividas (posiblemente sesgado por experiencias anteriores o creencias erróneas). Ello puede influir en el grupo (que también tiene ideas posiblemente sesgadas), de la misma manera que el grupo influye en el individuo.

Por estos malentendidos, la personalidad se aleja del alma individual y de su conexión con la fuente. El mismo desvío también puede sufrirlo el grupo, lo que va a afectar lógicamente a los individuos. Por ejemplo, con una idea errónea, aceptada por la mayoría.

Es de suma importancia darse cuenta de que las personas buscan «compensar» las experiencias dolorosas en el futuro. Por ejemplo, el que ha tenido una familia disfuncional, va a añorar una familia de tal grado de perfección que lo transforma en una misión imposible. Si los padres se peleaban constantemente, va a buscar en el futuro una pareja armónica y va a hacer lo imposible para conseguirlo, como si fuera su misión de vida.

Si la persona consigue que la personalidad no se trabe en sesgos del pasado ni se pierda en añoranzas de corrección en el futuro, la Persona (su mejor versión) vivirá en el presente y será el punto de encuentro entre lo sutil y lo material. Al llegar a este estado, todo lo que es necesario para materializar sus dones vendrá sin esfuerzo, como por arte de magia.

Lo que busca el terapeuta es llevar al alumno desde los desvíos emocionales o mentales al estado de presencia en el aquí y ahora, a su Persona con mayúscula, donde se ve la realidad tal cual es.

Es muy importante darse cuenta de un detalle: lo peor que ha pasado a una persona crea en ella una sensibilidad y una percepción que no tienen los que no han vivido este tipo de experiencias. Justamente lo más doloroso o duro es lo que más capacidades crea. Darse cuenta de esto ayudará muchísimo a aceptar cualquier trauma.

Imaginemos a una persona que ha perdido a uno de los progenitores de muy joven, con toda la impotencia y dolor que conlleva una pérdida de este calibre. Este sufrimiento va a hacer que desarrolle un sexto sentido con relación a la enfermedad y al enfermo, que podrá hacer que sea luego un médico o un enfermero excelentes, dada su sensibilidad especial. Probablemente también tenga un interés especial en la trascendencia, ya que el más allá irrumpió en su vida de una manera tan drástica y temprana.

Tengamos en cuenta que somos la consecuencia de todas nuestras vivencias, amorosas o dolorosas; y que cada trauma contiene mucha experiencia y energía para ser usadas en el mundo físico. El que sabe recolocar esta energía y usar bien este potencial, se acercará cada vez más a su mejor versión. Esta es la definición de la palabra «terapia».

Ejercicio 63. Mi vivencia más dolorosa

Para un momento y contempla cuál ha sido tu grabación más dolorosa o intensa. Mira qué influencia ha tenido en tu personalidad, en tu vida de adulto. Luego descubre si tiene alguna relación con tu vicio emocional. Después mira qué te ha aportado este sufrimiento, si has desarrollado un don especial gracias a esa experiencia. Acepta lo que te ha pasado en profundidad.

7

ENTRE LOS ANCESTROS

7.1. LA IMPORTANCIA DE LO ANCESTRAL

Del individuo al grupo

Hasta ahora hemos estado hablando del individuo, como si estuviéramos analizando solamente tu cuarto y no toda la casa. Ahora toca recorrer la casa entera, explorar las diferentes habitaciones y recintos. Tu vida siempre ha transcurrido en un grupo, y el grupo, con rarísimas excepciones, tiene más potencia que el individuo. Por lo tanto, es difícil que no tengas una gran influencia de tu grupo familiar, en diferentes aspectos. Además, es un grupo al que le debes la vida, pues cuidó de tus necesidades cuando llegaste a este mundo, completamente dependiente e indefenso. Solo por esta razón, los ancestros ya merecen respeto, pues fueron los que dieron y mantuvieron la vida de las generaciones más cercanas a ti. Sus genes se perpetúan en ti y muchas veces se encuentran similitudes enormes con ancestros que ni siquiera conoces, tanto físicas como emocionales o de personalidad.

Con frecuencia tienes una afinidad profunda con un ancestro que has visto en una fotografía o del que te han hablado. Apenas sabes su nombre, pero reconoces su tipo de energía y puedes sentir su presencia. He tenido muchas veces alumnos que sentían estar protegidos por un abuelo o bisabuelo del que no sabían más que alguna anécdota.

No puedes conocerte completamente sin conocer tu origen. El origen es siempre fundamental, pues es la semilla que lleva potencialmente, en sí misma, todo el futuro árbol, sus ramas, flores y frutos. En este caso la importancia es mayor todavía porque tienes a tus ancestros dentro de tu cuerpo. Hoy día se estudia la influencia emocional ancestral en el cuerpo, con resultados bastante interesantes.

Se sabe que las familias que siguen las mismas costumbres durante generaciones suelen tener las mismas dolencias físicas; en cambio, cuando un individuo modifica profundamente sus hábitos, estas similitudes dejan de darse. Al investigar tu origen, sueles encontrar explicaciones de incógnitas indescifrables en tu historia individual. Son verdaderas revelaciones, al entender por qué sientes o te comportas de una determinada manera, así como la dificultad para conseguir cambiar alguna actitud.

La epigenética ha comprobado, en un pequeño pueblo escandinavo que guardaba con esmero las crónicas del lugar, cómo una hambruna ocurrida unas generaciones atrás ha generado una fragilización de determinados órganos en una parte estadísticamente significativa de la población actual.

Imagínate la cantidad de genes que compartes con un número enorme de ancestros sin conocerlos siquiera. A medida que te vas enterando de sus vidas y sus personalidades, vas comprendiéndote; es como encontrar algo conocido e íntimo que ha estado ahí mucho antes que tú. Todo lo que es anterior a ti debe ser respetado y honrado, pues representa una continuidad, un eslabón que, si se desconectara, partiría toda la cadena.

De hecho, tus padres son el último eslabón de una cadena inacabable y ellos también han recibido la influencia de los mismos antecesores, razón por la que hay tanta similitud entre tus características, tu comportamiento y tus emociones y los suyos. Han sufrido las mismas limitaciones o dificultades, probablemente mucho peor que tú, que vives en una época infinitamente más informada y con un acceso a datos que ellos nunca tuvieron. Tus padecimientos son los suyos también y tus recursos muchas veces vienen de ellos, aunque todo ello se origine muchísimo más lejos.

Las madres suelen tener mucha facilidad en sentir lo que pasa con sus hijos, porque son estados de ánimo que comparten también con varias generaciones, como si fueran marcas de identidad de la rama familiar. Podemos tener esta extraña familiaridad con algún personaje del pasado, aunque también pueden manifestarse animadversiones que brotan espontáneamente en ti, ante una rama ancestral o un antepasado.

Date cuenta de cuánta gente convive contigo por medio de tu cuerpo..., ¿no te parece importante conocer a estos compañeros de viaje? Ten en cuenta que tu cuerpo transporta vivencias, alegrías y tragedias que vivieron ellos, todas registradas genéticamente en ti. No es de extrañar que muchísimas culturas preparen altares para los ancestros, los honren y conecten con ellos para tomar decisiones o celebrar acontecimientos trascendentes.

Ejercicio 64. Los ancestros

Haz un repaso de tus ancestros. ¿Qué sabes de ellos? ¿Qué anécdotas te contaron? ¿Conociste a tus abuelos o bisabuelos y te han relatado algo sobre sus vidas? ¿Te interesa saber algo de tu pasado más lejano? ¿Hay algún antepasado especialmente importante o que es una vergüenza para la familia? A lo mejor nunca te planteaste investigar esta parte de tu origen. Contempla y reconoce tu posición ante las generaciones anteriores.

Un grupo de apoyo

Pocas personas se dan cuenta de que el grupo ancestral tiene una fuerza, una experiencia y una sabiduría enormes y que todo este potencial está a tu disposición, si eres consciente de que te lo ofrecen. Es un grupo que está ahí para apoyarte, para ofrecerte toda la diversidad de experiencias y de situaciones complejas que han tenido que vivir, algo que pretenden compartir contigo con el fin de que le saques provecho y no tropieces en la misma piedra.

De la misma manera que deseas que tus hijos aprovechen tu experiencia y tus recursos, también ellos ofrecen todo su arsenal de vivencias para que este potencial te empuje hacia delante, como el viento que transporta un pájaro sin esfuerzo. Es un grupo amigo, disponible.

Lo único que se requiere es que pongas atención en la historia de tu familia y honres todo lo que la vida experimentó a través de ellos; te toca actualizar ahora este potencial humano que siempre ha existido y siempre existirá, porque es imperecedero.

De la misma forma en que recurres a tus amigos en busca de ayuda, consejo o apoyo, puedes hacer lo mismo con tus ancestros, que están esperando que les requieras. En sus historias vas a encontrar numerosos parecidos con la tuya y también muchísimas respuestas a preguntas que todavía ni te has formulado. Aquí lo importante es estar atento a tu intuición y las señales de tu cuerpo, cuya sabiduría guardada es enorme.

Así que te invito a que veas a tus antecesores como un grupo de apoyo con mucho cariño, comprendiendo que vivieron en otras épocas y con menos información, pero que están en la base de tu Persona y no puedes huir de este hecho. Un ordenador lo que hace es actualizarse, y esto es lo que a ti te toca hacer, dar una forma actual al bagaje de tu familia y de tu cultura que, a su vez, está influyendo y siendo influido por todo el contexto de la humanidad.

A veces también ocurre que un ancestro necesita de ti algo que solo no tiene la posibilidad de alcanzar. Si tú fuiste el escogido para resolver un tema generacional, seguro que es algo que también te atañe y afecta. Las cuestiones no resueltas suelen seguir de generación en generación, hasta que un miembro del clan tiene la oportunidad de sanarlo.

El alma familiar

Igual que tú tienes una frecuencia energética y características propias, también el alma familiar tiene su vibración particular. Imagínate que pones en la Thermomix un montón de diferentes frutas, unas que combinan mejor entre sí y otras que parece que no van bien juntas; de todo ello sale un jugo, que puede tener un sinfín de sabores. A veces es difícil identificar de antemano cómo va a ser el resultado.

Así es una familia. Algunos miembros se vinculan y complementan con algunos parientes y con otros tienen dificultades de diferente índole, con lo que puede haber grandes vínculos afectivos y también grandes desavenencias. El resultado final será un ejemplo concreto entre los innúmeros tipos de relación familiar posibles que se manifiestan en el escenario de la humanidad. Cada ejemplo de familia hace parte del arquetipo grupal, igual que cada madre hacía parte del arquetipo madre.

Puede haber grupos bien avenidos y otros mal avenidos. Obviamente, tendrán frecuencias vibratorias muy distintas. Lo puedes percibir perfectamente cuando estás en el seno de una familia amorosa y unida o cuando estás dentro de una familia disfuncional, conflictiva y violenta. En la primera te sientes a gusto; en la segunda irremediablemente acabarás tensionándote.

Luego cada familia tiene una vibración propia, como si produjera una melodía concreta. Cuantos más ancestros conflictivos, rechazados y despreciados por la familia participen en el grupo, más densa y oscura será la melodía; si los ancestros fueron amorosos, respetuosos, e influenciaron positivamente en la familia, se generará una vibración luminosa y leve.

A cada persona le corresponde un tipo de familia, que la encauza hacia lo que ha venido a hacer o aprender en esta encarnación. Si te ha tocado una familia complicada, has venido a desenredar esta madeja dentro de ti. Si tienes una familia amorosa, la vida te está preparando para una labor en otra área humana. Todo tiene un sentido y cada acontecimiento va formando la persona para lo que le toca ser, para un fin preciso.

La finalidad última de este capítulo es saber aprovechar toda esta experiencia generacional y la fuerza de lo ancestral; también, sanar las heridas del alma familiar y corregir los cortes, las rupturas y los desmembramientos familiares con el fin de elevar el alma y la frecuencia de la familia.

A fin de cuentas, aun pasando años de separación y sin contacto, los antecesores siguen dentro de ti y tus padres, el eslabón más cercano, están tan influenciados como tú por toda esta energía ancestral.

La idea es que tanto tú como tus padres y ascendentes más cercanos estáis mediatizados por todo lo que ocurrió a los ancestros anteriores, de modo que se crea así un grupo que comparte valores y carencias similares. El trabajo pendiente es armonizar toda esta red familiar para que puedas aprovechar todo el potencial dormido que retiene.

Ejercicio 65. El clan familiar

¿Cómo describirías tu clan familiar de origen? Si quisieras contar a alguien el tipo de clan familiar que te ha tocado, ¿cómo lo describirías, qué características principales destacarías, qué personas te parece que han tenido más peso?

La trascendencia de la familia

Ya comentamos que en el ser humano hay un anhelo de unidad y completitud, una necesidad de pertenecer a una totalidad. Aquí, en el teatrillo del mundo, la pareja y la familia son los representantes principales de este anhelo. Cada vez que viene un alumno con una ruptura de pareja o de familia, sabemos que tiene un desgarro interno importante.

Con la pareja tratamos de revivir emocionalmente la conexión profunda que hemos tenido en el seno materno. Evidentemente, toda la supervivencia de la especie depende de la intensidad de esta necesidad que tiene el alma de revivir una fusión profunda con otro ser humano. Es un punto central en la emocionalidad de hombres y mujeres, confinada en el inconsciente profundo.

Con la familia el vínculo es de tal fuerza que pasa a ser la primera gran referencia emocional, tanto si es amorosa como si es dolorosa. Es el grupo que te cuidó cuando no podías hacerlo por ti mismo, fue el modelo aprendido desde que naciste, un colectivo que te ha mostrado una manera de vivir, de pensar y de priorizar. Tanto si te ha gustado como si has sufrido, tanto si sigues sus normas o luchas contra ellas, el hecho es que no puedes escapar de su influencia.

Este modelo de intimidad lo has introyectado en lo más profundo del alma, pues la familia es la representante de esta unidad añorada, aquí en el mundo físico. Esto no es casual. Justamente la necesidad de armonizar con ella e independizarse te obliga a madurar.

Tienes que dar muchos pasos hacia tu individuación para que

la dependencia familiar se relativice. Entonces es cuando puedes considerar que ya eres un hombre hecho o una mujer de verdad. Antes de que te uses a ti mismo como referencia, estarás forcejeando con tu grupo familiar, intentando coger tu poder en lugar de cedérselo. Por esta necesidad de pertenencia hacemos enormes concesiones y muchas veces seguimos normas o maneras que no son nuestras. Ya lo habrás oído: «En esta familia se hace así». Si quieres seguir tu propio impulso, temes dejar de pertenecer al grupo familiar que, además, representa protección, tanto cuando no podías valerte solo como cuando solo se podía sobrevivir estando en grupo, en los comienzos de la especie. ¡Perder la familia es quedarse desprotegido!

Finalmente, tenemos ideas fijas sobre cómo debe ser una familia, cómo debe comportarse, lo que se espera específicamente de padres, hermanos, primos, tíos... Cuando los diferentes miembros no responden a la expectativa, aparece la decepción y esta sensación dolorosa de exclusión, de quedar fuera y no ser querido. El alma se resiente profundamente porque se sigue esperando de la familia que cumpla la expectativa creada, que es una más de las comunes idealizaciones e ideas fijas.

Todos estos temas configuran la frecuencia vibratoria del alma familiar, que depende habitualmente de personas que ya no nos acompañan. Esto parece ser algo irremediable, cosa que, felizmente, no es verdad. Aquí nace el gran papel que tienen los descendientes en la armonización de todo el grupo.

La labor sagrada de los descendientes

Con la experiencia acumulada en todos estos años, tengo la sensación de que cuando una persona fallece sin resolver un tema, le toca a un descendiente terminar el ciclo inconcluso. Se necesita de una mente viva para completar aquello que no se cerró en su momento. Esta sería la sagrada labor de los descendientes.

Lo interesante es que cualquier descendiente no puede realizar la tarea. Es uno concreto. Porque los descendientes conectan con un antecesor específico, cuya vida le impresiona o que tiene algo que le resuena. He visto muchísimas veces como en la vida de una persona se repite un hecho similar al que vivió un ancestro, una situación mucho menos grave que, sin embargo, le provoca una reacción emocional totalmente desproporcionada.

Una alumna vino emocionalmente descompuesta por estar sufriendo un acoso en el trabajo. Descubrimos que un abuelo suyo había sufrido la persecución de todo el pueblo por un hecho infundado y había acabado suicidándose. En el caso actual, una compañera le hacía la vida imposible, aunque esta alumna tenía muchos recursos y la sangre nunca llegó al río. Sin embargo, su reacción era brutal, totalmente exagerada con respecto a la situación objetiva. Se percibía que su inconsciente llevaba la herida de su abuelo, aunque nunca le conoció físicamente, solo sabía de su historia.

Esto le pasa a un descendiente determinado, cuya labor es «rescatar» este antecesor concreto, resolviendo lo que aquel fue incapaz de solventar en vida. La vida trama situaciones similares para que el descendiente tenga una necesidad personal suficientemente potente como para poner fuerza e intención en la resolución del conflicto.

Un feliz desenlace es compartido energéticamente por el antecesor, lo que libera el alma familiar de este peso. Los demás descendientes van a estar conectados con otros temas, otros ancestros, otras historias. El alma familiar tiene muchas heridas que deben ser sanadas y cada descendiente tiene una tarea distinta.

En mi opinión, cada ciclo inconcluso necesita de una mente viva para cerrarse porque siento que los ancestros están a la espera de que los descendientes se percaten de la labor que les toca. Cuando esto ocurre, proporcionan un caudal energético importante para que el tema se cierre, como si la vida misma quisiera dejarlo resuelto.

Recuerdo el caso de una chica que se sentía muy culpable por haber llevado a su abuela a una residencia en contra de su voluntad. La abuela falleció poco tiempo después. Soñaba con esta abuela, que la recriminaba y se quejaba porque estaba muy apegada a su huerto, que le seguía dando ganas de vivir. Conectamos emocionalmente con la abuela, y, después de compartir algunas ideas, la nieta llevó mentalmente a la abuela de vuelta a su huerto, quedándose ambas contentas y unidas. La alumna nunca más mencionó este tema. Fue necesaria la intervención de una persona viva para cambiar una configuración simbólica que provocaba culpa y malestar en una relación transgeneracional. La energía de la abuela no encontraba paz en la mente de la nieta.

Es fundamental darse cuenta de que las configuraciones energéticas pasan de generación en generación, igual que los rasgos de comportamiento. A veces se puede ver claramente como cada generación va de un extremo al otro, pero el tema sigue pesando en la rama familiar durante lustros. Ahora mismo, puede existir un conflicto que tiene relación con algo que ocurrió hace muchísimos años. Al no estar resuelto, el tema sigue dando vueltas en el campo energético de la familia.

Imaginemos que la tatarabuela de una alumna, que tenía una familia muy numerosa, vivió una desgracia terrible con un hijo, que murió aplastado por un tractor. Una de sus hijas, su bisabuela, al ver el sufrimiento de su madre, decidió que no quería tener hijos, aunque nació una hija única. Esta abuela vuelve a tener muchos hijos. La madre, en cambio, solo la tiene a ella, después de un largo tratamiento hormonal. Ahora, no consigue quedarse embarazada. Su inconsciente bloquea todo este tema transgeneracional, que fue cambiando de un extremo al otro desde el acontecimiento inicial, pero siguió pesando en las mujeres de la rama familiar.

Una vez que el descendiente tiene consciencia de lo ocurrido, puede verlo con claridad y ponerle remedio. Habrá que hacer un trabajo específico con el antecesor que vivió la dificultad, hasta que el hecho traumático haya sido sanado emocionalmente en profundidad, liberando así a los demás miembros de la familia. Solamente la consciencia de cómo funcionan las cosas y la aceptación real del hecho han de curar definitivamente una herida transgeneracional. Al liberarse emocionalmente la persona envuelta en la tragedia, se liberan también las generaciones posteriores.

Esta labor les toca a los descendientes, que se liberan personalmente y a toda la familia. Si no lo hacen, la información energética pasa intocada a la siguiente generación, que, a su vez, tendrá otra oportunidad de resolver el conflicto.

Ejercicio 66. Secretos y tragedias

¿Qué secretos sientes que hay en tu clan? ¿Hay cosas que acontecieron de las que no se habla? ¿Cuáles son los principales dolores de los que se habla? ¿Qué acontecimientos trágicos te han impresionado? Piensa que tienes relación con estos hechos, aunque parezcan lejanos. Solo darte cuenta de ello ya es un cambio en tu consciencia y, a veces, explica estados de ánimo tuyos que no tenían explicación para ti.

7.2. EL ÁRBOL GENEALÓGICO

Los diferentes niveles

El genograma es un mapeo detallado de todo aquello que influye en el alma de la familia. Armar este árbol es una auténtica aventura porque te hace merodear por los meandros de tu historia, donde encuentras sorpresas inesperadas en muchas esquinas, así como descubrimientos que aclaran muchos impulsos tuyos que creías propios y que, en realidad, son producto del grupo familiar. ¡Altamente recomendable hacerlo! Ten en cuenta que tu forma de pensar, sentir y actuar está estrechamente relacionada con los antecesores. De hecho, cada generación suele aportar una referencia concreta.

De tus padres aprendes la manera de actuar en la vida cotidiana, cómo reaccionar a halagos y críticas, cómo manejar problemas, cómo enfrentar situaciones dudosas, cómo tratar a los cercanos y los conocidos, cómo comportarte con superiores y empleados, cómo conducirte con el otro, cómo reaccionar a ataques o al compañerismo. En una palabra, cómo comportarse…

De los abuelos aprendes a amar. Tiene lógica que sea así, ya que los abuelos no tienen responsabilidades directas, están liberados de tener que cuidar y educar, de tomar decisiones determinantes, así que pueden dar rienda suelta a expresar lo que hay en su corazón. No tienen que cargar con el peso que llevan los padres, de querer acertar y ser perfectos, ni la culpa de creer que han hecho algo mal o que no han dado la talla. Con esta libertad, es mucho más fácil amar. Además, los padres también han mamado su forma de expresar cariño y contacto.

De los bisabuelos recibimos las ideas, las convicciones, los valores que suele defender toda la familia. Suelen tener un peso específico en la configuración familiar, porque las ideas marcan una dirección. Aunque algún miembro del clan lo rechace con ahínco, estas ideas siguen teniendo peso, justamente por la intensidad de la repulsa. A partir de este nivel, las ideas ya son más lejanas, excepto cuando en las generaciones anteriores ha destacado un antecesor especialmente significativo.

A veces hay un antecesor que ha dado dirección a varias generaciones, el orgullo de la familia, como una insignia importante que simboliza la capacidad del clan. Igualmente, un ancestro puede representar una parte de la historia que hay que esconder, de la que se avergüenzan todos los componentes del grupo familiar.

Esta influencia es especialmente importante, porque todo lo que se esconde tiene un fuerte dominio sobre la persona, ya que impide que se muestre tal cual es, lo que provoca un desgaste cansino y destructivo. Si se muestra de forma transparente, como un cristal, fluirá la fuerza vital con facilidad; todo lo que se tapa y esconde es un peso que carga el alma.

Por esta razón, todos los secretos tienen una importancia enorme en todas las áreas de la vida, especialmente en el grupo familiar. A veces, todos comparten el sigilo, unidos para tapar un hecho condenable, delictivo o inmoral. Otras veces, parte del grupo lo esconde de la otra mitad del clan, creando una falta de claridad muy nociva para el buen andamiento de todos. Suele ser mejor conocer una verdad dolorosa que no saber e imaginar un sinfín de calamidades.

También es muy importante tener en cuenta las tragedias por las que han pasado generaciones anteriores: guerras, catástrofes naturales, ruinas económicas, muertes dramáticas, fusilamientos, suicidios, desaparecidos en campos de batalla, torturas, violaciones y humillaciones vejatorias grupales o de alguno de los miembros del grupo. Estos traumas están incrustados en el meollo emocional del clan.

Estos grandes acontecimientos traumáticos no pasan desapercibidos por el alma familiar. Son heridas grupales que, además, tienden a la repetición. Suele ser bastante normal encontrar predecesores que han pasado por una desgracia de índole similar. Sería como un inconsciente familiar que guarda estos acontecimientos que sacuden a cualquier ser humano. Todos los miembros de la familia pasarán a ser especialmente sensibles a todo lo relacionado con esta temática.

También las fechas tienden a marcarse en la familia: cuando son acontecimientos auspiciosos suelen ser recordados, cuando son dolorosos, también. El año, el día o el mes en que ocurrió algo chocante no suele pasar desapercibido por ninguno de los familiares, haciendo que estas fechas debiliten o refuercen a todo el clan.

La fecha de los hechos dolorosos acaecidos tiene un efecto difícil de neutralizar porque recordar es una forma de revivir lo ocurrido. Solamente vislumbrando todo lo bueno que trae lo malo puedes soltar estas cosas profundamente guardadas en el inconsciente.

Ejercicio 67. El genograma

Realmente te aconsejo que montes tu genograma, un esquema donde ordenes todo lo que has descubierto hasta ahora y, además, tomes consciencia de los huecos y de los ancestros de los que no sabes nada. Para llenar todo el árbol vas a tener que pedir información al guardián familiar. Casi siempre hay un miembro que conserva los recuerdos familiares, las fotos, los álbumes, muchas veces incluso ha elaborado un genograma. El hecho de pedir información te acerca a padres, abuelos, tíos abuelos... El esquema debe ir desde tu generación, tú y tus hermanos (incluidos los fallecidos y abortos), padres, tíos, abuelos y bisabuelos de ambas ramas. También figuras honrosas o rechazadas por el clan. Puedes incluir fechas de casamientos, fallecimientos, lugares de nacimiento y arraigo. Todo ella forma una totalidad en la que tienes tu lugar.

Las dos ramas familiares

Evidentemente, la forma en que se tratan los diferentes niveles generacionales entre sí tiene efectos concretos en las generaciones posteriores. La manera en que se llevan los padres con los abuelos afecta a la siguiente relación con los hijos, del mismo modo que las anécdotas que se cuentan una y otra vez sobre algún ancestro acaban siendo mitos familiares, que suelen encontrar continuidad entre los descendientes. Hay que recordar que funcionamos a base de modelos que, una vez introyectados, pasan a ser normas que seguir.

A veces, la rama materna y la paterna coinciden asombrosamente, configurando un comportamiento cerrado, ya que se trata de un modelo repetido que parece dar a entender que no hay otra forma de conducirse. En este caso, la tendencia es un comportamiento más rígido y dificultad para innovaciones. Puede ser más difícil encontrar su manera personal de funcionamiento.

Otras veces, se contradicen las dos ramas, mostrando formas de actuar antagónicas, como si fueran las dos caras de una misma moneda. En este caso, son modelos opuestos, pero facilitan formas de conducta abiertas a una mayor variación. Al ser un modelo ambiguo, si sigues el ejemplo de una rama familiar, contradices a la otra y al revés, lo que puede ocasionar que la persona sienta que falla al padre o a la madre, además de una tendencia a dudar. Como se ve, encontrar su verdadera forma de ser tiene sus dificultades y también sus ventajas, sea como sea el encaje de las dos ramas.

También es muy común encontrar temas trascendentes similares en las dos ramas, como muertes prematuras, desahucios o bancarrotas, separaciones, alcoholismo o adicciones, pérdidas o escasez, aunque también se pueden repetir tendencias a la prosperidad, alguna actividad concreta compartida o intereses parecidos. Parece como si, al tener que vivir heridas o alegrías emocionales que se asemejan, se produjera una sensación de intimidad que acerca a las personas.

Ocurre, a veces, que se repiten características parecidas en ambas ramas familiares, como incógnitas con respecto a grandes misterios o secretos bien guardados por todos los componentes de la familia. Esto suele redundar en personas que tienen mucha dificultad en sentir solidez en su vida y en sus relaciones. El misterio siempre se llena con la imaginación y un sentimiento de inseguridad por carecer de certezas.

Estos tipos de coincidencias hacen que el individuo se sienta «en casa» con el otro, pues son cualidades energéticas que se reconocen entre sí. Puede ocurrir que las dos ramas se complementen, formando juntas un cuadro completo. Lo que le falta a una lo tiene la otra.

También es bastante común que una rama sea leve y alegre, y la otra densa o dramática, lo que provoca una sensación de peso que puede causar rechazo. Otra variante es cuando son familias que tienen una relación entre sí, tanto de cooperación o beligerancia, lo que afecta sobremanera al «dueño» del árbol.

El efecto de estas configuraciones entre las dos ramas suele influir bastante en el descendiente, ya que es un modelo, un ejemplo de cómo se configura el mundo. Los hábitos son los que ha visto y esto se generaliza al resto de la humanidad, creando a veces ideas bastante radicales sobre lo que es la vida y las relaciones humanas.

Algunos datos de importancia

Al estudiar los árboles es muy común observar que los mismos temas se reproducen en el clan, pero con una intensidad que se va suavizando en cada repetición, como si fueran perdiendo fuelle. Casi siempre el tema comienza con algo muy trágico o chocante para que la familia luego lo vaya digiriendo poco a poco, hasta su solución.

Tiene importancia la repetición de los nombres en el árbol, ya que un nombre es un mantra que la persona va a escuchar repetidamente cada día de su vida. El que varios familiares tengan el mismo nombre redunda en una alianza de base, un hilo de unión de cuya profundidad no siempre son conscientes.

También el significado del nombre tiene un efecto en la profundidad del inconsciente, ya que ahí las palabras funcionan a nivel simbólico y cada una de ellas carga un significado, influido por acontecimientos que marcaron la cultura a lo largo de los tiempos.

Por esta razón, cuando los nombres se repiten a menudo entre familiares, sabemos que se trata de una familia encerrada en sí misma, como una piña con menos contacto con el exterior. Van a tener vínculos muy fuertes, ideas compartidas, y va a ser más difícil para sus integrantes aceptar y adoptar ideas nuevas.

Igualmente, cuando no hay nombres repetidos, nos da la pista de que es una familia con poca intimidad, más bien independiente, que genera personas menos arraigadas. Es una tentativa de ruptura de la continuidad familiar.

También son observables compensaciones entre familias que se perpetúan durante siglos. A veces una familia ha engañado o robado a un miembro de otra familia y esta deuda se queda pendiente entre ambas las familias. De alguna manera, esto se compensa en las generaciones siguientes, como si fuera una deuda que hay que pagar de alguna forma.

Esto también pasa dentro de las dos ramas de una sola familia: parientes que se han dañado han de ser recompensados de alguna forma, aunque sea a través de otros miembros, no necesariamente el que hizo el daño. Este equilibrio, como una cuenta bancaria, se suele ver muy a menudo al hacer un estudio más profundo del genograma.

Lógicamente, esto ocurre hacia ambos lados, también ocurre en positivo. Recuerdo el caso de una familia que acogió a otra en un momento de apuro, lo que creó entre ambas un vínculo muy fuerte de amistad y agradecimiento que duró algunos años. Dos generaciones más tarde, los nietos de ambas familias, que no se conocían, se encontraron por casualidad, sin saber el origen del otro. Ahora fue el miembro de la familia ayudada el que fue de gran ayuda y apoyo para la familia que ayudó en el pasado, devolviendo el favor recibido por sus abuelos. Todo ello inconscientemente, pues solo más tarde descubrieron su origen común.

Los psicólogos solemos tener la ocasión de observar esta «contabilidad» inconsciente, que puede mantenerse por varias generaciones, pero ejemplifica una vez más cómo hay una tendencia al equilibrio en la naturaleza, muy visible en el mundo energético. Si todos fuéramos conscientes de estos vínculos ocultos, tendríamos mucho más cuidado con la calidad de nuestros actos, sabiendo que siempre va a haber esta tendencia a la compensación.

Otro tema importante en el genograma son los «hijos de sustitución o de reemplazo». Cuando una pareja pierde un hijo, es tal el desgarro que este hecho pasa a ser un hito en su vida, que queda marcado para siempre en su calendario interno. Pasará a ser un punto de referencia, por mucho que la pareja intente olvidarlo. Esta fecha estará conectada con el dolor, aunque pueda cambiar de signo cuando la persona acepta finalmente lo sucedido, entiende que hay algo mucho mayor que determina las cosas y que, aunque no lo comprenda del todo, acepta que fue como fue. Pueden pasar a estar agradecidos por la experiencia de la gestación o del tiempo de vida de aquel ser querido.

Está en la naturaleza del ser humano, igual que en el reino de las energías, llenar el vacío. Así que hay una tendencia a tener o adoptar otro hijo. Si esto ocurre antes de cerrar el duelo por el niño fallecido, el niño de reemplazo va a absorber la influencia emocional de la pérdida del anterior, un peso con el que tendrá que lidiar en el futuro. Esto se agrava cuando se le pone el mismo nombre, pues se crea un vínculo poderoso y directo entre ambos y con la muerte, tanto en su propia mente como en las mentes de todos los que le rodean.

También circula la idea de que el hijo de sustitución es una reencarnación del fallecido, que a veces incluso puede ser de otro sexo, lo que representa otro peso para el que tiene que ocupar un lugar que no es suyo. Corre también con el miedo de los progenitores de que les vuelva a pasar lo mismo, lo que puede redundar en una sobreprotección muy nociva, porque conlleva intrínsicamente un mensaje de incapacidad escondido: «Te protejo porque solo no eres capaz». Se reconoce con bastante nitidez como este miedo afecta y reprime al nuevo hijo.

Finalmente, como siempre que alguien abandona su cuerpo, hay una tendencia a idealizarle, lo que puede representar para el nuevo niño una expectativa a la que no será capaz de responder. Otro obstáculo más para que no encuentre la plenitud en su vida.

En cambio, si los padres esperan a cerrar el duelo, todo adquiere otro cariz. El hijo venidero va a tener derecho a su lugar y podrá disfrutar del amor y cariño de sus padres sin tener que cubrir una expectativa, ni dar la talla, ni ocupar un sitio que no es el suyo propio. Va a poder recibir todo el amor verdadero de sus padres, cuya experiencia también va a ser sanadora, ya que se sienten preparados al haber cerrado perfectamente un duelo tan desgarrador.

La posible alianza de un ancestro específico con un descendiente concreto también se puede avalar, tomando como referencia fechas de nacimiento y sucesos significativos. Lo importante es darse cuenta de que tienes alianzas ancestrales de gran importancia y que tomar consciencia de ellas va a dar mucha claridad sobre tu propia persona.

Dado que es un tema que puede extenderse hasta infinitos detalles, no se trata de hacer aquí una recopilación genealógica completa, sino que menciono algunos de los muchos puntos que merecen atención, con la intención de que se comprenda en qué medida nos marcan nuestros antecesores y cómo nos influye la herencia transgeneracional. Vamos a ver ahora cómo se eleva la frecuencia del alma familiar.

Ejercicio 68. Estudiando el árbol

Si has montado tu genograma, es hora de analizarlo con todas las indicaciones dadas hasta ahora. Ya puedes descubrir muchas cosas importantes y sacar conclusiones. Trata de hacerlo tú solo al principio.

7.3. LA FRECUENCIA VIBRATORIA

El peso de las generaciones

Cada secreto guardado y no expresado es una toxina en la vibración familiar. Cada conflicto, corte o falta de armonía entre los predecesores va a hacer más densa y pesada la vibración del grupo, tal como pasa también con el individuo. Igual que un ser humano va cargando, por lealtad, una mochila llena de piedras de otros, también el grupo tiene que tirar de un carro pesado, heredado de situaciones anteriores a las que tiene apego. Una vibración energética que podría ser alta, ligera y luminosa pasa a ser cansina y lenta, pesada.

Evidentemente habrá que intervenir, cumpliendo con la tarea que le toca al descendiente, que dispone de una mente capaz de modificar configuraciones energéticas que se quedaron estancadas de antaño. Si no eres consciente de esta especie de inconsciente familiar del que participas y no tomas ninguna iniciativa, esta antigua condición inconsciente te atrapa y acabarás participando del estancamiento del clan. Como si te hubieras ido de viaje dejando la cama sin hacer; puedes tardar muchísimos años, pero si no hay ninguna acción, al volver te encontrarás la misma cama deshecha, encima sucia y más vieja.

Para poder resolver algo, hay que conocer en profundidad lo

que está ocurriendo: cómo se generó el problema, dónde se paró el movimiento, qué generación ha creado o mantenido el resentimiento y por qué razón. Si quieres arreglar tu televisión, tienes que encontrar la avería y conocer la técnica pertinente. El genograma requiere un estudio cuyo fruto vas a disfrutar porque es un tema que te atañe.

Habrá que empezar estudiando el genograma como un todo, observar cómo unas partes se complementan con otras y chocan con otras más allá. Lo primero es encontrar las heridas más hondas del árbol, qué ramas se han roto o apenas tienen hojas, las que dan fruto y las que se han secado. Hay que limpiar y podar el árbol para que recupere su fuerza. Una vez que la savia se pone en movimiento, todo el árbol renace y la cáscara vieja que ya no vale se cae sola, expulsada por la vitalidad recuperada.

Son significativas las repeticiones, las enemistades que se eternizan y su origen, descubrir qué ha vivido y pensado cada miembro importante, teniendo en cuenta la situación histórica del momento, el lugar donde pasaron las cosas y a qué se daba importancia en aquel tiempo. Estas consideraciones requieren un tiempo de dedicación. Descubrir todos los cotilleos y su influencia en el grupo, cuál de los cónyuges tenía más peso o más carencia, el papel del dinero y el poder, qué necesitaba un miembro del otro, etc.

Deduce cuál es el trauma principal, las dificultades que se repiten, las separaciones o los cortes dolorosos que han hecho que alguna rama se seque. No se puede curar la herida si no se sabe dónde está. Hay que encontrar los grandes dolores, las tragedias, los traumas y los secretos de tu genograma. Primero montarlo, después sentirlo y dedicarle el tiempo que requiera para que salten a la vista las heridas a curar. Indirectamente, todas tienen que ver contigo.

Parece mucho, pero analizando los datos y acompañándolos con los que vislumbres, que vengan intuitivamente, vas a recoger una información valiosísima no solo para entenderte, sino también la forma de relacionarte con tus allegados. Es un tiempo muy bien empleado. Además, al buscar datos e interesarte por la historia y la vida de padres y abuelos, se estrechan los lazos familiares.

Ejercicio 69. La revisión

Con estas ideas, revisa de nuevo tu genograma. No te importe dedicarle tiempo, esto es un viaje impagable y muy enriquecedor.

Aligerando el árbol

El universo entero está en un estado vibratorio y cada cosa tiene su propia frecuencia. La materia está constituida de átomos, que constan de un núcleo alrededor del cual giran electrones. Para hacernos una idea de las dimensiones, la proporción media de esta órbita corresponde a una manzana (que sería el núcleo), alrededor de la cual gira el electrón con un radio que va aproximadamente de Madrid a París. El número de electrones que giran alrededor del núcleo y el diámetro de su órbita son los que marcan su frecuencia vibratoria.

Nuestros ojos solo pueden ver los objetos que vibran a una cierta frecuencia; a partir de ahí no son capaces de percibir lo que hay. La materia está continuamente en movimiento, y los seres humanos, también. Aun sin entrenar nuestras habilidades para percibir de forma consciente las vibraciones de otros, las percibimos sensorialmente. Una persona nos alegra y otra nos hace sentir tensos o tristes o nos disgusta, nos desagrada... ¿Qué es esto más que una percepción sensorial de una vibración externa que nos afecta?

Así que no somos para nada inmunes a las vibraciones de los

demás seres humanos. Cuando alguien está tenso lo percibimos; la vibración de la rabia es muy distinta a la de la ternura, o la del miedo a la de la alegría. Lo percibimos perfectamente porque son campos vibratorios distintos.

También la naturaleza tiene diferentes vibraciones: una tormenta vibra de otra manera que un día plácido y soleado. Cada cosa, persona, animal, vegetal o mineral vibran con una frecuencia personal, particular y característica. Además, las frecuencias vibratorias cambian, no son estáticas.

A nivel auditivo, las vibraciones provocan sonidos graves, agudos, de manera que a cada frecuencia le corresponde un sonido particular. Solamente un oído entrenado puede percibir los sonidos más sutiles.

De la misma forma que hay gente que tiene una capacidad extraordinaria para percibir los olores, otros están dotados para la percepción de sonidos casi inaudibles. Hay gente que puede oír el sonido de los árboles, del mar, de los ríos, de los animales. San Francisco de Asís se comunicaba con las plantas y con los animales. Si pudiéramos escucharlo todo, no podríamos ni descansar por la noche.

La música es otra vibración. Si es suficientemente fuerte, el sonido hará vibrar los cristales de la ventana o de la puerta del coche cuando los bajos son muy potentes. Por lo tanto, observamos que la materia responde al sonido y a la vibración. Nuestro cuerpo y su memoria celular, también los animales, respondemos a un sonido fuerte excitándonos o armonizándonos ante un sonido delicado. Luego el sonido puede construir o destruir.

El agua es especialmente sensible a las vibraciones porque el sonido viaja cinco veces mejor por el agua que por el aire. Como somos agua en un 70 por ciento (50 por ciento los ancianos) somos especialmente receptivos a todo tipo de vibraciones. ¡Imaginemos cómo responde al campo vibratorio un feto, que es casi enteramente agua!

El poder del sonido es algo asombroso, ya que no sabemos ni calcular qué expansión alcanza una vibración sonora. Como vimos, lo que nuestro sistema auditivo es capaz de escuchar es solamente una parte mínima de todo el espectro. Los animales son capaces de percibir el sonido mucho más allá que nosotros y hay aparatos sofisticados que llegan mucho más lejos todavía. La cuestión es: ¿esta vibración acaba alguna vez o sigue reverberando a niveles cada vez más sutiles? Por mi experiencia, así es.

A lo largo del tiempo he desarrollado una técnica que usa la vibración del sonido para transformar memorias guardadas en el cuerpo durante muchísimos años, lo que permite soltar viejos patrones que han condicionado toda una vida. La célula tiene memoria y guarda minuciosamente y de forma muy precisa todo lo que le ha impresionado, tal como ocurre con la mente. He visto que la misma técnica vale igualmente para el trabajo grupal y, consecuentemente, para lo ancestral.

Muchas veces un núcleo de personalidad provoca una cierta forma de pensar que, a su vez, dispara la emoción correspondiente y, al final, crea una huella corporal en una determinada parte del cuerpo. A menudo, sigues sintiendo el nudo en la garganta o las mariposas en el estómago, aunque pensabas que el tema ya estaba resuelto. Esto ocurre porque el cuerpo es lo más denso que tenemos y, hasta que no se libere esta memoria de la célula, va a seguir influyendo en nuestro sistema nervioso y, por lo tanto, en nuestras sensaciones.

El hecho es que el sonido llega donde nada más llega y, además, el cuerpo es extraordinariamente sensible a la vibración. Ten en cuenta que somos casi solo agua y el agua responde a cualquier vibración, creando movimientos y configuraciones precisas. Teniendo en cuenta este hecho, concluí que el cuerpo puede cambiar sus memorias celulares emocionales a través del uso de la vibración sonora. De hecho, si estás en un ambiente ruidoso, tu cuerpo siempre responde, ya sea bien o con malestar.

Ya que la vibración sonora alcanza niveles sutiles que nuestros sentidos ni siquiera captan, por lógica también los va a alterar, lo mismo que hace con el cuerpo. De ahí que, en nuestro instituto, usemos el sonido para disolver configuraciones energéticas creadas por nuestros ancestros hace mucho tiempo, con la finalidad de reemplazarlas por núcleos creativos y armónicos. Cambiando el punto de partida de las reacciones, estas automáticamente cambian también. Esto vale para lo individual igual que para lo grupal.

Es una técnica desconocida por la mayoría de los profesionales que está mostrando unos resultados sorprendentes, causando una profunda liberación de viejas formas de sentir y actuar aprendidas en el clan familiar, lo que permite sustituirlas por patrones personales propios, acordes a la verdadera naturaleza de la persona. Es como cerrar capítulos, abriendo una página en blanco para iniciar una forma auténtica de vivir.

Este método, usado extensamente en terapia individual, donde sus efectos trascendentes están demostrados por la experiencia y los testimonios de los pacientes, también ha mostrado su eficacia en el tratamiento de patrones ancestrales, teniendo un efecto revelador y balsámico para el alma familiar grupal. Una vez más, vemos que lo que funciona a nivel pequeño lo hace también a nivel grande, ya que las mismas leyes sirven tanto para el alma personal como para la grupal.

A fin de cuentas, al tocar el tema de los ancestros, la intención es común a la individual: liberar todo lo que sea repetitivo y automatizado en la persona o en el grupo para alcanzar la libertad que permita que todo el potencial de la persona pueda ser expresado. Esto provoca que toda la frecuencia del grupo familiar se sutilice y se vaya iluminando.

Como es una técnica que explico en otro libro, solo voy a manifestar que su efecto es absolutamente asombroso y que tiene, además, la cualidad de ser delicada y sutil, aunque a veces levante sentimientos dormidos que trataron de evitarse durante generaciones. Del sonido nadie puede huir. Penetra, transforma y sana, todo al tiempo. Alcanza umbrales de antaño, de la misma manera que actúa en lo de ahora.

Justamente en esos patrones profundos y temidos es donde está escondida la llave de la transformación; una vez alcanzada, el movimiento se produce inevitablemente. Puede colocarse armónicamente desde el principio o deberá pasar por alguna turbulencia, pero el final es siempre constructivo: dar un paso más allá.

El valor de los rituales

Un ritual se define en la lengua española como «un conjunto de ritos de una religión, de una iglesia o de una función sagrada». Rito, a su vez, se define como «costumbre o ceremonia» y también como «conjunto de reglas establecidas para el culto y ceremonias religiosas». Me atrevo a decir que un ritual es una interrelación directa con el inconsciente, un contacto que conlleva la posibilidad de un diálogo productivo.

Desde luego, puedes considerarlo como algo sagrado, porque en realidad lo es, aunque no esté vinculado a ningún conjunto de dogmas religiosos. La relación respetuosa con el inconsciente es sagrada, porque te pone en contacto con una parte sutil tuya y, al mismo tiempo, posibilita una interacción que puede ejercer una repercusión enorme en la vida cotidiana.

«Religión» viene de la palabra *religare*, que se refiere exactamente a la conexión con lo sutil de la que venimos hablando en este libro. Cualquier acto ligado a lo sutil está, por antonomasia, ligado a la reconexión con el origen de todo. En este sentido, la definición oficial de la palabra «ritual» describe un acto de reconexión, aunque no tenga que pertenecer necesariamente a un credo definido.

Lo que se registra en tu inconsciente es el significado personal que has dado a una experiencia marcante. Esta experiencia va a ser transformada en una costumbre, o sea, en un rito. El inconsciente lo guarda como una de las múltiples referencias sobre las que se basa toda su configuración. Lo que quiero decir es que todo lo grabado inconscientemente se transforma en un rito, en una costumbre. El conjunto de todos estos ritos pasa a ser un ritual.

Hay personas que tienen que hacer determinados rituales para resolver su estado de ansiedad. Son actos dirigidos a que su inconsciente se tranquilice y les deje vivir. Como quien toma una aspirina para quitar un dolor, realizan su ritual para sentirse aliviados. Son actos que no tienen sentido para los demás e incluso les pueden parecer absurdos, pero el inconsciente de quien los lleva a cabo lo entiende perfectamente y actúa en consecuencia, provocando una reacción emocional, en este caso, de alivio.

Esto sería un ritual dirigido a una configuración inconsciente particular, que funciona exclusivamente para este caso. Hay otros actos que provocan un resultado opuesto, como las personas con pensamientos obsesivos de persecución o de hipocondría. Su pensamiento recurrente no deja de ser un ritual interno, tan poderoso como el que se hace para aliviarse, solo que en este caso causan angustia. Los casos extremos son las autolesiones, en que se llega a la expresión material de la autoagresión. Aquí también se busca un alivio, cuando la culpa se hace insoportable.

Lo que se deduce de todo esto es que un ritual tiene un efecto potente sobre el estado de ánimo de las personas. Sin embargo, es fundamental que los símbolos escogidos para el ritual sean los adecuados y que sean comprensibles para el inconsciente en cuestión. Si los símbolos no guardan relación con el contenido inconsciente, no tendrán ningún efecto.

De la misma manera que esto ocurre con el inconsciente individual, lo hace con el colectivo. Hay símbolos que pertenecen a la humanidad de hoy, que todos entienden y al que dan el mismo sentido. Por ejemplo, los juegos olímpicos representan el deporte, el ejercicio, la competitividad noble entre los representantes de las diferentes naciones. Puede que una persona le otorgue un significado particular por algo que le ha pasado con relación a ello, pero hay un significado colectivo claro. La apertura y el cierre de cada olimpiada (así se denomina el tiempo que transcurre entre los juegos) se caracteriza por un gran ritual que trata de expresar en símbolos el significado del evento y las características del país que lo aloja. Es un ritual colectivo, en el que participa prácticamente toda la humanidad, cuyo sentido lo comprenden todos los pueblos, independientemente de su nacionalidad o lengua. Las diferentes banderas son los símbolos, también colectivos, parte de los componentes destacados del gran ritual.

Toda esta explicación quiere dejar claro cómo los rituales afectan a las personas porque van dirigidos directamente al inconsciente, sea personal o colectivo. Siempre que algo se altera en el inconsciente, automáticamente se cambian las reacciones que provoca. Dado que esto funciona así, lo natural es usar el mismo procedimiento para cambiar los viejos patrones familiares, muchas veces vigentes durante generaciones y que hacen que una familia reaccione tradicionalmente siempre de la misma manera.

Con los rituales sanamos los árboles genealógicos a medio secar, se restituyen las ramas cortadas por agravios, se corrige la falta de hojas causadas por carencia de energía, también la ausencia de frutos y flores porque falta alegría, vitalidad y abundancia en nuestro árbol. Estos rituales han de contener los símbolos a los que reacciona toda la familia o una rama en particular, pues son los que movilizan el cambio.

Por ejemplo, si una familia se arruinó con una empresa de alimentos para perros, sus integrantes van a reaccionar emocionalmente ante imágenes de perros, huesos o todo lo relacionado con perros. Si han perdido un miembro significativo por un accidente de coche, el coche es un símbolo que no debe faltar. Si el patriarca protector de la familia se salvó mediante una operación de corazón, la forma de un corazón tiene un significado positivo para todos. Si les ha salvado de la ruina un dinero que mandó un pariente de Estados Unidos, tanto el símbolo del dinero como algo que represente el país norteamericano deben formar parte del ritual sanador.

Se deduce, por lo tanto, que hace falta montar un ritual específico para tu árbol, que contenga los símbolos representativos de cada generación y de la familia en conjunto, con el fin de sanar las heridas del alma familiar y levantar su espíritu con los símbolos que representen protección, estabilidad y unión.

Deben recibir especial atención los rituales dedicados a los miembros más marcantes de la familia, tanto si han sido beneficiosos como si han sido perniciosos. Es absolutamente importante el perdón y la compasión hacia los diferentes ancestros que han afectado al árbol.

Los secretos deben ser colocados abiertamente en el ritual, las tragedias, aceptadas y colocadas sin drama en el genograma, y las peores heridas deben ser sanadas con los símbolos adecuados.

Es una aventura que debería hacer cada persona, un viaje imprevisible al pasado y un retorno al presente lleno de conocimiento y algo más de sabiduría sobre la vida y los seres humanos. Al final, se trata, como siempre, de un viaje al interior de ti mismo y un contacto más con toda la riqueza y luminosidad que existen en cada uno y en el clan.

Ejercicio 70. Sanar al clan

Aquí te invito a buscar los rituales sanadores para tu clan. Descubre los símbolos significativos para todos y júntalos en un ritual que tenga los ingredientes sanadores, que movilicen el alma grupal. Recomendaremos libros específicos por si quieres ahondar en el material del genograma. Es importante tener las ideas claras de lo que concretamente quieres sanar, los símbolos pertinentes al tema y las personas clave. Después, es importante dejar un espacio importante a la intuición. El remedio es siempre conocimiento e intuición funcionando juntos. Puedes pensarlo lógicamente, pero luego deja un espacio para que surja una idea creativa. Los rituales son totalmente creativos y la sensibilidad tiene un momento para ser usada de una forma útil y certera. Buena suerte.

Puedes poner una música que represente algo grande para ti o para la familia y escucharla, abriendo tu mente a una manera creativa de actuar sobre tu árbol. En nuestro instituto damos mucha importancia a los ancestros y facilitamos el aprendizaje de cómo sacarle al genograma todo el partido que ofrece.

Te aconsejo revisar los diferentes ejercicios al cabo de un tiempo, con el fin de profundizar y que el trabajo personal sea hondo y continuado.

Las vidas pasadas y la reencarnación

Una de las preguntas más recurrentes que hacen mis alumnos versa sobre las vidas pasadas y la reencarnación. Se trata de un tema polémico, ya que, tal como pasa con el libre albedrío, la humanidad ha discutido largamente sobre ello sin llegar a un consenso, aunque antiguas escrituras de la mayoría de las principales religiones afirmen su existencia. Se trata de la idea de que el alma es inmortal y va cambiando de forma física y género para tener nuevas experiencias.

La reencarnación da una explicación lógica a la pregunta de por qué a una persona le toca una vida peor y a otra, una mejor. Según la ley del karma, es el resultado de los actos realizados en anteriores vidas, con lo cual se confirma la existencia de una justicia divina.

Se suele aducir como prueba de la reencarnación el fenómeno

del *déjà vu*, cuando vibra en el cuerpo la sensación de haber vivido algo anteriormente, cuando se reconoce un lugar como algo profundamente familiar o tienes un conocimiento específico de algún dato, algo inexplicable a nivel racional. Estas experiencias también suelen ir acompañadas de fuertes reacciones emocionales y corporales, que impresionan mucho.

También hay casos de niños que parecen haber nacido, de manera enigmática, con conocimientos profundos sobre temas complejos, o adultos que, inexplicablemente, empiezan a hablar o escribir en lenguas antiguas, o manifestar conocimientos de las cuales no sabían nada. Son casos que parecen confirmar la idea del recuerdo de algo ya vivido.

Cuando hablo de vidas pasadas en psicología me refiero a que puedo confirmar que de la mente humana brotan historias completas, coherentes, con comienzo, medio y final, acompañadas de muchas emociones y sensaciones corporales. Se llega a sentir olores y a ver situaciones con los más mínimos detalles y colores.

Trabajé personalmente con varias técnicas para traer a la consciencia estas memorias, que emergen interminablemente de la mente de las personas. Es interesante resaltar que el contenido de lo que relatan está siempre relacionado con el momento de vida de la persona de cuya mente brotan. Algunos relatos son acompañados de una alta intensidad emocional y otros se manifiestan de una forma tan desapegada que me indujeron a fantasear con algunas explicaciones alternativas.

Siempre pensé que este tipo de experiencia también podría corresponder a vivencias intensas de un antepasado. Evidentemente, cabe la posibilidad de que así sea, pues si los ancestros están en ti, sus experiencias marcantes también estarán.

Quiero lanzar otra hipótesis para tener en cuenta: se basa en la enorme creatividad, conexión y capacidad de identificación de la mente, cuya naturaleza creativa no puede parar de crear, tal como nosotros no podemos parar de respirar.

El poder creativo de la mente produce constructos mentales que pueden mantenerse por generaciones e influyen poderosamente en la actualidad. De la misma manera que hay arquetipos, me parece lógico que existan también guiones arquetípicos, que retractan los diferentes tipos de patrones mentales vividos por el colectivo humano.

Según el tema que ocupa una mente en un momento determinado, conecta con una de las infinitas versiones y variaciones de un determinado tema, guardadas en el acervo inconsciente de la humanidad, el llamado inconsciente colectivo.

Es como si la mente contactara, en este almacén de vivencias humanas atemporales, con algo relacionado con el tema que le ocupa en este momento, y aparece un guion arquetípico concreto que corresponde a su inquietud.

Recordemos que, cuando nos identificamos con un arquetipo, lo hacemos con una manifestación individual y concreta de él. Por ejemplo, si te identificas con el arquetipo madre o padre, lo estarás haciendo con una versión particular y específica de madre o padre. Al recibir una información tan detallada, lógicamente, se supone que la persona tiene que haberlo vivido para saber tantos detalles.

Si se tratara de una conexión con un guion especifico con el que tienes afinidad, no sería necesariamente una vivencia personal ni de ningún ancestro, sino constructos colectivos inconscientes que vibran en la persona. Por ejemplo, si en la vida atraviesas una situación de lucha, puedes identificarte con el arquetipo del guerrero y aparecen guiones relativos a la lucha: la defensa del territorio, cómo poner límites o un caso de justa indignación por una injusticia.

Los psicólogos tenemos ocasión de observar cómo la mente recrea situaciones como si las hubiese vivido y reconoce cosas que no ha podido saber, como si fueran «adivinaciones». Por ejemplo, cuando te impresiona profundamente lo que vivió un ascendente, lo recreas mental y corporalmente (con todo el desgaste emocional que esto representa) y conectas con detalles de una nitidez asombrosa.

Aquí recuerdo un estudio hecho sobre la diferencia entre la empatía y la compasión. En el caso de la empatía, el cuerpo vive los acontecimientos relatados como si los hubiese vivido personalmente, con su consabido desgaste. En el caso de la compasión, la persona sabe lo que siente el otro, pero no hace suya la vivencia, sino que mantiene una distancia emocional, con lo cual no se desgasta y puede ofrecer una ayuda más eficiente.

Otra consideración es que, aunque pertenezcas a una familia, en realidad perteneces al colectivo humano y, por ello, naturalmente, puedes tener contacto directo con cualquier creación, patrón o vivencia que haya ocurrido dentro de la humanidad.

El hecho de que el inconsciente reaccione igualmente tanto a la imaginación como a la realidad física externa puede crear la duda de si las llamadas «vidas pasadas» son memorias de vivencias propias o colectivas. Por ejemplo, siempre me ha parecido que la difusión universal de las obras de Shakespeare se debe al hecho de que con personajes teatrales retrata diferentes patrones colectivos del funcionamiento de la mente humana. Es decir, personaliza modelos universales, como la traición (en sus diferentes modalidades), acercándolos al espectador a través del teatro.

Esta es una hipótesis que abre la posibilidad de despersonalizar estas memorias que aparecen en la mente humana. A fin de cuentas, todos venimos del primer microorganismo vivo y luego nos fuimos diferenciando. Hace poco circuló por internet un estudio en que se veía que personas de diferentes razas y de distintas partes del mundo tenían un parentesco entre sí.

Me llama la atención que la reencarnación, tal como es descrita, implica un tiempo cronológico, un nacimiento después del otro. Si en el inconsciente y fuera de la materia no existe el tiempo cronológico, esta secuencia cronológica es enigmática.

Sin embargo, no podemos dejar de considerar que vivimos en dos tiempos simultáneamente. Primero, el de lo absoluto, de la no-forma, donde vive el Ser, donde el tiempo cronológico no tiene sentido porque, al no existir la forma, el concepto de tiempo se esfuma. La conexión con este ámbito suele ocurrir en contadas ocasiones, pero estas excepciones dan fe de su realidad.

Segundo, vivimos en lo manifiesto, el mundo de la forma, física o mental, donde sí existe un tiempo cronológico. La persona, el personaje, los arquetipos, los guiones arquetípicos, la humanidad, la reencarnación, todo ello ocurre en el nivel de lo manifestado. En el nivel de lo absoluto todo esto ni existe.

Es fundamental considerar que, en estas experiencias, nunca se pierde la identidad: es a través de nuestro cuerpo que percibimos la vibración y la propia mente es la que observa la experiencia. A veces, la persona siente que está viviendo algo que no es suyo. Sin embargo, también esta sensación la vive desde sí mismo. De ahí que se mantenga siempre este «sí mismo», la individualidad; precisamente es lo que parece indicar que se trata de una vivencia personal.

La posibilidad menos egocéntrica es que se trate de una identificación con un guion arquetípico o con la experiencia de un ser humano de cualquier época, captada y vivida emocionalmente. Serían posibles explicaciones alternativas. Lo más probable es que coexistan todas estas experiencias de diferentes orígenes, en diferentes niveles de la consciencia y según la persona. El hecho de que exista un tipo de experiencia no descalifica la existencia de otra distinta.

Como dice Jung: «Debemos percibir que vivimos en un mundo misterioso, que suceden y pueden experimentarse cosas que permanecen inexplicables». Justamente que persista el misterio hace que persista la fascinación ante lo desconocido, más todavía cuando se trata de una cuestión esencial como la expuesta en este apartado.

Las dos dimensiones, el tiempo y el no-tiempo, la forma y la no-forma, las infinitas historias humanas, todo ello está aquí, dentro de cada uno de nosotros, ahora mismo. En el trabajo sobre ti mismo lo encuentras todo. Todo se halla dentro de ti y está accesible en este mismo instante.

BIBLIOGRAFÍA

BRADSHAW, John, *Sanar la vergüenza*, Obelisco, 2004.

BROWN, Michael, *El proceso de la presencia*, Obelisco, 2008.

CONGER, John P., *The Body as Shadow*, North Atlantic Books, 2005.

DESFILACHAR, T. K. V., *Yoga Sutra de Patanjali*, Arca de Sabiduría, Madrid, 1994.

DISPENZA, Joe, *Sobrenatural*, Urano, 2018.

—, *Deja de ser tú*, Urano, 2012.

EASTMAN, Ch. A., *El alma del indio*, Hesperus, Palma de Mallorca, 1991.

ELIADE, Mircea, *Imagen y símbolos*, Taurus, 1974.

FREUD, Anna, *El Yo y los mecanismos de defensa*, Paidós, Barcelona, 1993.

FREUD, Sigmund, *Obras Completas*, Biblioteca Nueva, Madrid, 1987.

GAYNOR, Dr. Michel, *Sonidos que curan*, Alianza, 2006.

HAWKINS, David, *Dejar ir*, El Grano de Mostaza, 2016.

HELLINGER, Bert, *Didáctica de las constelaciones familiares*, Rigden, 2002.

JODOROWSKI, Alejandro, *Psicomagia*, Siruela, 2005.

JUNG, C. G., *Arquetipos e inconsciente colectivo*, Paidós, Barcelona, 1994.

—, *El hombre y sus símbolos*, Caralt, Barcelona, 1976.

—, *La interpretación de la naturaleza y la psique*, Paidós, Barcelona, 1994.

KALSCHED, Donald, *The Inner World of Trauma*, Taylor, 1996.

KAST, Verena, *La dinámica del símbolo*, Sirena de los vientos, 2019.

KUBLER ROSS, Elisabeth, *La muerte, un amanecer*, Luciérnaga, Barcelona, 1989.

—, *Vivir hasta despedirnos*, Luciérnaga, Barcelona, 1991.

KUENERZ, Marly, *El inconsciente cuántico*, Vergara, 2024.

LACAN, Jacques, *El seminario*, Paidós, Argentina, 1992.

LEVY, Norberto, *La sabiduría de las emociones*, Debolsillo, 2010.

MARTÍNEZ NOVOA, Marta, *El síndrome de la chica buena*, Zenith, 2024.

MELLO, Antonio de, *Sadhana*, Sal terrae, India, 1978.

METZNER, Ralph, *Las grandes metáforas de la tradición sagrada*, Kairós, 1986.

MEUROIS-GIVAUDAM, Daniel, *Aquel clavo que clavé*, Luz Indigo, 2005.

MUKTANANDA, Swami, *From the Finite to the Infinite*, Fundación Syda, Hong Kong, 1989.

ORNSTEIN, Robert, *La psicología de la conciencia*, Edaf, Madrid, 1993.

OSPINA, Omar R., *Alkimia del sonido*, Mandala, 2018.

PATANJALI, *How to Know God. The Yoga Aphorisms of Patanjali*, Vedanta Press, California, 1981.

SARNO, Dr. John, *Curar el cuerpo, eliminar el dolor*, Sirio, 2006.

SCHUTZENBERGER, Anne Ancelin, *Ay, mis ancestros*, Taurus, 2008.

SIGMAN, Mariano, *El poder de las palabras*, Debate, 2022.

SINGER, June, *Las energías del amor*, Kairós, 1987.

TACEY, David, *How to Read Jung*, W. Norton, 2007.

VON FRANZ, Marie-Louise, *Misterios del tiempo: Ritmo y Reposo*, Debate, 1977R.

WOLYNN, Mark, *Este dolor no es mío*, Gaya, 2017.